지식사회 대학을 말한다

지식사회 대학을 말한다

초판 1쇄 발행 2010년 2월 20일

엮 음 대학강사교원지위회복과 대학교육정상화 투쟁본부
지 음 김동애 외 40인
펴낸이 윤관백
펴낸곳 선인

제 작 김지학
편 집 이경남 · 장인자 · 김민희 · 강미라
표 지 임진형
영 업 이주하

등록 제5-77호(1998.11.4)
주소 서울시 마포구 마포동 324-1 곳마루빌딩 1층
전화 02)718-6252 / 6257
팩스 02)718-6253
E-mail sunin72@chol.com

정가 · 20,000원
ISBN 978-89-5933-209-0 03300

· 저자와 협의에 의해 인지 생략.
· 잘못된 책은 바꿔 드립니다.

지식사회 대학을 말한다

대학강사교원지위회복과 대학교육정상화 투쟁본부 엮음

김동애 외 40인 지음

선인

'착한 대학교육'으로 가는 희망의 씨앗 하나로

이제 국회 앞 천막농성 900여 일이다. 국회 앞에서 최장기 농성 자로 세 번째 겨울을 나고 있다. 올 겨울은 유난히 눈이 많고 추웠 다. 어떻게 여기까지 왔을까.

처음부터 이렇게 장기농성을 하게 되리라 생각했다면 시작도 못 했으리라. 이렇게 버티면서 절망의 순간이면 아직도 죽음을 생각할 '비정규교수들에 대한 절박함'으로, 등록금을 빚을 내어 빚쟁이가 되어 대학을 다니면서도 현재 대한민국 대학교육의 허구성을 모르 는 '학생과 학부모에 대한 안타까움'으로, 무슨 일이 있어도 대학강 사들의 교원지위가 회복될 때까지 있겠다고 선언한 '말에 대한 책 임감'으로, 더우면 더운 대로 추우면 추운대로 감내해야 하는 투쟁 의 어려움을 이겨내야 했다. 무엇보다 노숙자로서 겪어야 하는 각 종 '왕따'를 이겨내야 했다.

고등교육법을 개정하여 대학강사 교원지위 회복을 요구하는 국 회 앞 천막농성이 2007년 9월부터 현재까지 계속되는 장기농성이 되면서, 처음 함께 했던 한국비정규교수노동조합 동지들이 차례차 례 떠났다. 2009년 초부터 비정규직교수, 정규직교수, 학생, 학부모, 시민, 종교 단체까지 아우르는 대책위 성격의 기구인 '대학강사교원지위회복과 대학교육정상화 투쟁본부’ 조직을 몇 달을 두고 논의하며 준비했었다. 그러다 결국 2009년 4월 즈음 강사는 달랑 우리 부부 두 사람만 남게 되었다. 우리는 그 상실이나 충격보다 농성을 포기할 수 없다는 절박과 긴장으로 오히려 정신이 번쩍 났다. 한쪽 손이 자주 물건을 떨어뜨리고, 한쪽 다리가 질질 끌리는 것도, 음식을 먹으려면 입 한쪽으로 물과 음식물이 새는 것도, 머리가 터질듯 아픈 것도, 사실은 몸이 더 이상 견디지 못하고 반란을 일으킨 것인 줄을 미처 몰랐다.

그래서 ‘대학강사교원지위회복과 대학교육정상화 투쟁본부’ 결성을 추진했다. 비워야 채워진다고, 1인시위로 연대를 계속 했던 ‘서울대 대학생사람연대’ ‘참교육을 위한 전국 학부모회’와 농성에 동의하는 개인들이 참가했다.

장기농성 600일을 기념하여 비정규교수 제도의 발생과 원인분석, 그것이 대학교육에 미치는 영향 등을 심층 접근한 『비정규교수, 벼랑 끝 32년』(이후, 2009.4)을 출간했다. 필진들이 『프레시안』에 연재할 때 하나같이 비정규교수 문제를 연민어린 아픔으로 분석하고 토로한 것이었으나, 강사들조차 ‘판도라의 상자’를 여는 것인 양 구입조차 두려워했다.

그러나 이러한 현실 앞에 결코 주저앉을 수 없었다. 교원지위 없는 비정규교수 문제의 모순을 33년 동안 구조적으로 내면화시키면서 우리 사회의 여러 모순을 만들어 내는 현재 대한민국 대학의 실체를 벗겨내는 것을 구체적으로 실천해야 했다. 대학은 무엇을 하는 곳이며 무엇으로 존재 하는가. 우리 지식사회가 또는 대학 안의 지식인들이 허위의식, 패배주의, 자기검열에서 벗어나 깨어나길 소리쳐야 했다.

가톨릭 인터넷매체인 『지금여기』에 ‘오늘 대학을 말한다’라는 기획으로 2009년 6월부터 2010년 2월까지 연재했다. 학생, 정규직교수, 비정규교수, 시민 등이 42회에 걸쳐 지금의 대학을 말하거나, 왜 이렇게 될 수밖에 없었나, 앞으로 어떻게 해야 하나 등 구체적 대안까지도 입을 열었다.

올해 2월 24일 고 한경선 열사의 2주기를 추모하며 이 글들을 한데 모아 출간하기로 했다. 『지식사회 대학을 말한다』라는 제목을 붙이고, 1부는 '대한민국 대학의 주인은 누구인가', 2부는 '대학은 무엇을 하는 곳인가', 3부는 '대학에서 무엇을 배웠나', 4부 '대학의 정체성 회복과 민주화는 어떻게'로 재구성했다.

한경선 열사 뿐 아니라 1998년 이후 돌아가신 강사 여덟 분들의 영혼까지도 위로하는 위령기도와 살풀이 공연과 봉정식을 여기까지 함께 해주신 분들과 조촐하게 차려 드리고 싶다.
하루빨리 국회 교과부 대학이 각성하여 대학교육의 핵심사안인 대학강사의 교원지위를 회복해 대학생의 학습권을 보장해야 한다. 대학이 시장논리의 종속에서 벗어나 대학의 민주화로 가는 대학교육정상화를 이루었으면 한다. '죽은 대학강사의 사회'에서 '착한 대학교육의 사회'로 바뀌는 조용한 혁명이 일어나는 씨앗 하나이기를 감히 희망한다.

그동안 대학생사람연대, 고려대, 국민대, 동아대, 부산대, 서강대, 연세대를 비롯한 학생들, 부천민노총·부천민중연대, 촛불평화미사팀 등 많은 분들이 연대의 손과 발이 되어 보이지 않게 정성어린 후원과 지지로 힘을 주셨다. 감사를 드린다. 덕분에 우리 건강도 거의 회복되었다. 원고를 써주신 필자 한분 한분과 매 원고마다 사진작품을 직접 찍어 보내주신 이광수 교수님과 든든한 지지자이신 강수돌 교수님, 바쁘신 데도 교열까지 보시며 연재해 주신『지금여기』
한상봉 편집국장님과 출판해 주신 도서출판 '선인'께 감사드린다.

대학강사교원지위회복과 대학교육정상화 투쟁본부 본부장
김동애 드림

차례

제1부

대한민국 대학의 주인은 누구인가

왜 우리의 관심은 대학입시까지인가

이 득 재*

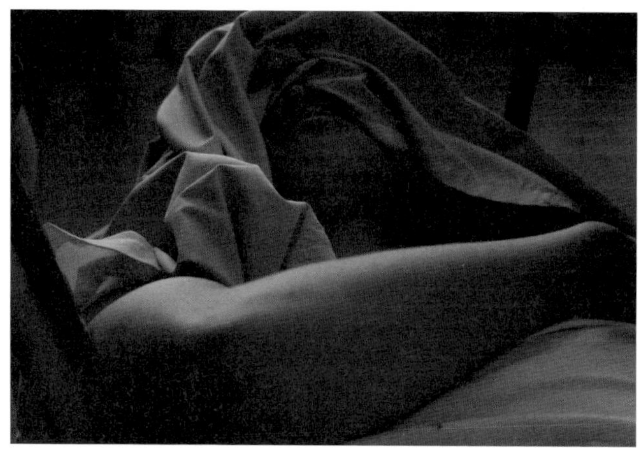

▲ 고3교실. 아이들은 입시지옥을 견디기 위해
매일 안타까운 밤을 맞이한다. (ⓒ 손정옥)

아이를 고등학교에 진학시키지 않았다. 고등학교 배정을 받고 예비소집일이 있던 날 전까지 일말의 불안감에 휩싸였다. 이러다 멀쩡한 아이 인생 망치는 것 아닌가. 그러나 다른 한 편으로 인생의 목표가 스카이대학 입학뿐인 대한민국에서 아이를 공교육 현장에

---

* 대구가톨릭대학교 교수

보낸다는 것도 한 편으로는 엄청 씁쓸한 기분이 드는 일이었다.

로또 한 장으로 인생역전을 꿈꾸듯이 어떤 방식으로든 스카이 (SKY)대학 입학 한 방으로 모든 것을 끝내고 마는 이 일차원적인 사회에서 어차피 모든 것이 모험이라는 생각이 들었다. 그래, 나도 한 방에 끝내자. 검정고시로 고등학교 졸업시키고 그 남는 시간에 정말로 아이에게 공부할 시간, 인생을 즐길 시간, 세상을 탐험할 시간을 주자. 아이들을 교육훈련소가 아니라 입시훈련소에서 사육시킬 일이 아니라 스스로 세상을 겪고 스스로 인생을 디자인할 수 있는 기회를 주자.

그러나 그러면서도 나 또한 불확실한 미래에 모험을 거는 것 같아 불안의 그림자가 쫓아다녔다. 나도 결국 배팅하는 것 아닌가. 투기와 모험의 차이는 무엇인가. 내가 선택한 모험도 결국은 계급적인 투기 아닌가.

대한민국 교육은 노동이자 모험 내지 투기일 뿐

대한민국에서 교육은 전인교육이 아니라 전과목교육일 뿐이고 노동이자 모험 내지는 투기일 뿐이다. 대학이라도 나와야 어디 명함을 내밀고 시집 장가라도 갈 수 있으니 대학을 안 갈 수도 없다. 대학 입학은 학문의 맛을 경험하고자 들어가는 것이 아니라 따라지 인생으로 전락하지 않기 위한 계급적 선택이다.

어느 대학을 들어가는 가에 따라 성골, 진골 그리고 6두품의 신분이 결정되는 마당에 대학입시에 모든 것을 배팅할 수밖에 없다.

김혜수만이 타짜가 아니라 대한민국에 자식을 둔 부모들은 모두 김혜수 같은 타짜다. 천문학적인 숫자의 사교육비는 말하자면 거대한 교육투기판이 대한민국에서 자행되고 있다는 사실의 증거일 뿐이다. 부모의 '사랑'으로 교육투기판에 몰린 학생들은 오늘도 수행돌격대원임을 자처하며 입시기계로 성장한다.

초등학교 6학년 때 특목고에 아이를 보내기 위해 군대식 푸샵을 시키는 대한민국의 교육 현장은 공교육이든 사교육이든 배팅으로 일거에 일확천금을 거두어들이고 아이들을 스카이대학에 입학시키는 것 외에는 다른 목적이 없다. 사교육비로 얼마를 투자했든 간에 스카이대학을 졸업해서 그 투자금을 회수하면 그만이기 때문이다. 스카이대학을 나오면 투자금 회수 이외에 사회적 자본 같은 부수적인 이득이 엄청 불어난다. 검정고시에서도 이 교육투기열풍은 온존한다. 쉬운 문제가 나오는 검정고시를 악용해 서울대를 들어가는 길을 획책하는 사람들도 있기 때문이다. 이렇게 대한민국에서 공교육이든 사교육이든 검정고시든 교육으로 가는 마지막 비상구는 철저하게 차단되어 있다.

전교과목 문제풀이 폭식 교육

주지하다시피 대한민국에서 아이들은 전인교육을 빙자한 전교과목 문제풀이 훈련으로 과식 정도가 아니라 폭식 상태에 이르러 있다. 지식이 아니라 정보의 지나친 섭취로 인해 아이들은 대학에 들어오면 일거에 지식거식증 환자로 전락한다. 주입식 문제풀이로 인한 정보과식증이 대학에서 지식거식증으로 변하고 대학은 대학대로 지식 섭취를 거부하는 환자들을 치료하는 것이 아니라 정보과식

증을 방치하거나 한 술 더 떠 대학에서 배출시킨다.

지식 섭취를 거부하는 아이들에게 학문의 맛을 느끼는 즐거움 같은 것은 대한민국 대학에서 자취를 감춘 지 오래다. 토익 점수, 각종 자격증으로 상품의 질만 높이면 그만이다. 대학공시제를 통해 대학생이 아니라 학원수강생을 꽉 꽉 채우면 그만이다. 학생이 아니라 현찰 들고 찾아오는 돈 덩어리들 아니던가!

대학입시, 낙타구멍으로 들어가기 위한 전쟁, 거기까지……

우리의 관심은 딱 여기까지다. 대학 문을 두드리는 순간 계급이 확연하게 나누어지고 스카이대학과 지잡대(지방 잡 대학교)로 양분된다. 전 지구적으로 그리고 국내적으로 사회 구조가 허리가 잘록한 모래시계 형태로 변해 가고 귀족계층이 거주하는 스카이가 점점 더 좁아지는 마당에 너도나도 그 낙타구멍에 들어가기 위한 전쟁을 치른다.

아파트 투기 광풍이라고 하지만 그 광풍이 제대로 빛을 발하려면 무조건 스카이 대학에 들어가야 한다. 개성, 인격, 학문 같은 것들은 모두 공염불이고 사치품일 뿐이다. 신자유주의의 화신인 영국의 수상 대처가 역사학을 가리켜 사치품이라 말하지 않았던가. '위브 더 제니스' 같은 두산 건설의 광고 문구처럼 하늘을 찌르는 아파트에서 살자면 아파트 투기 광풍 이전에 교육 투기 광풍이 전제되어야 한다. 미국의 아이비리그 대학이 아니면 그나마라도 스카이대학을 나와 돈과 권력을 거머쥐어야만 성골, 진골로서 축구장 같은 아파트에서 살 수 있기 때문이다.

한 반에 영어 만점이 수십 명 씩 되는 이 나라에서는 아차 해서 잠시라도 실수하면 2등급으로 떨어지고 스카이대학은 저 멀리 하늘로 날아간다. 1등급과 2등급 사이의 거리는 절벽보다 더하다. 학생들이 소도 아니고 횡성한우도 아닌데 학생들을 일등품으로 제조해 내는 대한민국의 교육 현장에서 무엇을 기대한다는 것은 이미 불가능하다. 희망이란 단어 자체가 이미 기대할 것이 드물다는 뜻 아니던가.

세계 자본주의가 이미 헐값의 임금으로 학생들을 크리넥스 일회용 노동자로 전락시키고 거기에다가 파견노동, 일용직노동 등 불안정 고용을 일삼는 마당인지라 교육을 통해 새로운 계급사회에서 살아남기 위한 전쟁이 불가피하다. 즉 우리는 지금 교육이 아니라 수능 사인펜을 든 소리 없는 전쟁을 치르고 있다는 말이다. 하류로 전락하지 않기 위한 전쟁을 대리 수행하는 곳이 대한민국의 교육 현장이다.

일회용 크리넥스 같은 비정규직 교수

이러한 마당에 대학교육의 절반 이상을 담당하는 비정규직 교수들이 크리넥스처럼 일회용 노동자로 전락하지 않는다면 그것도 이상한 일일 것이다. 비정규직 교수들을 학문을 핑계로 공공근로사업으로 낚아 놓고 스스로가 매트릭스에 걸린 줄을 자각한 비정규직 교수들을 죽음으로 내모는 야만스러운 풍경에 이제는 진절머리가 난다.

봄이 왔지만 목련꽃이 아름다워 보이지 않는다. 글 나부랭이나 쓰면서 지금 나는 무엇을 하고 있는가. 얼마 전 김종철 교수가 대학에서 돈과 권력을 불나방처럼 쫓아다니는 무능한 교수들을 내모는 방법으로 교수들 임금 삭감을 주장한 글을 읽은 적이 있다. 백번 공감하는 바이지만, 그 돈으로 다 같이 연대해 공존할 수 있는 방법을 찾을 수는 없을까. 이미 장터로 변질된 대학에서, 참으로 숨쉬기조차 힘들고 역겹다.

인생의 목적이 대학입시까지이고 아이비리그 대학 내지는 스카이대학 입학까지라니. 사막화로 인해 대한민국을 덮치는 중국의 황사를 바라보면서, 정작 더 두려운 것은 중고등학교 및 고등교육을 포함해 지성의 사막화가 대한민국의 교육 현장에서 급속도로 진행되고 있다는 사실이다.

부동산 재산 순으로 일류대학 가는 나라

손 낙 구*

▲ 서울대 합격은 아파트 가격 순이다. (ⓒ 이광수)

"서울대 합격은 아파트 가격 순이다. 8억대 아파트에 살면 서울대에 28명이 합격하고, 7억대 아파트에 살면 22명, 5억대 아파트에 살면 12명이 합격한다. 4억은 9명, 3억은 8명이 합격한다."

숫자놀음 같은 '아파트값과 서울대 합격률 사이의 상관관계'는 필

---

*『부동산 계급사회』 저자

자가 2004~06학년도 '서울 시내 일반계 고등학교 졸업생 1,000명당 서울대 합격자 수'와 2007년 1월 1일 국토해양부 공시가격 기준 '서울시 구별 공동주택 평균 가격' 통계를 비교해 얻은 결론이다.

아파트값과 서울대 합격률의 관계

동네별 평균 공동주택 가격을 기준으로 서울을 1억대부터 7억 이상의 여섯 개 권역으로 나눈 다음 권역별 1,000명당 서울대 합격자 수를 내보았다.

먼저 아파트 등 집값이 7억 이상인 강남구·서초구에서는 고3 졸업생 1,000명당 평균 25명을 서울대에 합격시켰다. 집값이 평균 8억 8,000만 원인 강남구는 3년 동안 총 634명을 서울대에 입학시켜 졸업생 1,000명당 28명이 합격하는 가장 높은 진학률을 보였다. 집 1채당 평균 가격이 7억 7,000만 원인 서초구는 312명을 합격시켜 1,000명당 22명꼴로 뒤를 이었다. 집값이 나란히 5억 6,000~5억 7,000만 원인 송파·용산구의 1,000명당 서울대 합격자 수도 나란히 12.1명과 12.5명으로 평균 12명이었다.

평균 집값이 5억이 넘는 강남·서초·용산·송파구에 있는 일반계 고등학교는 모두 45개로 서울시 전체(202개)의 22% 수준인데, 모든 학교가 100% 서울대 합격자를 배출하며 3년간 서울시 전체 합격자(2,909명)의 44%에 해당하는 1,267명을 입학시켰다.

반면 집값이 1억 3,000~1억 9,000만 원에 머무른 은평·강북·중랑 등 7개 구에서 서울대에 합격한 학생은 고3 졸업생 1,000명당 평균 6명에 머물렀다. 또 집값이 2억 1,000~2억 9,000만 원 사이인 관악·종로·강서 등 8개 구도 1,000명당 평균 7명에 그쳤다.

평균 집값이 3억이 채 안 되는 이들 15개 구에 있는 일반 고교는 113개로 서울시 전체의 56% 수준이지만, 3년간 서울대 합격자 수는 1,051명으로 서울시 전체 합격자의 36%에 머물렀다.

물론 예외도 있다. 집값이 3억대인 동작·성동·광진구의 1,000명당 합격자는 평균 8명이지만, 평균 집값이 3억 3,000만 원인 성동구는 평균 3명으로 낮다. 4억대인 강동·양천·영등포구의 평균 합격자는 9명인데 영등포구는 4명에 그치고 있다. 반대로 평균 집값 1억대인 노원구와 서대문구는 9명으로 평균 합격자 수 6명보다 많다. 2억대인 강서구도 11명으로 평균 7명보다 합격자 수가 많다.

그러나 이들 5개 구를 제외한 20개 구는 '아파트값이 비싼 부자 동네에 살수록 서울대에 많이 합격한다'는 법칙에서 크게 벗어나지 않고 있다.

부동산 재산 격차 → 수입 격차 → 사교육비 격차 → 학력 격차

아파트값 격차로 상징되는 부동산 격차가 서울대 합격자 수로 상징되는 교육 격차 또는 학력 격차로 이어지는 이유는 뭘까.

우선 한 달 동안 들어오는 수입의 격차가 크다는 점을 발견할 수 있다. 수입의 격차는 직장 생활이나 장사, 사업 등으로 얻는 소득의 격차도 있지만, 아파트값이 올라서 얻게 되는 자본이득의 격차가 오히려 더 크게 나타난다.

통계를 보면 서울대 합격자 수가 28명으로 가장 많은 강남구의 가구당 월평균 소득은 307만 원으로 서울대 합격자 수가 적은 은평구 등 7개 구 236만 원의 1.3배 수준이다. 그런데 한 달 평균 아파트값이 올라서 얻는 자본이득은 강남구가 667만 원으로 하위 7개 구 105만 원의 6.4배에 달한다.

소득과 아파트값 상승으로 얻는 자본이득을 합친 한 달 평균 수입을 보면 강남구는 974만 원, 서초구는 959만 원, 용산·송파구는 679만 원이다. 수입의 격차만큼 서울대 합격자 수도 28명, 22명, 12명으로 차이가 났다.

한 달 수입이 341만 원으로 가장 적은 은평구 등 7개 구는 6명, 439만 원인 관악구 등 8개 구는 7명을 각각 서울대에 입학시켰다. 481만 원인 광진·성동·동작구는 8명을, 568만 원인 영등포·양천·강동구는 9명을 각각 합격시켰다.

한 달 수입을 1년 단위로 계산하면 연간 소득과 아파트값 상승에 따른 수입이 1억이 넘는 강남·서초구는 서울대에 20명 이상을 합격시켰고, 8,000만 원대(용산·송파)는 12명, 6,000만 원대(영등포 등)는 9명을 합격시킨 셈이다. 또 연 수입 5,772만 원인 광진 등 3개 구와 5,268만 원인 관악 등 8개 구는 각각 8명과 7명을 합격시켰고, 가장 낮은 4,000만 원대인 은평 등 7개 구는 가장 적은 6명을 합격시킨 셈이다.

사교육비 많이 쓸수록 수능점수 높아

그러나 아파트값과 서울대 합격률 사이에 더 직접적인 다리 노릇을 하는 것은 사교육비 격차다.

부동산 재산이 많고 수입도 많은 부잣집 자식과, 재산도 없고 수입도 적은 가난한 집 자식이 있다고 하자. 둘 다 머리도 좋고 공부를 열심히 하는데, 부잣집 자식은 가난한 집 자식에 비해 1년간 사교육비를 2배 들여 좋은 과외공부를 시켰다고 하자. "과외비 쓰는 만큼 성적이 올라가나?" 불행하게도 통계는 "그렇다"고 답하고 있다.

김경근 교수의 연구에 따르면 2005학년도 대학 입시에서 월소득 300만 원 미만의 부모를 둔 자식은 한 달 평균 20만 원의 사교육비를 쓰고 수능점수 291점을 받았고, 소득 300~500만 원은 사교육비 42만 원을 쓰고 306점을, 소득 500만 원 이상은 64만 원을 써서 317점을 받았다.

이런 사실은 지역별 사교육비와 수능 점수의 연관 관계에서도 그대로 확인되고 있다. 서울시 전체 학생들은 1년간 평균 592만 원의 사교육비를 쓰고 수능점수를 평균 301점 얻었으며, 서울시 전체 고3 졸업생 가운데 1,000명 중 8명꼴(일반고 기준)로 서울대에 합격했다.

그런데 강남·서초구의 경우, 2004년 한 해 동안 쓴 사교육비가 1인당 평균 952만 원이었고, 그해 이 지역 대입 수험생들이 얻은 수능 점수는 평균 314.7로 졸업생 1,000명 가운데 25명이 서울대에 합격했다. 반면 영등포구와 강북구의 사교육비는 493만 원으로 강남·서초구의 절반 수준에 머물렀으며, 수능 점수도 35점이 낮은 평균 279점이었고, 서울대 합격자 수도 1,000명당 5명 수준에 그쳤다.

시도별로 부동산값과 서울대 연·고대 합격 현황을 살펴보면 부동산 격차가 학력 격차로 이어지는 일은 서울뿐만 아니라 대한민국 전역에서 일어나고 있다. 서울이 부동산과 교육 문제를 두고 남북 격차가 뚜렷하다면, 대전 지역은 동서 격차가 깊어지고 있다. 강남권 고등학교보다 서울대 등 상위권 대학에 더 많은 합격자를 내는 특목고 역시 전체 입학생 중 강남·서초·송파구 중학교 출신이 21.2%로 나타나고 있다.

그렇다면 전체 서울대 입학생 중 강남이나 특목고 출신이 차지하는 비중은 얼마나 될까. 서울대가 국회에 제출한 지난 8년간의 입학생 자료에 따르면 서울대 입학생 중 강남·서초·송파구 소재 고교와 특목고(자립형 사립고등학교 포함) 출신이 차지하는 비중이 2000년 21.7%에서 2007년 31.5%로 오히려 늘고 있다. 강남권 소재 고교 출신 비중은 2000년 11.4%에서 2007년 14.5%로 늘었는데, 경영대 23.1%, 법대 19.4%, 음대 17.9% 순으로 인기학과에 높은 합격률을 보였다. 또 특목고 출신 비중은 12%에서 8년 만에 20%로 늘었다.

상아탑, 우골탑에서 아파트탑으로

우골탑(牛骨塔)이란 말이 유행한 적이 있었다. 소 팔아 자식 대학 보낸다고 해서 생긴 말이다. 가난한 집 자식이 열심히 공부해서 좋은 대학 들어가면 '개천에서 용 났다'고 했고, 마을 어귀에 '경축 ○○○ 서울대 합격' 펼침막이 걸리곤 했다.

그러나 이제 다 옛말이 됐다. 더 이상 개천에서 용은 나지 않는다. 소 값은 떨어지고 대학 등록금은 1년에 1,000만 원을 훌쩍 넘어 소 팔아서 대학 등록금을 댈 수도 없다. 더 중요한 문제는 이제 대학은, 특히 상위권 대학은 가난한 사람이 열심히 공부해서 들어갈 수 있는 곳이 아니라는 점이다.

물론 부잣집 자식이면 다 공부 잘해서 좋은 대학 가고, 가난한 집 자식이면 다 그렇지 못한 건 아닐 것이다. 어려운 조건을 이기고 좋은 결과를 만들어 내는 사람도 많이 있다. 그러나 이런 일이 예전에 비해 극히 예외에 속하는 일인 것만은 분명하다. 특히 상위권 대학은 더 그렇다.

아파트를 비롯한 부동산 재산이 많은 집안 자식이 높은 소득과 그보다 더 높은 부동산 자본이득을 배경으로 엄청난 사교육비와 공교육비를 들여서 '투자한 만큼 상위권 대학에 들어가는' 새로운 법칙이 한국 사회를 지배하고 있다. 상아탑이 '우골탑'을 거쳐 '아파트탑'이 된 셈이다.

대학은 지금도 '콩나물시루'입니다

김 봉 억*

▲ 대학 시간강사에 대한 정당한 지위 요구는 대답 없는 메아리인가?
(ⓒ 이광수)

오늘 대학가의 화두는 '생존'이다. 대학평가에서 순위를 올려야 하고, 국립대 법인화는 '국립대'의 존재 이유를 위태롭게 하며 '부실' 사립대 리스트에 오르락내리락 하는 대학은 벼랑 끝 심정이다. 한국

* 『교수신문』 기자

대학만의 일은 아닌 것 같다. 일본 어느 사립대 교수는 미국으로 안식년을 가 있지만 불안하기 짝이 없다고 한다. 그가 근무하는 대학의 경영 악화로 교수 수를 줄이는 상황이고, 현재는 미국에 있긴 하지만 그것도 1년간 임금을 절반으로 삭감하는 조건이었다고 한다. 심지어 해외에 나간 김에 아예 다른 데 자리를 잡아 돌아오지 말았으면 하는 눈치라고 한다.

수도권 대학은 '선택과 집중', 지방대는 '생존'의 기로에 서 있어

대학에도 '구조조정'이 일상용어가 됐다. 대학은 많은데, 앞으로 대학에 들어올 학생 수가 점점 줄어든다는 것이 핵심이다. 대학을 줄이거나 입학정원을 줄이라고 한다. 그런데 최근 핫이슈인 세종시를 보면 교육과학도시를 만든다고 하면서 서울대, 고려대, 카이스트 등 유명대학의 캠퍼스를 늘려 짓는 방안이 유력하게 검토가 되고 있고, 서울에 있는 대학들은 송도, 파주, 의정부 등 수도권 지역으로 제2, 제3의 캠퍼스를 늘려 가고 있다. 대학 구조조정도 서울·수도권 지역 대학과 달리 '지방대'는 차원이 다른 문제다. 서울·수도권 지역 대학은 '선택과 집중'의 문제이고, 지방대는 살아남느냐 하는 '생존'의 문제다.

특히 사립대 구조조정은 본격 궤도에 올랐다. 오는 2012년부터 학령인구가 줄어들기 시작해 '학생 충원율'은 부실 사립대를 판정하는 주요 기준 가운데 하나가 되었다. 그러나 학생 충원율이 낮은 대학들은 대부분이 지방에 몰려 있다.

교과부가 제시한 2008년 정원 미달 사립대 현황을 살펴보면, 27개 대학이 학생 충원율 70%를 밑돈다. 4년제 대학이 17개, 전문대학은 10개다. 이들 대학은 학생 충원율이 70%를 넘는 서울, 부산, 대구, 인천, 대전, 울산, 충북 지역 외에 소재하고 있다.

학령인구 감소는 2012년부터 시작된다

사립대 구조조정을 부르는 학령인구 감소는 2012년부터 시작된다. 대학에 진학하는 나이인 18세 학령인구는 2009년 현재 65만 4천여 명. 2011년까지는 69만 명까지 학령인구가 늘지만 2012년에는 68만 9천 명 수준으로 떨어지기 시작해 2017년에는 59만 8천 명으로 줄어들고, 2020년에는 50만 8천 명, 2021년에는 47만 1천 명까지 줄어든다는 전망이다.

학령인구 감소에 따라 추정되는 고교 졸업자 수는 2009년에 60만 9천 명으로 올해 대학 입학정원인 59만 9천984명을 빼면 대입 정원은 9천133명이 남는다. 올해 대학 입학정원을 계속 유지한다고 가정해 보면, 2015년에 고교 졸업자 수(추정)보다 입학정원이 더 많아지기 시작한다. 2016년부터는 학령인구 감소폭이 더 커져 본격적인 미충원 사태가 벌어질 전망이다. 2016년에 18세 학령인구는 61만 9천 명. 고교 졸업자 수는 57만 5천 명으로 추정돼 현 입학정원을 유지한다면 2만 4천여 명이나 정원이 남게 된다. 이런 추이로 가면 2020년에는 12만 7천 명이나 정원이 남아돈다는 계산이 나온다.

그러나 지금도 전체 고등교육기관의 학생 충원율이 91.0%에 불과한 현실인데다 대학 양극화 현상이 갈수록 뚜렷해지고 있기 때문에 사립대 구조조정이 불가피하다는 것이다. 한국사학진흥재단이 2007년 결산 기준으로 분석한 자료에 따르면, 전국 4년제 사립대 189개 가운데 113개 대학(60%) 학생등록률이 90%에 미치지 못했다. 학생등록률 70%에 미달한 대학은 41개 대학(21%), 50%에 미달한 대학은 10개 대학(5%)으로 집계됐다. 전국 4년제 사립대 189개 가운데 41개 대학이 학생등록률 70%를 못 채우고 있는 것으로 나타났다. 학생 등록률이 50%를 밑도는 대학도 10곳이나 됐다.

　대학은 이렇게 위기와 기회를 동시에 맞고 있다. 꾸준히 늘려오던 대학 수도 지난 2006년부터는 감소 추세를 보이고 있다. 2009년 4월 1일 현재, 4년제 일반대학은 물론 전문대학, 산업대학, 교육대학, 대학원대학 등 '고등교육기관'은 407개가 있다. 지난 2005년에는 419개였다가 2006년에 412개, 2007년에 408개, 2009년에는 407개까지 줄었다. 4년제 일반대학은 177개, 전문대학은 146개, 산업대학은 12개다. 여기에는 지난해까지 원격대학으로 있다가 4년제 일반대학과 같은 학사학위를 수여하는 '사이버대학'으로 인가받은 12개 사이버대학과 38개 대학원대학 등도 포함되어 있다. 신설 대학도 포함됐다. 첫 국립대 법인대학인 울산과학기술대, 중원대, 화신사이버대, 한독미디어대학원대학교 등이 그것이다.

〈전문대학 · 일반대학 학교 수 추이〉

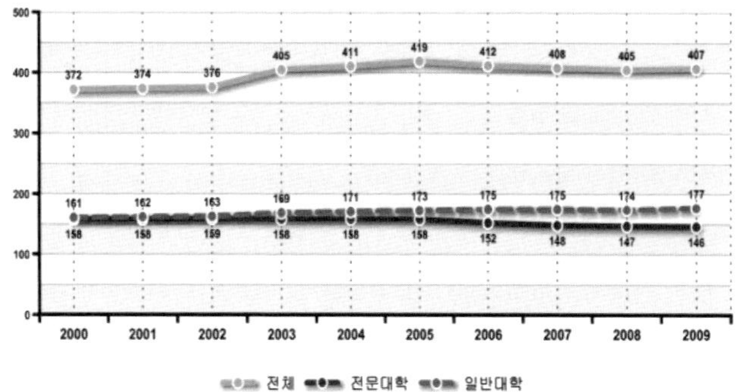

※ 출처 : 2009년 교육기본통계조사, 교육과학기술부.

이들 대학에 재학하고 있는 학생은 얼마나 될까. 모든 고등교육 기관에 재학 중인 학생 수는 359만 명이다. 지난해 보다 2만 8천여 명이 더 늘어 지금까지는 증가추세를 보여주고 있다. 4년제 일반대학 재적학생 수는 200만 명에 육박한다. 대학원에 다니는 학생 수도 꾸준히 늘어 30만 6천 명이 대학원에 적을 두고 있다. 대학원 학생 수는 지난해 처음 30만 명을 넘어섰다. 반면, 산업대와 전문대학은 통폐합해 일반대로 전환하는 사례가 늘고 있는 형편을 반영해 산업대는 2004년 이후, 전문대학은 2003년 이후부터 지속적으로 감소세를 보이고 있다.

학력 인플레 현상도 지속돼 석·박사학위 취득자는 올해 8만 5천여 명

학력 인플레 현상도 지속돼 석·박사학위 취득자는 올해 8만 5천여 명으로 지난해 보다 3천300여 명이 더 늘었다. 석사학위 취득자는 7만 5천여 명, 박사학위 취득자는 9천912명으로 매년 증가하고 있다. 대학원교육 수요는 눈에 띄게 늘고 있다. 특히 평생교육 수요가 늘어난 탓으로 순수 학술연구를 목적으로 하는 일반대학원보다 직업 전문성 강화를 꾀하는 전문·특수대학원 수요가 크게 늘고 있다. 대학원 학생 수는 2002년까지는 전문·특수대학원보다 일반대학원이 더 많았지만 2003년부터는 전문·특수대학원 학생 수가 월등히 많아졌다. 의치의학전문대학원, 경영전문대학원, 법학전문대학원 등 '3대 전문대학원' 수요가 더 많아져 대학원 학생 수의 증가에 따른 대학원교육 내실화가 절실해 보인다.

〈전문대학 · 일반대학 · 대학원 재적 학생 수 추이〉

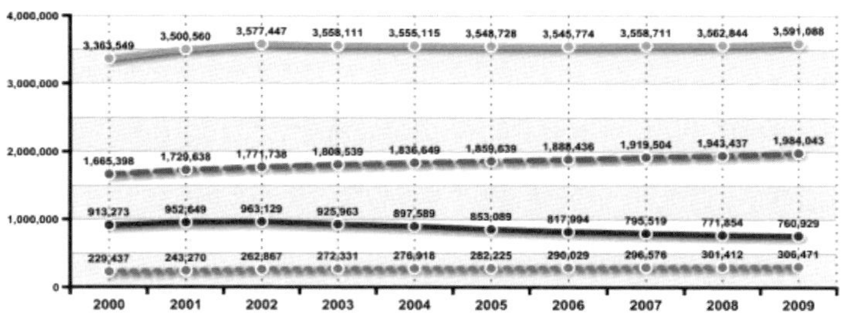

※ 출처 : 2009년 교육기본통계조사, 교육과학기술부.

한국사회는 대학 '입시' 문제로 늘 홍역을 앓고 있지만, 대학 입학 이후의 대학교육과정과 대학원교육에 대해서는 무관심하다. 하지만 고등교육에서 '전문대학원'이 미치는 영향은 점점 더 커지고 있다. 한준상 연세대 교수(교육학)는 "전문대학원교육이 제 길을 가지 못하면, 대학의 본래 목적을 훼손하기 십상"이라고 밝힌바 있다 (「대학정론」, 『교수신문』, 2009년 9월 21일자).

대학교육이 대학원 진학을 위한 입시기관으로 전락할 수 있다

한 교수는 "대학이 상업적인 목적에만 탐닉한다면 학문본연의 이상향은 사라진다. 대학교육의 정상화 역시 거리가 멀게 될 뿐이다. 이미 본 것처럼 2008학년도 대학입시에서, 로스쿨 유치가 기대되는 대학의 법학과 경쟁률은 낮아지고 철학과나 국문학과의 평균 경쟁률이 상승한 바 있는데, 이것은 철학과나 국문학과가 LEET에 도움이 된다는 예상 때문에 그렇게 된 것이었다. 의·치학전문대학원 진학에 유리하다고 해서 생물학 등의 자연계열의 입학 점수가 높아진 것도 같은 맥락에서 주목해야 한다"고 말했다. 그는 이어 "직업을 얻는 데 필요한 실용적 전문대학원에 입학하기 위해 학생들은 순수학문을 전공으로 선택해 이를 수단화하려고 할 뿐이다. 대학교육이 대학원 진학을 위한 입시기관으로 전락할 수 있다는 대목에 이른 것이다"라고 밝혔다. 또한 대학교육이 부실하고서는 대학원교육 역시 부실해질 수밖에 없다고 목소리를 높였다.

대학교육의 부실 문제는 여러 요인이 있겠지만, 그중 '교원현황'이 핵심이라고 생각한다. 2009년 4월 1일 현재, 전체 고등교육기관의 교수 수는 7만 5천469명이다. 4년제 일반대학이 5만 8천848명, 전문대학은 1만 2천451명이다. 지난 2007년에 처음 7만 명을 넘어섰다. 하지만 여전히 전임교수는 부족한 실정이다.

대학 교수는 꾸준히 늘고 있어도 주요 선진국 수준에는 크게 뒤쳐져 있다. 교육경쟁력을 강조하지만 '콩나물시루'를 연상케 하는 교육여건은 여전하다. 열악한 교육여건은 효율성을 우선에 둔 교육정책에 밀려 고등교육 투자에 소홀해선 안 된다는 경고를 보내고 있다.

2008년 대학교원 현황을 보자. 4년제 일반대와 산업대를 모두 포함한 교원 1인당 학생 수(재학생 기준)는 26.5명(초빙교수 포함)으로 2007년보다 0.7명이 줄었다. 전임교원 수업비율은 2007년 53.5%에서 지난해 58.5%로 5%가 늘었다. 시간강사 수업 비율은 2007년 36.1%에서 지난해 31.2%로 줄었다.

하지만 여전히 OECD 평균 15.3명에는 한참 밑돈다. 겸임과 초빙교원을 뺀 전임교수만 따지면 교원 1인당 학생 수는 30.0명으로 올라간다. OECD 평균 두 배에 육박하는 수치다. 미국(15.1명), 영국

(16.4명), 일본(10.8명) 등 주요국가와 비교해도 훨씬 못 미친다. 아직 갈 길이 멀다.

교원 수 턱없이 부족해

학부 재학생 1만 5천 명 이상 대규모 대학 가운데 OECD 평균을 웃도는 대학은 한 곳도 없다. 교원 1인당 학생 수가 가장 적은 서울대가 18.4명이다. 다음으로 경상대 21.9명, 전북대 23.2명, 강원대 23.3명, 성균관대 24.6명, 이화여대 26.3명, 경북대 26.8명, 고려대 27.5명, 전남대 28.9명, 동국대 29.3명 순이다.

교원 1인당 학생 수가 OECD 평균(15.3명)보다 적은 대학은 포천중문의과대(3.4명), 가톨릭대(10.8명), 한림대(10.9명), 인제대(14.4명) 정도다. 비교적 교원 확보율이 높은 의과대학의 비중이 큰 대학들이 아니면 영산선학대, 신경대, 금강대 등 재학생 수가 적어 교원 확보율이 높은 신설 대학이다.

교원 확보율은 전년대비 2.4% 증가한 79.6%로 나타났다. 재학생 1만 5천 명 이상 대학 가운데 교원 확보율이 가장 높은 대학은 118.8%인 울산대였다. 다음으로 서울대 101.5%, 경상대 90.9%, 성균관대 87.5%, 연세대 86.0% 순으로 교원 확보율이 높았다. 1만 명 이상 중소규모 대학에서는 가톨릭대가 170.0%로 가장 높았다. 다음으로 인제대 136.9%, 순천향대 114.5%, 제주대 97.2%, 아주대 78.0% 등이 뒤를 이었다.

교원 확보율은 대학 재직 교수 수(전임·겸임·초빙교원)를 교원 정원으로 나눠 계산한다. 교원 1인당 학생 수 기준을 인문·사회 25

명, 자연과학 20명, 공학 20명, 예·체능 20명, 의학 8명으로 하고 있다. 1996년 당시 미국 주립대학 수준으로 만든 것이다. 이 때문에 세계 유수 대학과 경쟁하고자 하는 대학은 교원 확보율 100%를 채웠다고 교원 확보를 늦출 수 없다.

비전임교수, 강사 취업 현황

전임교수 확보가 더딘 만큼 그 자리를 비전임교수가 메우는 현상은 지속되고 있다. 지난 2008년에 비전임교수 비율은 산업대(72.4%)와 전문대학(72.6%)이 더 높아 교육여건은 열악하다. 특히 눈길을 끄는 것은 일반 사립대는 그나마 비전임 교수 비율이 62.6%로 지난해 63.9%보다 줄었지만 일반 국·공립대의 비전임 교수 비율은 점점 더 늘고 있다는 점이다. 지난 2006년에 54.3%, 2007년엔 54.5%, 2008년에는 56.1%를 기록해 일반 국공립대가 비전임 교수 채용 개선이 더딘 것으로 집계됐다.

그렇다면, 비전임교수 중에 가장 많은 수를 차지하는 시간강사의 현실은 어떤가. 국회 교육과학기술위원회 임해규 한나라당 의원이 2009년 국정감사 정책자료집으로 펴낸 『전국 대학 시간강사 현황』에 따르면, 2009년 4월 현재 전국 305개 대학(4년제 대학 157곳, 전문대학 129곳, 대학원대학 18곳)에서 강의하고 있는 전체 시간강사는 총 8만 4천797명이다. 국공립대가 1만 4천290명, 사립대가 7만 507명이다. 최종 학위는 석사학위자가 4만 4천188명으로 가장 많았고, 박사학위자는 3만 966명이다. 전문대학은 석사학위자(1만 2천670명)가 박사학위자(3천892명)에 비해 월등하게 많았다. 4년제 일반대학 역시 석사학위자가 2만 8천685명으로, 박사학위자 2만 4천878명보다 많았다.

전체 시간강사 8만 4천797명 가운데 대학 강의만을 직업으로 삼고 있는 '전업강사'는 3만 5천477명. 다른 직업이 있으면서 대학 강의를 겸하고 있는 非전업강사는 3만 7천673명이었다. 또 전체 강사 중에서 1개 대학에만 출강하는 시간강사는 4만 861명, 2개 대학 이상 출강하는 시간강사는 1만 7천33명으로 분석됐다. 임해규 의원은 "여러 학교에서 중복 조사된 허수를 뺀 실제 시간강사 수는 5만 7천894명으로 확인됐다"고 말했다.

방학이 두려운 시간강사들

문제는 해결방안이다. 시간강사에게 교원지위를 부여하자는 법안은 여전히 국회에서 잠을 자고 있고, 교육과학기술부와 임해규 의원은 4대 보험을 들 수 있도록 하고 '교육전담교원'으로 시간강사 문제를 '현실적'으로 해결하자고 말한다. 전국교수노동조합은 얼마 전 시간강사 대책으로 '대학교원 국가풀제'를 제안했다. 대학교원 국가풀제는 박사학위를 받고 소정의 연구, 교육, 봉사업적을 달성한 이들을 심사절차를 거쳐 대학교원 국가풀에 등록해 일정 수준의 최저생계비를 보장하는 내용이다.

관건은 정부의 재정지원이다. 그동안 시간강사 처우개선책을 두고 다양한 대안과 입법안이 나왔지만 핵심적인 문제는 재원 확보방안이었다. 대학에만 맡겨서 풀 수는 없는 문제다.

임해규 의원은 "교육전담제도를 통해 능력 있는 시간강사를 최대한 교원으로 흡수하기 위해서는 시간강사를 채용할 때 국공립대는 비용 전부를, 사립대도 일부라도 재정 지원을 해줘야 한다"고 했고, 김도형 교수노조 정책실장(성신여대 교수)은 "결국 국가가 예산을 투입해 OECD 평균의 설반밖에 되지 않는 고등교육예산을 증액해야 한다"고 강조한 바 있다.

정부가 시간강사 문제 해결을 위한 결단과 함께 재정지원을 하지 않으면 대학도 움직이지 않고, 현실적인 해결방안으로 추진하고 있는 교육전담교원제도도 실효성을 거두기 힘들 것이다. 곧 있으면 겨울방학이다. 방학이 두려운 시간강사들에게는 탁상공론이 반가울 리 없다.

대학생과 학습권

김 재 의*

▲ 대학 - 성. (ⓒ 이광수)

　필자가 다니는 서울대 사회과학대는 전공진입제도를 시행하고 있
다. 학부생으로 들어와서 1년 동안 전공탐색과목을 듣고 학년 말에
자기가 들어가고 싶은 전공을 고른다. 물론 전공을 선택한다고 해
서 다 들어갈 수 있는 것은 아니고, 경제학과 등 인기전공으로 가기
위해서는 높은 성적이 필요하다. 그래서 새내기들은 무슨 수업이 좋

* 서울대학교 학생, 서울대 대학생사람연대 대표

은지, 전공탐색과목은 어떤 것을 들어야 좋은 학점을 딸 수 있는지를 묻곤 한다.

인문학적 고민이 없는 친구들

필자가 문제라고 느끼는 것 중 하나는 지적인 고민을 하는 친구들이 별로 없다는 사실이다. 하다못해 사회과학에 대한 관심, 사회와 인간에 대한 고민을 통해 가치관을 정립하려는 시도 자체가 별로 없다. 학점을 잘 주는 과목이 아니면 사고하고 있는 주제의 폭을 넓히거나 답을 찾기 위해 수업을 듣는 경우란 찾아보기 어렵다. 물론 '공부'에 관심이 없는 친구들이 없는 것은 아니지만, 대부분 수업을 통해 그 욕구를 다 충족시키느냐 하면 그런 것도 아니다. 외부 세미나에 참여하거나 혼자서 공부를 함으로써 이런 욕구를 충족시킨다.

물론 그 역시 소수일 뿐이며 대다수는 수업을 통한 '지적 여정'에 별다른 관심이 없다. 심지어 '숲과 인간'이나, '화산과 지진'과 같은 과목들을 단체로 듣는 새내기들도 많다. 필자는 새내기들이 결코 흥미가 있어서 이 과목을 듣기로 결정했다고 생각하진 않는다. 물론 지질학적인 관심이나 숲에 대해 뭔가 알고 싶다는 마음을 가진 새내기들이 없는 것은 아니겠지만, 이 과목을 듣는 배경의 상당부분은 선배들이 이 과목을 수강했으니 강의 평가를 담은 족보를 가질 수 있다는 것과, 같은 학년의 동기들이 과목을 듣느니만큼 '위기가 오더라도' 능동적으로 대처할 수 있다는 신뢰에 기인한 동기일 터이다.

경쟁에서 이기려면 동아리 활동은 뒷전

사실 주어진 상황 안에서 선택을 한 학생들을 비난하고 싶지는 않다. 그러나 조건에 문제가 있다고 생각한다. 즉 대학생의 학습권 자체를 보장할 수 없는 대학의 지적 풍토에 문제의 책임이 있는 것이다. 전공을 잘 선택하려면 다른 누군가와의 경쟁에서 이겨야 하는데 안타깝게도 관심 있는 과목들을 다 챙겨 들으면 다른 사람과의 경쟁에서 이길 수 없다. 그러니 어느 정도 자신의 지적인 욕구를 포기하면서 학점 잘 주는 과목으로 쏠리게 되는 것이다.

수업뿐만이 아니라 동아리 활동이나 기타 자신의 관심사를 통해 성장할 수 있는 기회도 많이 제한되어 있다. 혹자는 서울대생이니만큼 졸업하고 나서 먹고 살 걱정이 없으니 상대적으로 여유가 있지 않겠는가 반문할지 모르고, 또 그런 반문은 지금 한국사회에서 어느 정도 타당한 것이 현실이다. 그러나 금융연구회나 투자연구회 등 기업에서 실질적으로 보장하는 스펙과 관련한 부문이 아니면 동아리 활동을 한다고 해도 그것을 취직 전까지 계속하거나 그것을 통해 진로를 모색하는 경우란 찾아보기 힘들다.

취업을 위한 안간힘

필자는 학내에서 자원활동 동아리를 하고 있는데, 이 자원활동 동아리에 4학년이 되도록 남아 있는 사람은 정말 손에 꼽을 만하며, 그나마도 동아리 활동을 진지하게 받아들이던 사람들 중 다수는 학점교류나 군대 등을 갔다 오면 가끔씩 술자리에 나오는 것 외에 동아리 활동에 적극적으로 참여하지 못한다. 그들의 의지가 부족하거나 소외감을 느껴서 그런 게 아니라 주변의 사회적 환경이 그것을 강제하는 것이다.

안타깝게 생각하는 것은, 위에 짧게 언급한 것처럼 개인적인 이득이나 자신의 경력과 관련된 부분은 적극적으로 찾아 하고, 그것을 취직 전까지만 계속하면서 동아리 활동을 통해 의미를 얻으려는 사람들이 상대적으로 많기 때문이다. 실제로 서울대에서 금융이나 모의투자와 관련된 학회들이 리크루팅을 하면 적게는 100여 명, 많게는 그 이상의 인원이 몰려든다. 반면 인문사회과학을 공부하는 학회나, 연극단 등의 단체들은 매 학기를 유지하기 힘들다. 심한 경우 회원이 한자릿수로 줄어 그 다음 학기에 해체되거나, 일시적으로 붐을 맞아 부흥한다고 할지라도 인원수가 얼마 안 되고 경험이 부족하다는 등의 이유로 위기에 처하는 경우도 많다.

대학에 와서 다양한 경험을 하고 그것을 통해 스스로를 성장시킨다는, 사회에서 통하는 보통 상식은 대학가에서 더 이상 통하지 않는다. 앞서 언급했던 금융연구 동아리와 같은 경우 금융공학이나 경제학을 공부한다는 기쁨을 가진 사람들도 있겠지만, 그 뒤에 어쨌든 기업으로부터의 특채 채용이라든지 면접에서의 좀 더 나은 기회와 같은 변수들이 숨어 있다는 것을 보면, 이 전반적인 대학사회의 현실이 더 우울하게 보이지 않는가.

도대체 이런 일이 왜 일어날까? 이걸 가능하게 만드는 맥락은 여러 가지가 있을 것이다. 신자유주의 같은 거시적인 변수들뿐만 아니라, 지금 한국사회에서 대학이 노동시장과 연계하여 기능할 수밖에 없는 조건과, 대학 당국이 항상 되풀이하는 학교의 재정적인 문제와 학교의 장기적인 목표 같은 것도 그 안에 포함될 수 있을 것이다. 그러나 내가 문제라고 생각하는 것은 우선 대학이 공부를 하는 곳이고, 그 공부를 통해서 고등학교 3년을 거치면서 형성된 창의력 빈곤의 상태를 극복하는 위상을 분명히 가지고 있어야 함에 반해 우리나라의 대학은 그런 것들이 전무하다는 사실이고, 대학당국이 이를 극복하기 위한 일을 분명히 할 수 있음에도 불구하고 '하고 있지 않다'는 것이다. 이사장의 비리와 친인척 문제, 부정축재로 얼룩진 사립대야 그렇다 치더라도, 공립고등교육을 책임지고 있는 서울대까지 그러는 건 좀 이해하기 어려운 일이다.

서울대에서만 세 분의 비정규직 교수 자살

나는 비정규강사 문제가 이것을 잘 보여주는 사례라고 생각한다. 교수 혹은 강의담당자에게 어떤 취급을 하는지의 여부가 '교육'에 대해 대학이 어떤 인식을 하고 있는지를 잘 보여주기 때문이다. 서울대의 경우 2003년부터 2008년까지 세 분의 비정규강사들이 자살하셨다. 세 분 다 인문대 출신이셨고, 생활고와 교수임용 등 복합적인 문제 때문에 돌아가신 것으로 알고 있다. 선생님들이 자살하는 것을 방치하는 것이 말이 되는가? 그리고 이런 조건에서 가르치는 선생님들이 얼마나 학생들에게 여유를 가지고 수업을 하실 수 있으며, 학생들을 하나의 제자로서, 하나의 인간으로서 충분한 지적 성숙을 할 수 있도록 도와주실 수 있겠는가?

실제로 서울대의 경우 교양수업 60~70%를 비정규강사들이 담당하고 있다. 반면 강사들이 받는 임금은 1년에 1,080만 원, 한 달 90만 원이 조금 넘는다. 3인 가족 기준 최저생계비 97만 원을 밑도는 액수다. 서울대 소속의 강사 1,251명에 대해 주어지는 편의시설은 공동연구실 33개, 휴게실 7개뿐이다. 사회에 대한 폭넓은 관심과 가치관이 정립되는 수업의 다수를 비정규강사들이 담당하고 있는데, 이 분들에 대해 대학 당국에서 신경 쓰지 않으니 열악한 강의와 열악한 학부생이 재생산될 수밖에 없는 것이다.

물론 서울대는 지난 2009년 3월 비정규강사 처우개선을 위한 조치들을 시행하겠다고 밝힌 바 있다. 비정규강사를 1~3년 계약직의 강의교수로 바꾸겠다는 것이 골자인데, 의의는 있겠지만 문제의 본질을 해결할 수는 없다. 문제가 진정 해결되려면 비정규강사를 교원으로 인정하지 않는 지금의 법조항이 바뀌어야 한다. 현행법상 선생님으로 인정하지 않으므로 대학에서 선생님 대접을 해주지 않는 것이 문제의 본질이고, 이것은 서울대를 넘어 다른 대학에도 적용될 수밖에 없는 문제이기 때문이다.

대학교육의 기업화, 비정규교수의 열악한 교육환경

기실 앞에서 언급했던 여러 가지 문제들과 비정규교수의 문제는 긴밀하게 연관되어 있다. 대학생들이 수업을 제대로 받지 못하는 이유가 비정규교수가 열악한 환경에서 강의를 하기 때문이고, 또 역으로 비정규교수가 제대로 된 대접을 못 받는 것은 전반적인 대학교육의 기업화―'실용화'와 연계되어 있는 움직임 때문이기도 하다. 동아리 활동을 안 하는 이유는 사회에서 동아리 활동에 대한 보상을 해주지 않기 때문이고, 그것을 통한 개인의 성장가치에 적절한 관심을 기울이지 않기 때문이다. 이것은 결국 '지식과 창조'와 같이 서울대 본부에서 지향하는 가치와 정반대의 방식으로 대학사회가 움직이고 있으며 그 큰 변화의 부작용이 비정규교수에 대한 처우 문제, 그리고 대학생들의 지적 위기로 표현된다고 말할 수 있을 것 같다. 결국 대학이라는 공간을 어떻게 바꿀 것인가의 문제를 둘러싸고 학생들과 비정규교수들은 손에 손을 맞잡고 있는 셈이다. 서로의 문제가 서로에 연동되어 있는 것이다.

3년쯤 전 내가 대학에 들어왔을 때, 『감옥으로부터의 사색』의 저자인 신영복 선생님이 와서 강연을 하셨다. "'대학은 기성 이데올로기의 아성이기도 하지만 비판적인 지성의 장이기도 하다'라는 구절이 참 기억에 남았다. 지금 대학은 점점 전자처럼 변해가고 있다. 행동이 필요할 때다.

대학생과 군대

김 성 환*

▲ 군대 가면 철이 든다고. (ⓒ 이광수)

"대학생과 군대…… 나는 아직 군대를 가지 않았지만……"을 말하려면 우선 대학생의 현 상황을 알아야 한다. 우리나라에서 대학의 이미지는 어떠한가? 대학이라면 지식의 상아탑이라고도 하지 않는가! 현재의 대학은 그렇지 못한 실정이다. 정교수에게는 안정적

* 고려대학교 학생, 세종배움터 민중민주 정치경제학연구회

인 고수익의 직장이자, 권력의 장이다. 대학생들에게 대학은 배워가는 '지성인들의 배움의 장'이 아닌 단순히 좋은 직장으로 가기 위한 좋은 대학명함 만들기에 급급한 곳이다. 대학의 본질을 잃어버린 것이다.

처음부터 단추를 잘못 끼웠다. 지금 대학은 대학생들에게 그저 고등학교의 연장선으로밖에 자리매김을 못한 것 같다. 대학교에서 배우는 것은 단순한 주요과목의 배움터이다. '아! 그렇다면 대학은 어떠한 역할을 가지고 있는 것인가?', '학생들은 어떠한 것을 얻어갈 수 있는 것인가?' 대학은 단순히 전공 공부만 하는 그런 자리가 돼서는 안 된다. 사회에 나가기 이전에 준사회인이 된 대학생들에게 우리가 살고 있는 그런 사회의 전반적인 모습을 알아갈 수 있게 해주어야 한다.

하지만 요즘 대학생이 가장 많이 하는 것은 무엇인가? 자신이 원하는 전공 공부, 좋은 직장에 가기 위한 자격증 따기 등이다. 혹은 고등학교에서 해방되었다는 기쁨에 취해서 게임이나 술에만 취해 있지는 않은가! 그런 의미에서 대학생들은 지금 중요한 것을 놓치고 있다. 무난해 보이는 대학생활의 문제점은 이것이다. 모두가 남에게 신경 쓸 겨를이 없다. 자신의 고민에만 빠져 있다. 사람과 사람 사이의 진정한 교류는 적어지고 있다. 그리고 우리가 살아가는 사회에 대한 고민들이 없다. 사회의 문제점을 바꿔나가려고 하기보다는 그에 순응하는 것을 배운다. 대학생은 나만이 살아갈 방법을 생각하는 것이 아니라 모두 같이 살아가는 사회의 문제점에 대해서도 관심을 가져야 한다.

이런 대학생의 생활에서 군대의 영향도 큰 비중을 차지한다. 대학생에게, 특히 남학생들의 주요 고민인 군대를 빼고 생각할 수 없다. 하지만 단순히 군대라는 것에 대해 '남자는 가는데, 여자는 안 가네', '다른 나라는 모병제인데 우리나라는 징병제네'와 같은 불만을 토로할 생각은 전혀 없다. 위에서 말한 대학생이 진정으로 알고 느껴야 하는 대학과 대학생 시기 군대는 이제 막 성인이 된, 학생들의 생각에 변화를 주는 큰 요인이기 때문에 쉽게 생각하고 넘길만 한 문제가 아니다.

군대 갔다 오더니 철 들었네

그렇기에 대학생과 군대를 관련하여 말해보고자 한다. 우선 군대는 계급사회이다. 계급이 다인 것이다. 군대를 마치고 오면 흔히 그런 얘기를 한다. "군대 갔다 오더니 철들었네"라고. 하지만 그것은 반대로 생각하면 군대에서 사회에 순응하는 법을 배우고 나왔다는 말이다. 아무리 잘못된 것이라도 상급자에게 잘못됐다라고 말하지 못하고 참아야 하며 시키는 대로만 하는 것을 배웠다는 것이다. 그리고 군대에서는 군대라는 계급사회에 필요한 생각들만 일방적으로 주입시킨다. 우리가 스스로 사고를 해서 판단을 할 생각의 공간을 남겨두지 않는다. 그래서 제대를 한 대학생은 뒤에 대학사회의 흐름에 적응을 하기 힘들다.

대학교! 고등학교를 졸업하면 4년제가 되었든 2년제가 되었든 거의 모든 학생들이 대학으로 진학한다. 이와 마찬가지로 군대! 대한민국의 대학생들이 대학생활에 적응할 만하면 가야하는 곳이다. 그리고 제대하고 나와서도 대학생활에 적응하려면 시간이 걸릴뿐더러 무엇보다 중단했던 공부를 다시 시작해야 한다는 압박감이 심하다. 하지만 방법은 없다.

대학생도 풍년, 군인도 풍년인 우리나라

그렇다! 대학과 군대의 공통점이라면 '누구나 간다'라는 인식이 아닐까? 더욱이 두 가지 모두 젊음을 보내는 곳이라는 것이다. 너무나도 일반화되어 있기 때문에 인식하기 힘들 정도로 평범한 것이 되었다. 이제는 대한민국의 젊은이라면 가야하는 곳으로 인식하는 것이 현실이다. 물론 대학교에서 큰 꿈을 펼치는 경우도, 군대에서 여러 가지 특별한 일을 겪는 경우도 있다. 대부분이 뉴스나 신문, 인터넷에서 듣는 그런 일들이다. 그러나 실상 주위에서는 그런 특별한 경우가 많지 않다. 대학생도 풍년, 군인도 풍년인 우리나라에서는 그들과 관련을 짓지 않고 살아갈 수 없다. 그렇다면 이제 답을 풀어보자.

우리나라에서 살아가려면 해결하기 힘든 문제들이 있다. 그것은 내 집 마련, 좋은 직장 들어가기, 노후 대책 세우기 등이다. 생각해 보면 이것들은 전부 돈과 관련이 있는 것이다. 그래서 우리는 어릴 때부터 명문고, 명문대를 들어가려는 것이다. 그렇게 해야 잘 살 수 있다고 생각하기 때문에. 결국 모든 것을 돈과 연관 지어서 생각하기 때문이다.

간단하게만 짚고 넘어가자. 사회복지가 잘 돼 있는 외국의 사례를 보면 한 가정의 내 집 마련의 꿈은 그리 어려운 것이 아니다. 그리고 노후에 대한 복지도 잘 돼 있기 때문에 기를 쓰고 돈에만 매달릴 필요가 없다. 이런 이야기를 왜 꺼냈는지 의아해 할 수도 있다. 하지만 이것은 위에서도 언급했듯이 우리가 살아가는 사회에 관심을 가져야 하는 사람은 대학생이기 때문이다.

행동하지 않는 사회의 중심, 대학생

나는 무엇이든 사회를 굴릴 수 있는 원동력의 중심에는 대학생이 있다고 생각한다. 젊음의 힘! 가장 머리가 잘 굴러길 때이기 때문에, 패기가 넘치는 때이기 때문이다. 그렇기 때문에 이 사회의 문제점에 대해서도 가장 먼저 나서서 얘기할 수 있고 행동할 수 있어야 한다.

요즘 촛불집회가 계속해서 열리고 있다. 촛불집회에 대한 각자의 견해가 있을 것이다. 집회에 대한 부정적인 시각이 있을 수도 있다. 하지만 나는 촛불집회를 국민들끼리 그리고 국민과 국가가 소통하는 장이 될 수 있다고 생각한다. 그리고 적어도 나름의 방식대로 행동으로서 보여주는 사람을 나는 '지성인'이라고 부르고 싶다. 그런 대학생이 되어야 한다. 가만히 앉아서 사회의 문제점들은 생각하지도 않거나 생각은 하더라도 행동으로서의 무엇도 보여주지 못한다면 대학생이라는 타이틀이 아깝다. 적어도 행동을 하는 사람들은 대다수의 국민들을 위해서 움직이는 것이다.

대학생에게는 또 하나의 군대가 있다. 그것은 어떠한 집회 등에든 막아서는 사람인 의경이다. 이들에게 폭력을 당하거나 부당하게 잡혀간 사람들이 많다. 민간인을 폭력으로 대하는 의경은 마음의 상처를 입고 후유증도 나타난다. 이들도 대학교를 다니던 20대의 대학생과 같은 또래이다. 그들도 원해서 하는 것이 아니다. 우리가 화를 내야하는 것은 의경이 아니다. 바로 그 위의 관료들이다.

우리의 목소리를 내어서 사회의 문제점이 있다면 말을 해야 한

다. 왜냐하면 그 사회에 나가는 사람들은 우리 대학생들이기 때문
이다. 그렇기 때문에 앞장서서 우리 모두를 위한 많은 고민과 행동
을 보여줬으면 한다. 그러려면 대학생들이 군대의 명령식, 주입식
사고의 영향을 덜 받아야 한다.

염치 없이 '장사'에 열중하는 대학

정 우 현*

▲ 기업화된 대학은 학생을 이윤 추구의 도구로 사고할 수밖에 없다.
(ⓒ 이광수)

이화여대 정문 바로 옆에는 아주 큰 동굴 같은 건물이 있다. 바로 ECC(이화캠퍼스복합단지)이다. 외국의 유명한 건축가가 디자인한 것으로, 서울시에서 상까지 받았다고 하니 외관은 화려할지 모

---

* 이화여자대학교 학생, 대학생사람연대

르겠으나 이 건물이 대학의 상업화를 상징하는 것처럼 되어버렸다는 점에서 볼 때마다 거북함이 드는 것도 사실이다. 학생들의 등록금으로 만들어진 이 건물은, 학생들을 위한 시설이라고 볼 수 없기 때문이다.

학생을 배제한 학내 공간, 이화캠퍼스복합단지

대학에 입학한 해인 2006년, 학교는 한창 공사를 진행하고 있었다. 지하 캠퍼스를 짓는다고 했다. 완공이 다가올수록 학생과 대학 본부 사이에서는 과연 지하캠퍼스라는 공간이 어떻게 만들어지고 구성될 것인가에 대해서 첨예한 대립과 논쟁이 벌어지고 있었다. 학생들은, 지하캠퍼스에 들어올 시설들을 살펴보니 쇼핑몰과 다름없는 수준이라며 학생들의 자치공간을 더욱 확보해줄 것을 요구했다.

완공된 지하캠퍼스의 이름은 ECC(이화캠퍼스복합단지)로 결정되었다. 여기에 들어온 상업시설들은 스타벅스, 교보문고, GS25 편의점, 유명 꽃집, 고급 레스토랑, 푸드코트, 영화관 등이다. 학생들은 스타벅스는 정문 근처에도 있으니 이화사랑(학교 내에 있는 까페테리아로, 김밥, 빵, 커피 등 간단한 먹을 거리들을 비교적 저렴하게 파는 곳이다)을 또 만들거나, 편의점을 대신하여 생협이 입점할 수 있게 해달라고 하였지만 받아들여지지 않았다.

비싼 푸드코트에 관해서 본부 측은, 기존의 학생식당과 경쟁을 하게 되면 메뉴의 가격이 저렴해질 것이라고 주장하였지만 결국 이 푸드코트에서 파는 음식의 가격은 5,000~8,000원 선에서 결정되어 푸드코트를 타학교의 학생식당처럼 이용할 수 있을 것이라는 학생들의 생각은 터무니없는 것이 되어버렸다. 24시간 운영하겠다던 열람실은 밤 10시까지로 이용시간을 제한해버렸다. 사물함을 설치하긴 했지만 아직도 턱없이 부족하다. 더 나아가 학교 총무과에서 검인도장을 받지 않은 포스터는 게시판에 부착할 수도 없다. 외부인들에게 깨끗한 모습을 보여야 하기 때문이다. 또한 재학생이라고 해도 ECC내 강의실을 빌리려면 불필요하게 복잡한 절차를 거쳐야 한다.

상황이 이러한데도, 과연 완공 전 학교에서 주장한 것처럼 ECC는 학생들을 위한 공간이 되었는가? 아무리 살펴봐도 내 눈에 비친 ECC는 그렇지 않았다. 그런데 왜 학교에서는 그렇게 주장한 걸까? 얼마 전 우연히 한 인터넷 기사를 보고 나서야 이 궁금함이 풀렸다. 그 기사에 따르면, ECC에 대한 학생들의 불만에 대해 대학 본부 측은 '학교에 학생들만 있는 것은 아니며, 따라서 교수님들을 위한 배려도 필요하다'고 했단다. 그러니까 ECC는 사실 교수님과 외부손님들을 위한 공간이었고, 반발하는 학생들을 달래기 위해서 열람실 몇 개와 사물함 몇 개를 주고 학생들을 위한 편의시설이라고 이야기했던 것 같다. 결국 ECC는 강의뿐만 아니라 '장사'를 하기 위해 만들어진 건물이었다. 그것도 대학이라는 공간에서.

대학의 상업화, 무엇을 뜻하는가

물론 상업시설을 이용하면서 편리하다고 생각하는 사람이 있을 수 있고, 좋아하는 사람이 있을 수 있다. 그러나 문제는 상업시설을 이용하는 것이 편리하냐 그렇지 않느냐의 문제가 아니라, 학내에 그러한 공간이 존재한다는 것이 무엇을 의미하느냐이다. 이미 학교 공간이 상업시설로 들어차는 순간부터 상업시설을 이용할 수 있는 사람과 그렇지 않은 사람이 나뉜다. 같은 등록금을 내고 같은 학교를 다니는데도, 학교의 시설을 이용하는 것에 차별이 생기는 것이다.

학생의 입장에서 보자면 비싼 대학 등록금도 부담스러운 마당에 비싼 상업시설의 존재는 또 하나의 부담이 된다. 학교에서 말하는 것처럼 '이용할 수 있는 사람은 이용하면 되고, 그럴 수 없는 사람은 안 하면 된다'는 사고방식은 이미 상업주의가 얼마나 대학을 물들였는지를 보여주고 있다. 학교는 학생을 개개인의 소비자로서만 바라보며, 소비 능력이 있는지의 여부에 따라 학생들이 대학의 시설을 이용하는 것에 제한이 생긴다는 것에는 관심이 없다.

대학의 이러한 태도는 등록금 문제에 있어서도 마찬가지이다. 1~2년 전 등록금이 너무 비싸다고 비판하는 학생들에게 대학 본부에서 (정확히는 학생들과 대면한 자리에서 총장님이) '등록금을 낼 수 없는 형편의 학생도 있지만, 낼 수 있는 학생들도 있다. 낼 수 없는 사람의 입장에서만 생각할 수는 없다'는 취지의 발언을 하여 학생들을 당혹케 한 적이 있다. 지나치게 비싼 등록금을 내지 못하는 학생을 배려하지 않는 학교, 학생들의 자치 공간과 생협, 그리고 저렴한 학생식당 대신에 각종 상업시설을 이용하라는 학교, 돈이 없어 그럴 수 없다면 그냥 그렇게 살라는 학교의 입장은 무엇을 뜻하는 것일까?

그것은 결국 대학이라는 공간에서 모든 것이 '소비' 위주로 사고되고 있으며, 교육마저도 사적으로 소비할 수 있는 능력이 되면 교육받을 수 있고, 그렇지 못하면 소비할 수 없는 것으로 여겨지고 있다는 것을 뜻한다. 교육의 공공성이 무시되고 있는 것이다. 모든 것을 사적인 소비재로 만들어버리는 한국사회의 움직임이 대학에서도 똑같이 일어나고 있다. 이러한 변화들이 이화여대에서만 이루어지고 있는 것은 아니다. 기업이 직접 대학경영권을 가지고 있는 성균관대, 아주대, 중앙대를 비롯하여 상업시설이 늘어선 지하캠퍼스를 지은 고려대, 민자기숙사를 건설한 서강대 등 이미 한국사회의 여러 대학들은 영리를 추구하는 기업처럼 되어가고 있다.

기업화된 대학들은 학생을 이윤추구의 도구로 사고할 수밖에 없다. 취업시장에서 더 잘 팔리는 인간을 만들어내기 위해 대학졸업 요건의 하나로 토익을 보게 하고, 각종 자격증을 취득하게 한다. 보다 잘 팔리는 대학을 만들기 위해 좋은 이미지를 만들기 위한 광고를 시작하고 새 건물을 올리기에 바쁘다. 학생이 좀 더 좋은 학습 환경에서 공부하는 것, 교수가 좀 더 좋은 연구 환경에서 학문을 연구하는 것은 뒷전으로 밀려나는 대신 땅투기를 하고 새로운 캠퍼스를 짓고 심지어는 펀드에 투자까지 한다. 학생들이 낸 등록금 중 남는 금액들이 장학금으로 쓰이는 것이 아니라 투기의 수단이 되었던 것이다. 비정규직 교수들이 삶을 영위하기 어려울 정도로 비인간적인 환경에서 노동을 하고 있는 것, 등록금을 내지 못해 자살하는 학생들이 늘어가고 있는 지금의 현실들은, 대학이 그만큼 '본업'에 소홀하다는 것을 여실히 보여준다.

어울려 잘 살기를 배우는 대학으로

대학이 이렇게 '장사'에 열중하는 현상은 한국사회의 현실과 관련이 있다고 본다. 한국사회에서 어떤 것, 혹은 어떤 사람의 가치를 판단하는 최고 기준은 돈이 되느냐 되지 않느냐이며, 이러한 기준은 효율성이라는 모습으로, 이윤이라는 모습으로, 경쟁이라는 모습으로 위장하여 나타나기도 한다. 물론 효율성, 이윤, 경쟁은 그 자체로는 중요한 가치일 수 있다.

그러나 사람이 함께 어울려서 잘 살기(부자로 산다는 것과는 의미가 다르다) 위한 공간으로서 사회가 존재한다면, 사람이 사람으로서 살기 위한 최소한의 조건들은 사회적으로 보장되어야 한다. 교육의 공공성은 사회적으로 보장되어야 하는 조건들 중 하나이며, 대학이 기업처럼 변질되어 가고 있는 상황을 바로잡기 위해서는 바로 그러한 인식의 형성이 우선되어야 할 것이라고 생각해 본다. 그리고 그러한 인식을 가진 사람들이 자신의 위치에서 할 수 있는 만큼 끊임없이 목소리를 내고 변화를 시도한다면 미래는 점차 바뀔 것이라고 희망한다.

비정규직으로 운영되는 입학사정관제,
실패가 눈에 보인다!

강 승 규*

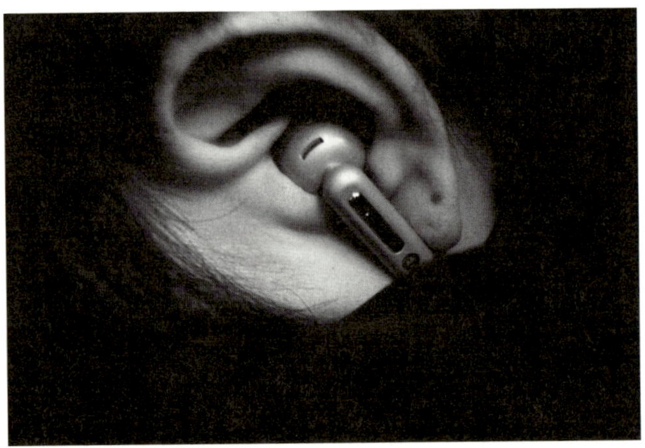

▲ 졸속으로 시행하는 입학사정관제가 아찔하다. (ⓒ 손정옥)

입학사정관제의 취지

입학사정관제는 2004년 공교육 정상화를 도모하고 대학의 서열

---

* 우석대학교 교수

을 완화하기 위한 하나의 대책으로 출발했다. 이러한 취지를 살리기 위해서 첫째로 교과성적 이외의 성적, 특기활동, 봉사활동, 창의성 등을 반영함으로써 학력에 대한 새로운 개념을 도입하였다. 여기에는 고교교육을 바로 잡아 보자는 뜻이 들어 있다. 둘째, 사회적 약자에 일정한 할당을 배려하여 사회적 양극화를 줄이고자 했다. 그런데 이는 입시에서 객관성과 공정성을 확보하기 위해서는 상당 기간의 시험 단계가 필요한 제도이다. 이런 관점에서 현행 이명박 정부의 입학사정관제에 관한 문제점과 개선책을 다루려고 한다.

충분한 시험단계를 거치지 않고 대대적으로 확대하면서 많은 문제점이 노출되고 있는데, 첫째, 입학사정관에 의해 선발하는 전형요소가 지나치게 계량화되고 전형요소가 과다함으로 발생하는 또 다른 큰 규모의 사교육이 우려되며, 둘째, 정부의 엄청난 재정지원으로 추진되고 있으나, 정작 대학에서는 이 제도의 본래 취지를 충분히 숙지하지 못한 채 비정규직 직원들을 중심으로 임시 체제로 추진되고 있어 이 정책의 정착이 크게 우려되며, 셋째, 준비없이 강요된 입학사정관제의 도입으로 고등학교 교사와 학생들에게 큰 혼란을 야기하고 있다는 우려가 있다. 이에 대한 종합적인 검토가 필요하며 책임있는 대책이 요청된다.

현행 입학사정관제의 문제점

입학사정관제가 정상적으로 정착되기 위해서는 다음과 같은 선행 조건을 갖추기 위해서 우선 정부가 철학을 가지고 적극적으로 대처해야 하며, 대학은 진정성있게 책임감을 가지고 준비를 철저히 해야 한다. 그리고 고등학교의 혼란을 없애기 위해서 정부는 해야 할 선행 조건을 갖추는 데에 치중해야 한다.

1. 대학의 문제점과 과제

첫째, 대학에서 할 일을 보자. 우선 사회에서 우려하고 있는 변형된 기여입학의 가능성과 고교등급제 부활에 대한 우려를 불식시키는 투명한 지침과 방안이 제시되어야 한다. 이 제도의 본래의 취지를 살리기 위해서는 먼저 대학이 교과성적 이외의 새로운 특수 학력을 기를 수 있기 위한 장치로서 각 대학, 각 학과별로 길러내야 할 인재상(특성과, 소질, 재능, 창의력, 문제해결력 등)에 대한 구체적인 특성을 제시하고 이에 맞는 학생들을 발굴하는 작업이 요청된다.

입학사정관제에서 선발하는 기준을 규격화되고 정형화된 전형요소로 선발한다면 사교육시장은 팽창할 수밖에 없다. 선발 기준의 정형화를 지양하고 정성적 평가내용을 확대해야 한다. 정성적인 요소로 적합한 전형요소를 찾아 평가에서 신뢰성을 확보할 수 있는 장치를 강구해야 한다. 토플성적, 경시대회성적 등 소위 스펙에 의한 선발은 금지해야 한다.

무엇보다 중요한 것은 대학에서 우수학생에 대한 개념이 미래지향적으로 전환되어야 한다는 것이다. 교과성적 위주의 학력에 의한 선발에서 벗어나 각 학과 특성에 맞는 특수한 재능과 새 개념의 학력에 의한 발굴 작업을 365일 내내 진행할 수 있어야 한다. 그러기 위해서 입학사정관을 비정규직이 아닌 정규직으로 전환하여 전문성을 신장해가는 체제로 전환해야 한다. 정부는 이를 체계적으로 감독하는 시스템을 갖추어야 할 뿐만 아니라, 입학사정관의 인건비 지원에 투자하는 것보다 대학별 각 전공별 새로운 인재상을 개발하는 노력에 재정적 지원을 해야 한다.

2. 고교의 문제점과 대책

그리고 고등학교에서는 학교 내신관리에 신뢰성을 확보하여야 한다. 이에 정부의 지원책이 필요하다. 국가수준의 교육과정을 축소하여 교사들에게 교재편성권을 부여할 수 있는 정책이 선행될 수 있는 제도가 정립되어야 하며, 교사에게 학생별 평가권이 실현될 수 있기 위한 정책이 선행되어 개발되어야 한다. 이는 현행의 서열화된 평가를 없애야 한다는 뜻이다.

학생 한사람 한사람이 절대적인 가치를 지닌 존재로 존중받는 교육이 자리할 수 있기 위한 긴 노력과 정책이 선행되어야 한다. 바로 여기에 대대적인 투자와 노력이 요청된다. 교사의 교재편성권과 학생에 대한 교사별 평가권(현재는 교과 단위별 평가임)이 마련 될 때에 교과성적에 의한 서열화된 선발 형태가 완화될 수 있으며, 학생 개인별 특성을 발굴할 수 있는 장치가 마련되는 것이다.

정부는 이에 집중적인 지원과 정책개발에 치중해야 한다. 이러한 선행 조건이 갖추어 질 때에 입학사정관제가 성공할 수 있다. 현행과 같이 비교과의 성적을 반영한다고 하면서 비교과영역의 성적에 대한 객관성이 약화된 상태에서 입학사정관제가 됨에 따라 각 대학에서 편법으로 채택하고 있는 형태가 바로 경시대회성적, 토플, 토익, 텝스와 같은 스펙에 의한 선발 형태가 이루어지고 있다. 이런 파행적 형태가 사교육을 크게 부채질하고 있는 것이다.

3. 정부의 과제

입학사정관제가 성공하기 위한 선행조건들이 갖추어지기 위해서는 정부가 이에 대한 확실한 철학, 즉 고교교육에서 학생들이 교과성적으로 서열화되어 능력을 평가받는 체제를 척결해야 한다는 굳은 철학을 가지고, 장기적으로 그리고 점진적으로 책임있게 준비해야 한다. 만에 하나라도 여론처럼 스펙에 의한 전형이 중심이 되거나 정형화된 전형으로 발전한다면, 반드시 사교육시장을 더 팽창시키는 정책이 되고 말 것이다.

입학사정관에 의한 전형은 반드시 정성적 평가가 자리할 수 있도록 만반의 장치가 마련되어야 하며, 이에 대대적인 투자와 집중적인 지도와 지원이 요청된다. 현재 정부가 입학사정관제 인건비에 지원하는 재정을 각 대학별, 각 학과별로 특성화한 인재상에 맞는 전형을 할 수 있도록 유도하고 이에 집중적인 지원과 투자를 해야 하며, 고교 교사의 업무 부담을 경감시킬 방안과 교사별 평가가 자리할 수 있기 위한 정책개발과 집중투자가 요청된다.

대교협의 주장에 따르면, 입학정원의 현재 6.5%정도가 입학사정관제에 의해서 선발되어 큰 문제가 없을 것으로 보이지만, 스펙에 의한 정형화된 사정기준은 부작용만 초래되고 있다. 준비없이 각 대학들이 다투어 이 제도를 시행하는 것은 이 제도의 장점을 살리지도 못할 뿐만 아니라, 오히려 교육적 불행을 자초하게 될 것이다. 입학사정관제가 지니고 있는 본래의 취지를 깊이 인식한다면, 이를 졸속으로 진행해야 할 이유는 없다. 소수 몇몇 대학에 한정하여 충분한 준비과정을 거쳐 확산하는 정부의 책임있는 관리가 요청되며, 동시에 선행조건들을 우선하여 갖추는 체계적인 장기적 정책이 요청된다.

종합대책

불보듯이 보이는 사교육시장의 팽창과 선발의 공정성 시비를 없애기 위해서 당장 선행조건을 갖추는 일부터 집중 투자해야 한다. 모든 신입생을 입학사정관제로 선발한다는 대통령의 발언으로 인하여 더욱 부작용에 대한 우려가 높아지고 있는 이 시점에서 대책이 시급히 강구되어야 한다. 단기적 정책으로 입학사정관제로 선발하는 비중을 최대한으로 줄이고 몇몇 대학에 한정하여 사회적 약자에 대한 비중을 중심으로 신중하게 준비해야 할 것이다.

특목고 졸업생에게 특혜를 부여하는 입학사정관제가 되어서는 안 된다. 초중고 시절 열악한 교육여건에서 학교 수업을 받았던 학생들, 즉 사회적 약자에게 주는 일정한 할당을 통해 양극화 현상을 경감시키는 정책으로 자리해야 한다. 장기적으로는 고교 내신의 신뢰성을 높이고 정형화를 지양하기 위해서, 학생 개개인의 잠재능력을 발굴하기 위해서는 학생에 대한 교사별 평가와 교사의 교재편성권을 허용하는 대책이 수립되어야 한다. 그래서 학생에 대한 절대적 가치를 존중하는 고교교육이 자리할 수 있어야 한다. 한편, 대학에서는 각 전공별로 고유한 인재상을 정립하여 이에 적합한 학생을 발굴하는 일을 할 수 있는 체제를 강구해야 한다. 다시 강조하지만 입학사정관제가 본래의 취지를 실현하기 위해서는 이에 집중적인 지원과 투자가 이루어져야 한다.

현재와 같이 정부의 재정지원으로 진행되는 각 대학에서 비정규직으로 종사하는 입학사정관들은 이명박정부가 끝나면 모두 직장을 잃게 될 처지에 놓이게 될 수 있다. 비정규직 입학사정관이 직장을 잃게 되면 입학사정관제 자체도 수명을 다하고 말 것이다. 그리고 대학과 고교에는 또 다른 혼란과 크나큰 후유증이 자리하게 될 것이다. 현행 입학사정관제가 성공하기 위해서는 대학의 실태를 파악하고, 고교의 교사들과 현장 목소리를 광범위하게 수렴한 종합적 대책이 요청된다.

※ 2009년 9월 25일 국회 소회의실에서 사단법인 미래교육희망이 주최하여 대교협의 입학사정관실무자, 관련 전문가, 그리고 현장의 교사, 시민운동가 등이 입학사정관에 관하여 찬반토론을 하면서 종합적으로 검토한 바 있다. 이 전문가 집담회를 기초로 하여 입학사정관제의 정착에 요청되는 선행조건과 대책을 제시하는 글임을 밝힌다.

등록금 누가 얼마 부담해야 하나

김 지 원*

▲ 개천에서 용 나는 구조가 봉쇄돼 버린 교육현실이 슬프다.
(ⓒ 이광수)

2009년 3월, 고려대학교 정경대학의 한 학생(정아무개)이 서강대교 근처 밤섬 모래사장에서 숨진 채 발견됐다. 이 학생은 입학 후에 휴학과 복학, 자퇴를 반복했다고 한다. 등록금 때문이었다. 정씨

---

* 고려대학교 학생

는 1학기 수업을 마치자마자 휴학했고, 1999년 2학기까지 복학하지 못했다. 2000년 결국 자퇴를 선택한 뒤 등록금이 비교적 싼 수도권의 한 사립대에 입학했다. 하지만 이곳에서 잘 적응하지 못한 정씨는 그 이듬해 다시 고려대에 재입학했지만 한 학기만에 군에 입대했다. 군 제대 뒤에도 학비 마련이 여의치 않자 그는 2006년 6월 끝내 학교를 자퇴했다. 이후 공무원 시험을 준비하겠다면서 월 11만 원짜리 셋방에서 지내며 공부를 했지만, 높은 취업의 문턱으로 인해 좌절하고 스스로 목숨을 끊었다.

어쩌면 지나가다 한 번은 마주쳤을 지도 모르는 같은 단과대의 선배가 스스로 목숨을 끊었다는 사실은 나에게 꽤나 큰 충격이었다. 개나리가 만발한 봄의 교정을 단지 고운 시선으로만 바라볼 수 없는 이유도 여기에 있었다.

1,000만 원대 대학등록금 시대 올 것

이처럼 종종 자살 소식이 들려올 정도로 등록금은 우리 대학인들의 어깨를 강하게 짓누르고 있다. 바야흐로 등록금 1,000만 원 시대이다. 07~08학년도 기준, 연평균 등록금 상위 15개 대학과 그 액수는 다음과 같다. "이화여대 879만 원, 숙명여대 862만 원, 추계예술대 858만 원, 을지대 856만 원, 아주대 842만 원, 상명대 840만 원, 백석대 837만 원, 홍익대 830만 원, 한세대 829만 원, 연세대 828만 원, 대구예술대 824만 원, 고려대 814만 원, 경원대 813만 원, 명지대 812만 원, 수원대 812만 원." 이것은 대학 평균 등록금이고 개별 학과로 보면 정말 입이 떡 벌어질 정도로 놀랄 때도 있다.

내가 재학 중인 고려대학교에서는 의과대학의 등록금이 가장 비싼데, 한 학기 620만 원, 다시 말해 1년에 1,200만 원을 넘어간다. 한 달에 꼬박 100만 원은 내야 학교를 다닐 수 있단 이야기이다. 내가 다니고 있는 정치외교학과 역시 한 학기 대략 380만 원, 1년에 800만 원 가까이 지불해야 한다. 더 심각한 문제는 등록금이 매해 인상된다는 사실이다. "나 입학할 때보다 등록금이 100만 원이나 올랐어."라는 한 선배의 충격적인 말! 정말 너무하지 않은가?

이 살인적인 등록금의 부담은 고스란히 가정의 몫으로 돌아간다. 다시 말해, 부모의 소득 수준에 따라 대학을 안정적이고 편하게 다닐 수 있는가가 결정된다는 이야기이다. 가난한 집의 자식은 등록금을 내기 위해 공부는 고사하고, 아르바이트를 전전하든지 학자금 대출을 받으며 하루하루 대학생활을 연명해야 하는 반면에, 등록금을 낼 형편이 충분한 집 자녀는 걱정 없이 학과 공부에 매진할 수 있다. 심지어 돈이 없어서, 집이 가난해서 대학 진학을 포기했다는 가슴 아픈 사연이 심심치 않게 들려올 정도이다.

장학금도 저소득층 학생의 몫이 아냐

부모의 소득 수준에 따라 대학이 결정될 뿐만 아니라, 대학 내에서도 돈으로 인해 계급이 갈리는 것이다. 이 지독한 양극화의 고리는 출발선상이 다르기 때문에 계속해서 대물림되며, 이는 형평성이란 사회적 합의를 놓고 출발하는 자본주의 시스템의 원리에도 바람직하지 않다.

개천에서 용 나는 구조 자체가 봉쇄된 교육현실에서, 결국 남들보다 더 유리한 고지에서 사교육을 받고 안정된 직업과 자산을 지닌 부모 아래에서 교육받은 아이들이 우수한 성적을 점유하게 된다는 것. 당장 대학 등록금을 위해 학자금 대출을 받아야 하고 그 월 이자에 신음하며 아르바이트와 학업을 병행해야 하는 저소득층 학생들은 휴학을 하고 값싼 학비의 대학을 가거나 한다. 장학금의 수혜 대상들도 극빈층의 자제들에게는 극히 일부일 뿐이고 사실상 성적 장학금의 경우 '생계 및 학비 조달'의 굴레가 없이 온전히 용돈 받으며 학교생활만 하는 이들이 타간다는 현상도 어렵지 않게 발견할 수 있다

이것이 과연 온당한 현상인가? 절대 그렇지 않다. 우리는 여기서 교육이 과연 무엇인지 근본적인 질문을 던져볼 필요가 있다. 교육이 인간의 삶에 갖는 의미는 두 가지이다. 우선 첫 번째, 개인적인 측면에서는 최소한의 지적욕구를 충족하고 최소한의 인간적 삶을 향유하기 위해 교육은 반드시 필요하며, 두 번째, 사회적인 측면으로는 자본주의 사회에 노동력을 제공, 개인과 사회의 '생존'을 위해 교육은 반드시 필요하다.

교육은 공공서비스…… 교육의 기회 균등해야

교육은 이 사회를 구성하고 있는 나와 당신, 그리고 모두가 가진 최소한의 지적욕구를 충족시키고 최소한의 인간적 삶의 조건을 보장하기 위해, 그리고 우리 모두의 생존을 보장하기 위해 '이 사회에 반드시 필요한' 공공성을 지닌 서비스이다. 어떤 특별한 인간이나 특별한 단체를 위해서가 아닌, 우리 모두의 생존과 삶을 위해 반드시 필요하므로 마땅히 사회로부터 제공되어야 하는 것이다. 따라서

교육의 권리와 기회는 누구에게나 열려있어야 하고, 한 개인이 원하는 만큼 차별적이지 않게 제공되어야 한다. 그것이 침해받는 상황이 온다면 시민의 권리를 지켜야 하는 국가가 나서야 한다. 왜? 모두의 생존과 삶을 위한 것이니까!

하지만 위에서 살펴보았듯이, 한국사회의 현실은 이와는 정반대이다. 누구에게나 교육의 기회는 균등하게 주어져야 한다고 헌법에서 이야기하고 있지만 현실에서의 교육은 철저히 시장의 논리를 좇고 있다. 교육은 하나의 상품이며, 학생들은 소비자에 불과하다. 물론, 소비라는 것은 돈이 있어야만 할 수 있는 것이다. 돈이 없는 사람은 소비도 할 수 없다. 이처럼 교육을 시장의 잣대로 구성하는 일련의 흐름은 학교의 주인이라는 학생들이 더 이상 학교의 주인으로서 자리할 수 없게끔 만들고 있다. 학생이 단순히 교육이란 상품을 소비하는 소비자에 불과하다면 대학교육 전반에서 우리 학생들이 지니는 의미는 희미해질 수밖에 없는 것이다.

등록금, 국가에서 부담해야

하지만 이 땅의 지배층들은 이게 문제라고 생각하는 사람이 거의 없어 보인다. 오히려 지금의 상황이 당연하고, 비싸고 질 좋은 대학에 돈 있는 사람이 진학하는 것이 매우 좋은 일이라고 생각하는 것 같다. 즉, 기회의 균등이나 형평성에는 별 관심이 없다. 실제로 GDP 대비 공교육비 민간부담률 OECD 국가 중 최고(2008년 교육과학기술부 발표)이다. 하여간 자랑스러운 대한민국, 안 좋은 건 모두 1위이다!

그렇다면 현 정권은, 대선에서 반값등록금 공약을 내걸고 당선된 이명박정권은 뭘 하고 있나? 반값 등록금 공약과 관련하여 선거 때 무슨 이야기를 못하겠냐는 망언을 서슴지 않고 내뱉는 한편, 4대강 살리기라는 명분 없는 사업에는 22조 원이나 되는 거대한 자금을 투입하고 있다. 반값 등록금 실현을 위해서는 단지 5조 원이 필요할 뿐인데 말이다.

그렇다면 답은 명백하지 않은가? 등록금 누가 얼마 부담해야 하나? 국가에서 모두 다 부담하라!

대학 시설 현주소를 말하다

김 지 혜*

▲ 1,000만 원 등록금 시대에 걸맞는 대학 시설인가? (ⓒ 이광수)

현재 이 시대는 그야말로 등록금 전쟁이다. 등록금 1,000만 원 시대가 도래하면서 등록금에 대한 논쟁은 그치지 않고 있다. 그칠 줄도 모르고 등록금은 계속해서 오른다. 이는 대학을 다니는 학생이나 학부모에게 엄청난 부담이다. 학교 측에서는 물가인상을 이유

---

* 대전지역, 대학생

로, 또는 학교 시설 확충, 학생들에게 더 많은 혜택을 주기 위해 높이고 있다고 말한다. 과연 학교에서는 어떤 시설을 확충하려고 그럴까? 그래서 교육의 질이 더욱 높아질까? 나의 대답은 '아니올시다'이다. 왜냐하면 현재 등록금 1,000만 원 시대라지만 그에 상응하는 대학 시설은 매우 미비하기 때문이다.

개인당 학기마다 300만 원이 훌쩍 넘는 돈을 내고도 그에 맞지 않는 교육을 받는다는 것은 철저하게 학습권을 침해당하는 일로 해석할 수 있다. 특히 대학교의 경우는 전문 지식인을 양성하는 교육 기관으로써 학습을 하는 데 있어 가장 기초적이고 필수적인 '환경 시설'을 마련해야 한다. 그런 의미에서 환경 시설은 학습을 하는 데 매우 중요한 구실을 한다.

하지만 현 대학교의 시설은 학생들이 내고 있는 등록금에 비교하면 턱없이 부족한 환경 속에서 공부를 하고 있다. 이에 현재 대학교 안에 구비돼 있는 시설(강의실, 식당, 도서관, 각종 편의시설)에 대해서 그 실태와 상황을 다뤄본다.

여유로운 공간이 필요해

대학은 각 학과마다 전용으로 쓰는 강의실이 있다. 그것을 '전용 강의실'이라 부른다. 전용강의실은 학과 학생들 위주로 사용되는 곳으로 학과 특성에 맞게 기자재나 시설이 마련돼 있기도 하다. 전용 강의실을 통해 학생들은 학과에 대한 전문적인 지식을 쌓을 수 있는 공간이 마련됨으로써 공부에 더욱 집중할 수 있다.

하지만 전용 강의실의 공간마저 여의치 못한 실정이다. 학과당 전용 강의실이 학과 학생들을 모두 수용할 수 없을뿐더러 아예 전용 강의실이 구비되지 않은 학과도 많기 때문이다. 이에 학생들은 학습을 할 수 있는 곳을 직접 찾아다닐 수밖에 없다.

이 밖에 일반 대학교 내에 있는 강의실의 사정도 별반 다를 것이 없다. 책상, 의자부터 칠판이나 기타 수업에 쓰이는 시설물들이 부족하기 때문이다.

강의실마다 학생 수에 맞는 책걸상이 없어 수업이 시작하고 나서도 책걸상이 모자라 옆 강의실에서 직접 가져오는 학생들도 있다. 이렇듯 강의실 내부 관리가 원활하게 이뤄지고 있지 않아 어수선한 곳에서 강의를 하니 집중력이 떨어질 수밖에 없다. 그나마 이론 위주로 전공하고 공부하는 학과라면 다행이겠지만 실용적인 학문이나 실험, 연구하는 학과의 경우는 상황이 더욱 열악하다.

특히 공대의 경우는 컴퓨터나 여러 실습 기구들이 매우 모자라는 상황이다. 주로 수업을 컴퓨터로 진행되는 학과는 컴퓨터의 수가 여유롭지 못하거나 사양이 좋지 못해 제대로 수업을 들을 수 없는 것이 사실이다.

이렇듯 대학교 내에서 교육이 실현되는 공간이 열악한 상황이라 그곳에서 공부하는 학생들 역시 완전한 학습을 할 수 없다.

다양한 식당, 하지만 위생은 책임지지 못해

우리 대학만 하더라도 대학 내에 있는 식당만 5곳이 있다. 토스트나 김밥으로 간단하게 끼니를 해결할 수 있는 식당이 있는가 하면 중국요리 등 학생식당을 이용함으로써 식사를 해결할 수 있는 공간이 마련돼 있다. 하지만 학생식당을 제외하고는 대학 내의 식당에 대한 체계적인 위생관리는 이뤄지고 있지 않은 실정이다. 학생식당의 경우는 정기적으로 위생점검에 신경을 쓰고 있지만 이외의 음식점의 경우 특별한 위생 점검이 이뤄지고 있지 않다. 때문에 식당 위생에 대한 학생들의 불만은 갈수록 높아져 가고 있지만, 적절한 대안책이 마련돼 있지 않은 상태인 것이다. 이에 식당 측에 대한 체계적인 위생 점검 시스템을 구축해야 한다.

다양한 이용이 엿보이는 도서관

도서관은 학생들이 책을 빌리고 시험기간에 공부를 할 수 있는 공간으로 학생들의 이용률이 매우 높다. 또한 시험기간을 제외하고는 해당 학교 학생뿐만 아니라 외부의 사람들도 이용할 수 있어 도서관 이용이 활발하다. 도서의 관리도 대체적으로 잘 이뤄지며 최근에는 도서대여뿐만 아니라 DVD 관람, 인터넷 카페 등 다양한 시설 구비로 학생들의 다양한 이용이 이뤄지고 있다.

공간 부족으로 부족한 휴식공간

우리 학교의 경우 휴식공간에 대한 문제가 지속적으로 언급되고 있다. 현재 학교 안에 있는 휴식공간은 여학생 휴게실이 있어 침대와 잡지 등이 마련돼 여학생들의 편의를 돕고 있다. 하지만 이러한 공간의 활용은 계속적으로 문제가 제기되고 있다. 여학생 휴게실을 관리하는 학생들도 개방된 시간 내내 지키지 못하기 때문에 단순히 문단속을 하는 것이 고작으로, 특별히 휴게실 관리를 하는 데도 한계가 있다. 사용하는 일부 학생들이 기물을 파손해도 마땅한 대안책을 내놓지 못한다. 휴게실 내부가 금연임에도 불구하고 버젓이 담배를 피는 학생이나 휴게실 안에서 친구들과 지나치게 떠드는 학생들에 대한 관리가 전혀 되고 있지 않다. 그렇기 때문에 자연스레 여학생 휴게실이라는 공간 활용이 이뤄지고 있지 않다.

그러나 사실상 휴식공간은 학교 내의 공간 부족으로 더 이상 만들어지는 게 어렵다. 수업과 수업 사이의 공강시간에 학생들은 학교에서 마땅한 휴식공간이 없어 학교 밖에 있는 PC방이나 당구장에서 시간을 보내는 경우가 다반사이다. 학교 측은 공간 부족으로 휴식공간을 제공할 수 없다는 입장이다. 실제로 우리 학교는 공간 부족으로 인해 학과마다 제공되는 과방의 수가 적다.

과방은 학과 전용으로 사용할 수 있는 공간으로 전용강의실이 학과 강의를 들을 수 있는 공간이라면 과방은 학과 학생들이 자체적으로 사용하고 관리하는 곳으로 학과 학생들이 자유롭게 활동하고 휴식할 수 있는 공간이다. 하지만 과방이 있는 학과의 수는 드물어 과방이 따로 없는 학과들은 전용강의실을 과방으로 겸해서 이용하기도 한다. 이렇듯 공간부족으로 인해 학생들의 휴식공간 제대로 마련돼 있지 않아 공간시간에 무엇을 하며 시간을 보낼지 고민하는 학생들의 수가 많다.

소수지만 해당 시설이 있어야

학교마다 소수지만 장애학생이 다닌다. 이에 대학시설 가운데 장애학생들을 배려하기 위한 시설들이 마련돼 있다. 하지만 장애 화장실, 장애 보도블록이 전부이다. 실질적으로 장애를 가진 학생이 정상적으로 학교를 다니기에는 무리가 있다. 가파른 언덕에 수많은 계단, 엘리베이터도 없는 건물은 일반 학생들도 다니기 힘든 곳이다. 여기에서 몸이 불편힌 학생들을 위한 배려를 찾아보기란 힘들다. 그나마 있는 화장실의 경우도 공간만 넓고 보통 화장실과 다를 것이 없다. 일반 학생과 비교해 학교를 다니는 장애학생의 수는 매우 적지만 소수의 학생도 학교를 다니는 학생이라는 점을 감안한다면 장애 시설 부족 문제는 장애학생의 학습권이 침해당하는 심각한 문제로 이어질 수 있음을 명심해야 한다.

등록금에 맞는 시설마련 필요하다

소비자물가 상승률을 넘는 등록금 인상, 근거 제시도 없이 학생 수와 정부의 예산지원이 감소했느니, 좋은 시설과 뛰어난 교수진 확보를 위해 어쩔 수 없다느니 하는 두루뭉술한 이유만으로는 앞에서 다룬 학교 시설의 부족한 현실을 납득시키지 못할 것이다.

과연 등록금 1,000만 원에 상응하는 수준 높은 교수가 얼마나 있는지도 검토해볼 일이다.

대학생활협동조합의 역할

김 한 울*

▲ 대학이 상업화로부터 자유로워야. (ⓒ 이광수)

시장으로 나간 대학 환경

대학의 환경이 빠르게 변하고 있다. 최고경영자(CEO)형 총장이

---

* 경희대학교 생활협동조합 학생위원회 위원장

무수하게 나타났으며, 이제 대학 내에는 쇼핑몰이나 백화점도 심심찮게 나타난다. 대학은 이제 기업이 원하는 인재를 육성해야 하는 것처럼 변모해가고, 결국 대학의 존재가치는 얼마나 경쟁사회에서 더욱 앞서갈 수 있는가에 초점이 맞추어진다.

이러한 움직임의 결과는 이미 여러 나라에서 드러났다. 이른바 수월성을 지향하며 대학은 시장과 함께 나아가려 하고, 대학은 더욱 성장했다. 그러나 그 이면에는 소외된 개인과 왜곡된 사회, 상업적 생산성을 대학의 가치로 삼고 있다는 것이 여실히 드러나고 있다. 루이스(Harry R. Lewis) 교수는 저서 『Excellence Without a Soul (영혼 없는 수월성)』에서 하버드대학이 추구해 온 수월성이라는 가치가 결국 구성원에 대한 참된 배려를 외면하고 경쟁지상주의로 흐른다고 지적했다. 또한 하버드대학도 경쟁을 지향하는 사회의 편협성을 넘어서 인간과 지구, 공동체에 대한 근원적인 성찰을 통해 세상에 대한 다양한 이해를 돕도록 교과과정을 대폭 수정한 바 있다.

한국 또는 일본의 대학생활협동조합(이하 대학생협)은 변화하는 대학 안에서 일관되게 그 구성원에 대한 복리후생을 증진하려는 목적으로 움직이고 있다. 그러나 대학생협은 한편으로 하버드대학에서 지적된 현대사회의 문제에 대하여 가장 적확하게 접근할 수 있는 방안으로 작용할 수 있다는 점을 지적하고자 한다.

2009년 초 현재, 한국에서는 22개 대학에서 생활협동조합이 구성되어 있다. 4년제 대학 200여 개 가운데 겨우 10%에 지나지 않는다. 그러나 이 22개의 대학생협은 각자의 영역에서 학생과 교수, 직원이라는 3자의 복지를 담당하며 다양한 활동을 펼치고 있다.

협동을 통한 공동체 형성 위한 대학생협

한국에서 대학생협은 학생들의 일상적인 이해와 요구를 실현하기 위해 등장하였다. 1980년대를 전후하여 학생들 스스로가 자신의 이해와 요구를 위해 활동하고, 그 과정에서 진정으로 공동체 영역에서 각 개인을 주체로 활동할 수 있는 부분을 찾아내고자 협동조합이라는 형태를 대학 안에서 함께 구현하고자 한 것이다.

학생을 중심으로 하던 학생소비자협동조합은 그 영역을 대학 내의 구성원, 학생－교수－직원 3자의 구성원 모두를 위한 대학공동체로 발전되어 왔다. 이는 생협 운동의 한 갈래로서 소비자와 공급자, 그리고 이익을 다시 환원할 때에 그 수혜자가 일치하는 조직이다. 즉 공동생활영역인 대학에서 생활하는 사람이 주체가 되어 후생복지적 측면에서 새로운 지평을 열게 된 것이다.

대학생협은 후생복지적 측면뿐만 아니라 대학 안의 왜곡된 경제구조를 바로하고, 또한 각 주체 간의 동등한 협동을 통해 새로운 공동체의 구현을 위해 노력한다는 점에서 의의가 있다. 학생들 또는 그 구성원의 뜻과는 관계없이 이루어지는 대학의 상업화를 막고, 그 잉여도 다시 구성원의 복지를 위하여 사용되는 것이다.

그러한 측면에서 대학생협은 대학으로 침투하고자 하는 상업자본에 대한 보루가 될 뿐 아니라, 대학의 시설을 주체적인 의지를 가진 구성원에 의하여 운영토록 함으로써 경제적 공동체를 실현한다. 이러한 각 주체의 생활은 결국 협동을 통하여 하나의 공동체적 생활로 거듭나게 된다. 이는 대학 이후에는 일반 사회에서도 작용할 수 있는 디딤돌이 될 것이다.

또한 대학생협은 소비자인 대학의 구성원을 소비뿐만이 아니라 공급의 주체로 끌어올려 현재의 유통구조를 고민케 하고, 불합리한 구조를 타파하는 역할을 돕는다.

대학생협의 원칙

이러한 대학생협은 기본적으로 학생과 교수, 직원이라는 세 주체에 의하여 구성된다. 그리고 그 운영에 있어서는 협동조합의 원칙을 따르고 있다. 협동조합의 원칙이란 국제협동조합연맹(ICA)이 1966년에 제정하고 1995년에 수정한 것으로서, 협동조합운동의 역사적 경험에 입각하여 ICA가 세계의 협동조합이 공통으로 지켜야 하는 약속으로 정한 것이다. 그 내용을 대학생협의 운영과 함께 살펴보면,

1) 협동조합은 조합원의 자발적이고 자주적인 의지에 따라 구성되는 것으로서, 가입과 탈퇴는 자유롭게 보장된다.

2) 협동조합은 자본의 결합체가 아니라 사람, 즉 조합원의 결합체이므로 출자금액에 관계없이 그 운영에 참여할 권리를 갖는다. 이는 경제적인 구조에서 민주주의의 원칙을 실현하여, 자본이 아닌 인간의 우선을 구현한 것이다. 따라서 대학생협 또한 조합원의 지위나 출자금액에 상관없이 그 조합원 모두 운영에 참여할 권리를 가진다.

3) 조합원의 공평한 출자와 함께 조합의 재산 또한 민주적으로 관리된다. 또한 잉여금이 발생하는 경우에는 그 조합의 발전, 각 조합원의 사업 이용에 따른 환원, 조합원이 인정하는 다른 활동을 위하여 사용하여야 한다.

4) 협동조합은 그 구성원에 대하여 교육이나 연수를 통해 조합의 발전에 공헌할 수 있도록 돕는다. 대학생협도 조합원에 대한 교육이나 실무자, 임원 단위를 대상으로 하는 꾸준한 교육을 진행하고 있다.

5) 협동조합은 지역적·전국적·광역적·국제적인 구조를 통해 서로 협동하여 그 사명을 다한다. 대학생협의 연합체인 대학생협특별위원회(전국생협연합회 산하)는 그 자체가 광역적인 협동을 위한 조직이며, 또한 일본이나 세계 여러 나라의 대학생협과 서로 협동하는 역할을 수행하는 조직이다.

이러한 원칙 아래 대학생협은 구성원이 대학 내에서 후생복지시설의 운영과 경제생활의 협동을 통해 주체성을 가질 수 있도록 한다. 또한 개인의 의식을 성장시켜 생활의 협동을 통한 생활공동체의 구현을 돕고, 구성원이 대학생협의 활동을 통해 주인으로 설 수 있도록 협동조합이나 환경, 생태 등과 관련한 다양한 교육사업 및 홍보사업을 진행하고 있다.

대학의 상업화와 대학생협의 역할

처음에 살펴본 대학의 변화와 공동체에 대한 성찰 없는 경쟁 속에서, 대학생협은 인간사회를 다시 돌아보게 하는 좋은 방도가 된다. 사회의 변화에 먼저 필요한 것은 그 구성원의 의식의 변화이다. 대학생협은 이런 문제의식 속에서 대안과 창조의 질서로서, 새로운 생활공동체의 구현의 중심이 될 것이다.

새로운 생활공동체의 구현은 단순히 학내의 구성원을 하나로 묶을 뿐만 아니라, 다양한 대형 상업자본과 함께 시작된 시장화, 그리고 대학의 상업화 속에서 좀 더 건전한 방향으로 대학의 학문적 위상을 좀 더 끌어올릴 수 있는 방향으로 진행되어야 한다. 결국 상업화를 막을 수 있는 것은 생협 자체가 아니라, 생협과 함께하는 학내 구성원, 즉 공동체가 구현된 조합원의 역할이기 때문이다. 이는 대학생협이 안고 있는 과제라고 할 것이다.

욕망의 소도시, 지방대학을 지방에서 석방하라

홍 상 현*

▲ 지역대학이 지역사회를 살릴 수 없을까? (ⓒ 이광수)

한강 이남에선 가장 우수한 대학

지금 여기, 서울에서 약 300여km 떨어진 경북 경산의 한 대학에

---

* 영남대학교 학생

다니는 학생이 있다. "우리나라에서 가장 넓고 아름다운 캠퍼스로 정평 있는 ○○대학교는……" 통화연결음이다. 교내기관에 전화를 걸때마다 이 말을 듣게 되는데 참 의미심장한 말이라고 생각한다. 한강 이남의 지역명문대학. 우리 사회의 대학에 대한 지도를 적확히 드러내는 이 말. 지방대는 살아남기 위해 무슨 짓이든 한다. 많은 지방대학이 각자 한강 이남에선 가장 우수하다고 말한다. 그나마 비좁은 대한민국을 토막 내는 것도 모자라 지역 내에서도 또 분할하여 새로운 빌보드를 만든다. 무엇이 한강을 기준으로 대학을 갈라 놓았을까?

굳이 지방대학의 역사를 들먹이지 않더라도 지방대학은 지역민들의 자존심처럼 여겨져 왔다. 특히 지역의 명문대학은 졸업과 동시에 그 지역에선 최고라는 자부심과 함께 특유의 인맥 중시 경향으로 인해 우선 채용되는 특혜를 누려 왔다. 마치 신토불이처럼. 그러나 현재는 알다시피 지역기업의 일자리조차 서울, 수도권 출신 대학 졸업자들이 모두 채우고 있다. 일자리처럼 심지어 올해 개원한 법학전문대학원도 그러하다. 이런 추세는 앞으로도 계속 이어질 전망이다. 동시에 지방대의 위상은 끝없이 추락하고 인식은 더욱 부정적으로 변하고 있다. 그렇다면 따져보자. 서울권 대학과 지방대학들의 차이점은 무엇인가.

지방대학생 수준이 낮다고……

우선 흔히 거론되는 학생의 질적 수준 문제 즉, 서울권 대학생들에 비해 지방대학생들의 지식수준, 학업능력 등이 낮다는 것이다. 물론 지방대학이 서울권 대학보다 입시성적이 낮은 것은 확연하다.

몇몇 특수대학이나 특수학과는 예외도 있으나 전체적으로 봤을 때는 더욱 두드러진다. 그 외에도 지방에 있다는 것 자체로 소외되는 것은 수없이 많다. 각종 문화적 행사, 사회적 관심, 언론의 관심에선 항상 뒷전이다. 교통이 불편한 것이야 두말할 필요도 없지만, 그것을 제외하고라도 지방대가 언론의 관심이 되는 것은 높은 등록금이나 특종감의 사고가 터졌을 경우에나 관심을 받는다.

또한 서울권 학생들에 비해 지방대학생들은 자기표현이 서툴고, 부족하다는 인식이다. 대체로 다양한 문화와 소비를 접하며 경험을 쌓아온 서울권 학생들은 옷 입는 것부터 세련되고 또 말과 자기표현에 있어 충실한 반면 지방대학생들은 침체된 지역의 분위기에 처음 주눅이 들고, 소위 열등감을 갖기 때문에 자기표현이 부족하다는 평가를 받곤 한다.

사람들은 또 백화점식 학과 제도를 탓하기도 한다. 대학 중에서도 종합대학이 많으며 학과 또한 천편일률이기 때문에 경쟁력이 없다고들 말한다. 서울권 대학은 가만히 있어도 학생들이 몰려 정원이 채워지는 편이지만, 지방대학은 직접 뛰어도 매년 정원을 채우기가 힘들다. 강의실 풍경은 어떤가. 교수들은 학생 목소리 한번 듣기가 힘들다. 그나마 출석이라도 부르는 날이면 모르지만, 요즘엔 카드로 전자출결을 하는 시스템이라 학생들은 말 한마디 하지 않고도 유령처럼 출석을 할 수 있다. 그래서 일부 교수들은 질문과 발표를 평가점수에 넣기도 한다. 그러나 다 허사다. 강의보다는 취업에 필요한 스펙을 쌓는 일이 우선인 학생들은 토익과 자격증에 더 관심이 많다. 그런 탓에 비자발적인 토론과 질문은 결국 공허한 메아리만 반복될 뿐이고, 수업의 열기는 점점 식어만 간다.

욕망의 소도시를 둘러싼 '파수꾼들'

지방대를 지방에서 가두고 있는 제1의 파수꾼은 학생들의 열등감과 지방대에 대한 사회의 부정적인 인식이다. 이 둘은 교묘한 관계를 끊임없이 이어가며 학생들을 곤혹에 빠트린다. 학벌이 좋은 사람을 만나면 괜스레 소속대학을 말하기가 꺼려지고, 자신감이 줄어든다. 이것이 비단 개인만의 문제일까. 가끔 일간지를 보면 세계대학 순위에서 서울대가 몇 등이니 하는 기사가 대문짝만한 제목을 달고 1면에 게재될 때가 있다. 또 매스컴뿐만 아니라 온갖 광고(병원, 학원 등)에선 "서울대 출신 전문의, 연·고대 출신 선생님 영입"과 같이 광고명보다 대학명이 더 크게 표시되기도 한다.

이외에도 인터넷에선 끊임없이 학벌의 재생산과 분배가 이뤄지며 소위 '지잡대'(지방 잡 대학의 줄임말)라는 표현을 써가며 지방대학을 깔아뭉개기에 정신이 없다. 어떤 경우에는 학교를 가는 길에서도 그러한 일이 생긴다. 편입학원 광고지다. 그 학원에 등록만 하면 자신의 학벌을 마치 세탁이라도 할 수 있으며, 소외당한 정신을 말끔히 치료라도 해줄 수 있다는 듯이 편입학원 광고지는 떠든다. 마치 지방대생을 위한 전문병원인양.

다음으로는 가볍고 뻔해 빠진 사회적 풍토를 들 수 있다. 학생들이 즐겨보는 대학전문 잡지에선 스쿠터가 어쩌고, 올 여름패션은 어쩌니 하는 이야기가 한참 나오고 난 뒤에야 잠깐 학생들이 아르바이트를 하며 겪은 고충, 인턴을 하며 겪은 이야기가 나온다. 그 뒤엔 또 어느 집 커피가 맛있니 하는 얘기가 이어진다. 대기업들과 관련된 인터넷 사이트도 마찬가지이다. 모 그룹의 대학생 전문 게

시판에서는 각 지역 학생들이 자신의 대학 주변 또는 지역에서 일어나는 일들에 대해 말하지만, 가십이나 허황된 말들로 포장한 포부들이 대부분이다. 그 기업의 사이트에서 자신을 더 돋보이기 위해 아첨을 하고, 그곳에서 활동을 하는 것은 또 하나의 스펙을 쌓을 수 있어 자신은 그 기업에 꼭 취직할 수 있을 것이란 기대에 부풀어 있다.

안주하는 지방대생이란 소리는 술안주나 하라지

그렇다고 학교에서 학생들을 위해 하는 일이 없는 것도 아니다. 일단 지방대생들의 취업률 결과가 어떻든 간에 학생들의 자신감 향상이 곧 모든 일의 시작이므로 학교는 이를 향상시키는 데 온 힘을 쏟는다. 우선 대학홍보팀을 앞세워 학교와 관련된 대외적 행사홍보나 각종 수상자와 장학혜택을 끊임없이 홍보하며 학교의 이미지를 높이려 노력한다.

예를 들어 한 지방대학 캠퍼스의 등록금이 전국 최고로 나타났다면 그 순위 분석은 잘못 계산됐기 때문에 전국에서 제일 비싼 것은 아니라는 식이다. 그럼에도 등록금이 천만 원이 넘는 것은 변함없으며 비교대상이 된 대학이 지방에 있건 서울에 있건 간에, 학생들에게 부담이 되는 것은 변함없기 때문에 실상은 순위 매기기가 숫자놀음에 불과함에도 학생들은 혼동하게 된다. 이외에도 "국회의원 몇 명 배출, 특정지역에선 ○○대학 나와야 출세" 등의 기사로 학생들을 환상에 젖게 만들기도 한다.

그 외에도 하는 일은 많다. 학생취업률 제고를 위해 '취업 스터디룸'을 만들어 운영하기도 한다. 항상 스터디룸 근처에선 우렁찬 인사소리와 자기소개가 복도를 울린다. 그러나 취업 스터디룸이 늘어나고 새로운 건물이 일 년이 멀다하고 솟아나도, 강의실에선 항상 자리가 모자라고, 열람실 역시 마찬가지로 지리를 맡기 위해 아침마다 뛰어와야 하는 것은 변함이 없다.

그렇다면 지방대 학생들은 무엇을 하고 있나. 물을 것도 없이 취업에 목매고 있다. 토익, 자격증, 인턴 등을 통해 스펙을 쌓기 위해 휴학을 하는 학생들의 수는 늘어만 가고 있으며, 학점을 일부러 포기해 졸업을 미루기도 한다. 이는 비단 지방대학생의 모습만은 아닐 것이지만, 학생들은 지방대학이라는 단점을 이겨내기 위해 수많은 공모전, 자기소개서를 준비하고 방학 때면 어학연수 등으로 숨 돌릴 시간이 없다. 이런 상황에서 동아리나 학생회 활동을 하는 사람은 낙오자 취급을 받기도 한다.

그러나 지방대학생 대부분은 서류심사에서부터 떨어지는 현실이다. 학벌사회에서 지방대학의 꼬리표를 달고는 서류에서 통과하기조차 쉽지 않다. 혹은 편입철을 기다리며 이를 준비하는 메뚜기족도 간혹 있다. "토익 책이 너덜해지고 입사지원서에 잉크가 마를 날이 없어도 바뀌지 않는 것은 지방대 학벌이라는 꼬리표더라"고 술자리에서 한탄하던 선배의 말을 떠올리면 편입역시 전혀 특이한 모습이 아니다. 아예 수능을 다시 치는 경우도 있다. "제대한 후 재수를 해서 '욕망의 대도시'로 갔다는 과 선배. 이제 욕망의 '소'도시에 남은 사람은 나뿐이다. 이 도시에선 한 사람이 줄어들고 또 늘어나는 끊임없는 가감만이 계속된다"는 생각이 학생들을 혼란스럽게 하고 있다. 결국 모두가 지키지 않는 지방대학은 점점 빛을 잃어가고 있다.

막다른 골목에 내몰린 지방대학을 살릴 방법은 없나?

그렇다면 어떻게 문제를 해결할 것인가. 주요 문제는 지방대에 대한 사회적 인식의 개선과 그에 따른 역량강화이다. 수능세대, 그 중에서도 입시성적이 낮아서 지방대학에 입학했다는 인식이야 어쩔 수 없다지만 그렇다고 대학 내내 공부도 안하고 또 못한다는 것은 아니다. 서울이건 지방이건 간에 지금 자신의 발등에 불이 떨어진 것을 모르는 한국의 대학생은 아무도 없다. 그럼에도 이러한 사회적 인식은 지방대학에 대한 부정적인 시선을 낳고 확산되고 있다.

인식을 개선하는 여러 가지 방법에는 우선 정부의 지방대학에 대한 지원에 있어 특단이 필요할 것이다. 지역대학과 지역을 위한 정책의 증대와 지원이 필요하다. 즉, 지역대학의 특색을 살린 학문에 대한 지원강화와, 대학생들의 교육활동, 봉사활동 등을 통한 지역민과의 교류증대 등을 통해 지역사회에 기여하는 정책적인 방법이다.

또한 지역대학들은 대학 간 연계를 통해 지역별로 특색 있는 학문의 심화와 지역대학만의 스토리를 만드는 일에도 힘써야 한다. 예를 들어 광주와 같은 민주화 도시에서는 그와 관련된 지역학문, 경북과 같은 경우에는 독도영유권 문제와 관련된 학문의 강화 등. 이미 기성의 방법 외에도 그러한 스토리를 만드는 방법에는 여러 방법이 있다. 지역민과 연계할 수 있는 새로운 네트워크 등을 구성하는 것이다. 또한 학생들에게, 특히 지방대학생들에게 단순히 취업에만 목맬 것이 아니라 다양한 경험을 할 수 있게 해줘야 한다.

예를 들어 지역대학생들 간의 교류를 통한 지역공동체에 대한 의식함양이나 지역사회에 기여할 수 있는 활동을 정책적으로 증가시킬 방편을 구상해야 할 것이다. 덧붙여 학생들은 강의실에서도 꿈틀거려야 한다. 구체적으로는 교수들의 강의평가에 있어 더욱 충실해야 하며 이것이 강의실에 반영되지 않을 경우 당당하게 요구해야 한다. 또한 대학 외의 일에도 더욱 관심을 기질 필요가 있다.

앞의 보잘 것 없는 생각들보다 대안이나 정책 등은 대학관련 전문가들이 더욱 잘 짜낼 수 있을 것이다. 다만 걱정되는 것은 지역대학만의 '특색'이 없다는 것이다. 지역대학생들이 정말 지역을 위해 할 수 있는 일이 무엇인지 하루빨리 찾고, 지역과 더불어 상생할 방법을 찾는 것이 시급하다. 지역학문과 함께 도끼자루가 썩어가고 있기 때문이다.

스웨덴 대학 유학 리포트

정 유 미*

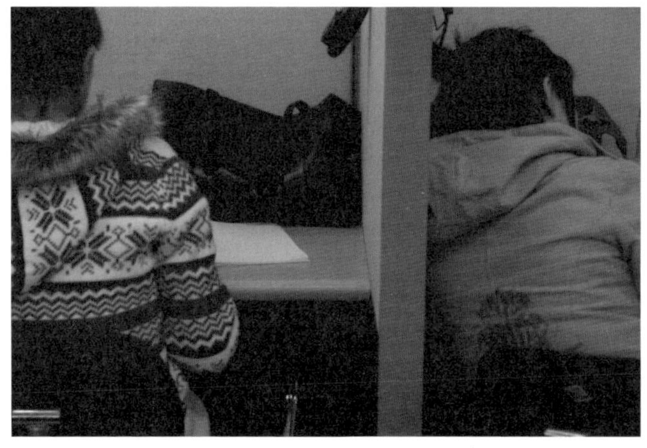

▲ 한국의 대학 교육은 시험에 막혀 있다. (ⓒ 이광수)

　우리에게 스칸디나비아 국가들의 이미지란 그다지 특별할 것이
없었다. 복지국가, 세금을 많이 내는 나라, 그만큼 국민들에게 많이
베푸는 나라……. 남들 모두 가려하는 미국은 가기 싫어서 유럽을
선택했고, 잘 알려진 영국이나 프랑스, 독일, 이탈리아 등을 두고

* 연세대학교 학생

스웨덴을 교환학생 국가로 선택한 것은 단순히 '잘 알지 못하였지 때문'이었다. 잘 모르는 국가라 더 호기심이 났다. 스웨덴 남부의 작은 도시 벡훼(Vaxjo)에 있는 Vaxjo University에서의 일년이 그렇게 시작되었다. 다문화국가의 대표격인 스웨덴. 내가 속했던 사회 대한민국과 속해 있는 사회 스웨덴 사이의 '다른 점'은 여러 가지가 있었지만, 무엇보다 관심을 끌었던 것은 대학교육의 문제였다.

한국 대학을 생각하면 내 뇌리에 떠오르는 것은 끝을 모르고 치닫는 등록금의 인상과 레포트, 시험, 학점에 갇힌 칙칙한 색이었다. 오죽하면 한국에 귀국한지 얼마 되지 않아 내가 정말 돌아왔다는 것을 실감했던 대목은 학교 백양로에 끊임없이 붙어 있는 등록금 인상, 동결에 관한 현수막들이었겠는가. 스웨덴의 대학은 잘 알려진 것처럼 등록금을 받지 않는다. 아니, 정확히 얘기하면 국민에게 제공되는 모든 교육서비스는 무료다. 뿐만 아니라, 수업에 필요한 노트나 펜도 무료 제공되며, 스웨덴 국적의 대학생들에게는 매달 2,000크로나(한화 약 30만 원—갚을 필요 없다)의 용돈과 5,000크로나의 생활비(무이자자동대출, 학생기숙사는 보통 월 3,000크로나 남짓이다)가 제공된다.

수업 진행 방식 또한 퍽 인상적이었다. 수업의 종류에 따라 열 명 남짓의 소수 강의나 약 80명가량의 대형 강의 등 종류는 여러 가지지만, 이 모든 수업을 아우르는 철칙은 '학생 자율', '의견과 사고'이다. 내가 들었던 여러 주제의 다른 수업들 중 스웨덴 대학교육의 색을 가장 잘 보여줄 수 있는 'perspectives of Globalization'과 'Intercultural Studies'의 두 가지를 소개하고자 한다.

국제화에 대한 여러 가지 관점들을 소개하고 학생들의 생각과 융합하는 것이 목표였던 Perspectives of Globalization 수업의 정원은

80여 명 남짓에 구성원들의 출신 국가는 유럽, 아시아, 아메리카 대륙 등 가지각색이었다.

수업이 본격적으로 시작되자 교수는 매 시간 교재의 일정 부분을 읽어오는 숙제를 내 준 뒤 텍스트 안에서 뽑을 수 있는 몇 가지의 토론주제를 정해왔다. 80여 명의 학생들을 무작위로 4~5명씩 토론 그룹을 결성했다. 3~4개의 토론주제가 적혀있는 유인물을 들고, 학생들은 약 한 시간정도의 토론시간을 가진다. 교실에 돌아오는 시간을 정한 뒤, 학생들은 일제히 속해있는 그룹별로 교실 밖으로 나갔다. 교실 밖에는 비어있는 테이블이 즐비했다.

토론 중에 학생들은 학교 안의 카페에서 커피를 사오고 간식을 나누면서 교수가 제시해 준 주제 별로 토론을 진행한다. 학생들이 토론을 진행하는 동안 교수는 학생들이 모여 앉아있는 테이블을 돌고 그들의 이야기를 귀 기울여 들으며 토론의 방향과 내용을 파악한다. 토론은 절대 딱딱하게 진행되는 법이 없다. 구성원들 각자의 경험과 책의 내용을 연결하여 교수와 함께 개인경험까지 공유할 수 있을 정도로 열려있는 토론의 진행은 학생들로 하여금 일상생활과 배운 내용을 연결할 수 있게 하여 수업에서 배우게 될 내용을 더욱 친근하게 느끼게끔 한다.

각기 다른 팀에서 토론을 마친 학생들이 다시 교실로 돌아오게 되면 팀별로 한 명 씩 자신들의 팀에서 이루어진 토론의 내용을 다른 팀의 팀원들과 공유한다. 이러한 방식의 수업은 모든 팀원들의 토론내용을 모두 공유한 후 거기에 따른 교수의 코멘트로 끝이다.

이러한 수업들의 시험은 24hour-exam이나 논술형의 에세이 문제인데, 24시간 시험이란 교수가 정해진 시간에 시험문제를 수업게시판에 업로드하면 학생들이 다운받아 4~5개 정도의 에세이 문항으로 이루어진 시험을 24시간 안에 모두 풀어 교수의 연구실로 제출한다. 하지만 이런 시험 또한 그다지 쉬운 것이 아니라서, 에세이 하나당 A4용지 2~3장 정도로, 총 열 장에서 열두 장 정도의 에세이를 하루에 써 내야하는 것이다.

24시간이 아닌 특정한 시간 정해진 장소에 모여 에세이 시험을 보아야 하는 경우, 일반적으로 4~5시간에 걸쳐 한 과목의 시험이 진행된다. 아침 일찍 9시쯤 학생들은 간단한 도시락을 들고 시험을 보러 온다. 역시나 상당히 많은 분량의 에세이를 4~5개 써야하는 것이라 그다지 쉬운 일은 아니다. 이렇게 해서 제출된 논술형 시험들은 2~3주 후, 혹은 그보다 조금 더 늦게, 교수가 충분한 검토를 거친 후에 학교에 마련되어 있는 시험지 보관소에서 서명을 하고 찾아갈 수 있다. 이때 받을 수 있는 시험지는 교수의 코멘트가 자세히 달려 있는 것이라, 받은 점수의 근거를 정확히 납득할 수 있는 것이었다.

조금 다른 방식의 수업이었던 문화 간 연구. 교수의 수업 계획서는 간단했다. 문화 간 연구(Intercultural studies)수업이라는 제목 아래 쓰여 있는 것은 참고도서와 학습목표정도였다. 수업의 목표는 학생이 연구주체가 되어 서로 다른 문화 사이에서 일어나는 현상들 중 하나를 택해 연구주제로 설정한 후 소논문을 작성하는 것을 목표로 했다.

교수가 학생들에게 요구한 조건은 민족지(ethnography)를 이용한 연구 사례와 그 논문들을 조사하고 그중 한권을 택해 요약한 리포트를 제출하게 하는 것. 논문 작성 기간 이전 교수는 학생들에게 논문을 쓰는 방법론에 대해 약 2주간 강의를 했고, 그 이후에는 일주일에 한 번씩 교수와의 개인면담을 통해 조언을 구하고 진행 상황을 함께 확인할 수 있었다.

열두 명 남짓 한, 여러 나라의 학생들이 모여 있던 그 수업은 일종의 충격처럼 다가왔는데, 일단은 거의 두 달에 걸친 그 수업 중 강의실에서 보낸 시간이 채 10시간이 되지 않는다는 것과, 논문 주제를 설정하고 주제에 따라 연구 방법을 결정하고 거기에 맞는 참고도서를 찾아 완성하기까지 교수는 최소한의 조언만 할 뿐 모두가 학생의 재량과 주체적인 탐구, 사고를 통해 진행되었던 것이었다.

스웨덴과 미국의 성교육 방식 차이, 의료복지 시스템의 영향, 국제 입양아들의 정체성 등 다양한 문화 간 연구가 이루어졌고, 도서관 사서와 논문 주제에 대해 상담하고 방법론이나 내용 관련의 도서들을 추천받는 등 주체적 연구 활동의 성과로 완성한 논문들은 수업의 마지막 시간에 무작위로 주어진 다른 사람의 논문 비평을 나름대로 작성하여 공유하는 것을 끝으로 최종 완성되었다.

스웨덴이 세계적으로 한국 입양아들이 많은 나라라는 것을 알게 된 후 국제 입양아들의 정체성에 대한 논문을 작성했던 나는 교수와 면담을 할 때마다 진행 상황을 설명했고 인터뷰 대상자를 추천받았다. 그 도시에 있는 한국 입양아 한 명과 인도 입양아 한 명을 소개받아 내가 작성한 질문지에 맞는 인터뷰를 하고 녹취록을 작성했다.

스웨덴의 도서관 시스템 중 가장 자랑할 만한 것들 중 하나인 사서와의 면담을 통해 필요한 책 목록을 작성한 후 읽어야 했으며, 인터뷰의 질문지를 작성하는 것 또한 목적과 상황에 맞는 인터뷰 작성에 대한 참고도서에서 배운 대로 진행되었다. 학위논문을 작성하는 것도 아니었지만 우리 모두 '문화 간 연구' 수업에서 어떤 것이 문화 간 연구이며 어떻게 해야 하는 것이고, 어떠한 방향으로 해석하는 것인지 등 우리 스스로의 활동을 통해 여러 가지를 한꺼번에 배울 수 있었다.

스웨덴의 교육은 언뜻 보면 과할 정도로 학생의 자율에 맡기는 것처럼 보이나 실상 학생들 스스로에게 상당부분을 맡기는 것을 통해 배우고 싶은 것을 자율적으로 배울 수 있게 함으로서 학생들 각자가 만족할 수 있도록 하는 것이 특징이다. 1년 동안의 스웨덴 경험은 내가 공부하고 싶은 곳을 내기 하고 싶은 방식대로 하게 해주어, 학생의 학습권을 절대 보장해 주었다. 부러웠다. 참으로.

'스승이 절실한' 대학에 제자를 보내며

오 창 렬*

▲ 교문을 나온 고등학생들, 대학에서 진정한 스승을 만났는가?
(ⓒ 손정옥)

방랑의 마음

고등학교에서 아이들 가르치는 일을 하게 된 후 '대학'은 내게 오

---

* 시인, 상산고등학교 교사

랫동안 불편한 대상이었다. 그 불편은 가르치던 아이들을 대학으로 떠나보내면서 시작되었다. 세상에 왜 대학은 존재하여 나와 내가 정들인 아이들을 떼어놓는단 말인가? 사람의 진정은 간혹 유치함도 무릅쓰는 것이어서, 참담하기까지 한 그 마음을 처음에는 숨기지 않았다. 그리하여 신입생들과의 만남조차 전혀 풋풋하지도 않았다. 그런 시절이 오래되었다. 아이들을 만나 서로 가르치며 배우고 헤어지는 사이에서 내 마음은 오래 방랑해왔다.

선생의 이런 마음을 아이들은 알지 못한다. 그것이 또 조금 서운하면서도 탓하지 않는 것은 이별 뒤에 남는 섭섭함이란 주로 남은 자의 몫임을 알기 때문이다. 아니, 이별의 감정과 우리 아이들이 찾아가는 대학이 갖는 지성·자유·젊음·꿈의 이미지는 어떤 줄로도 이을 수 없는 차이가 있음을 알기 때문이다. 그들이 바라고 믿는 세상을 내 그늘진 감정으로 물들이고 싶지 않은 까닭이다. 그리하여 나는 이제 내 마음을 조금 감추고 아이들이 가는 대학에 무지개빛을 얹을 수 있게 되었다.

대학의 의미를 들어 아이들의 꿈을 부풀릴 수 있게도 되었다. 가령 오상순의 시 「방랑의 마음」을 읽으면서 시의 화자가 자리한 '바다 없는 곳'을 불모의 공간 '고교(시절)'로, '안식과 정착'의 이미지인 '바다'를 '대학(교)/대학시절'에 빗대어 설명하기도 한다. 그리고 그 '바다'가 "피의 조류(潮流)를 통하여 오"고 "안개 같은 바다의 향기(香氣) / 코에 서리"는 합일의 기쁨을 얻기 위해서는 화자처럼 "때를 잊"고 "해지는 줄도 모르"는 몰입과 집중이 필요하다고 가르치기도 한다. 나는 아이들에게 나와 여기를 잊고 오직 대학에 집중하라고 말을 하기도 하는 셈이다.

꿈

　고등학교 학생들의 막중한 과업은 대학수학능력시험이다. 고등학교교육이 온통 대학수학능력시험 준비에 쏟아져야 하는지에 대해선 다른 할 말이 있겠으나, 교육과정상 그것은 고등학교교육의 중요한 목표임에 틀림없다. 대학은 ‘큰 학문’을 준비하여 수학능력을 갖춘 아이들을 기다리고, 아이들은 그들이 갖춘 능력으로 큰 학문을 체득하게 될 것이다. 큰 학문을 매개로 대학과 학생들이 가슴 부풀게 만나는 곳이 대학인 것이다. 그리고 대학과 학생들은 그들의 소망이 어긋나지 않도록 성실하게 자기의 역할을 다할 것이다.

　성공적이지 못했던 나의 대학생활을 회억하며 나는 대학으로 가는 아이들에게 몇 가지 주문을 하기도 한다. 나의 주문은 주로 독서와 여행에 관한 것들인데, 독서와 여행은 둘 다 길찾기의 방식들이기 때문이다. 고전 독서는 학문의 기본이 되는 것이라는 점에서 나름대로 몇 권의 책을 골라보기도 한다. 여행을 통해서는 세상의 사물과 현상들, 그리고 사람들을 만날 수 있다고 권한다. 이런 경험을 통해 나는 우리 아이들이 부지런히 자기의 위치를 확인하고 세계로 나아가는 길을 찾기를 바란다.

　책과 여행이 가르침을 주는 추상적인 스승이라면, 대학교의 교수님들은 아이들을 구체적이고도 현실적인 길로 이끌어주거나 도움을 주는 분들이다. 책보다도 여행보다도 스승의 존재가 커다란 까닭이다. 그런 까닭에 우리는 스승을 찾아가는 이야기를 쉽게 만날 수 있는 것이다. 그 숱한 고전 소설들에서 영웅적 풍모를 지닌 주인공들이 세상을 구할 능력을 갖추게 되는 것은 훌륭한 스승을 만나고 나서의 일이다. 그러나 그런 스승을 만나기는 쉬운 일은 아니어서 그 주인공들은 금강산으로 지리산으로 종종 헤매지 않으면 안되었다. 중국의 경우는 스승을 찾아 나라를 넘나드는 경우도 비일비재했다.

다산 선생이 한강가 마재에 살 때 열아홉 살 난 이인영이라는 젊은이가 거대한 책상자를 지고 와서 문장학을 배우고자 한 이야기도 그중 하나이다. 그가 책상자를 지고 온 길은 정확히 알기 어려우나, 상상해 보면 얼마나 어려운 일이었겠는가? 그러나 좋은 스승을 만남으로써 학습자는 일거에 혼돈을 걷어내고 밝은 세상을 만날 수 있는 것 아닌가? 그러니 진정한 스승을 찾는 여정은 어떤 경우도 험로라 할 수도, 멀다 할 수도 없는 것이었다.

그에 비하면 오늘날의 대학은 학교마다 좋은 선생님들을 모셔놓고 있어, 옛 사람들의 수고를 엄청 단축할 수 있다. 그 높은 대입경쟁률을 뚫는 것이 금강산이나 지리산을 헤매는 수고에 못지않다 할지 모르나, 오늘날의 교육제도는 참으로 편리하고도 구조적으로 안정되어 있다. 그리하여 대학으로 떠나가는 아이들에게 내가 권하는 중요한 한 마디는 선생님들께 적극적으로 배우라는 것이다.

그리고 언젠가 다시 만나게 될 때 그들을 괄목상대하기를 소망한다. 자신들의 세계를 찾아가는, 혹은 그 세계를 찾은 당당하고 의젓한 모습으로 인해 내가 눈을 부비게 되길 바란다.

현실

그러나 작금의 우리 대학 현실은 우리의 꿈, 기대와 다소 다른 것 같다. 극심한 취업난은 대학에 진학한 이들에게 ‘취업’이라는 화두를 떠안겨 준 듯하다. 학문도 인격도, 젊음도 자유도 ‘취업’이라는 화두 아래에서는 한숨과 함께 사라지는 공염불에 그치고 만 듯하다. 취업이 요구하는 절대조건인 영어가 전공을 초월하여 학생들의 전공필수가 되고, 전공과 취업 준비가 따로국밥이 된 현실에서 대학생들이 자기에 맞는 개성적인 길을 찾는 것은 처음부터 어리석은 일이 되어버린 듯하다. ‘자신의 길’은 이제는 묵은 길이 되어버렸고, 사라진 길이 되어 가고 있다.

　연구를 통해 전문지식을 생산하고 교류를 통해 사람을 가다듬는 곳이라는 대학의 본래적 기능은 사라져 버렸는가? 대학은 취업준비 기관이 되고 대학시절은 취업준비기간이 되어버린 현실에 선 대학생들을 생각하면 막막하기 이를 데 없다. 취업 미아가 될 것이 두려워 의도적으로 대학 유급생이 되고자 한다는 그들의 막막함에 비하면 나의 막막함이란 언어적 수사일 뿐이어서 미안하기까지 하다. 그들에게 한때 꿈을 꾸게 했던 선생으로서, 기성세대로서 드는 미안함을 어찌할 수 없다.

　그러면서 대학의 본질적 기능에 대한 의문이 새삼스럽게 드는 것이다. 그리고 떠오르는 것은 윤동주의 「쉽게 씌어진 시」의 한 구절이다. “땀내와 사랑내 포근히 품긴 / 보내주신 학비 봉투를 받아 // 대학노트를 끼고 / 늙은 교수의 강의를 들으러 간다” 저 시의 ‘늙은 교수의 강의’처럼 대학의 가르침이 만일 현실을 따라잡지 못하거나 현실에 도움이 되지 못하는 것이라면 어쩌나 하는 생각이 드는 것이다. 깊고 높은 학식으로 당신들의 저서를 우리에게 읽히는 것만으로도 큰 가르침을 주셨던 옛 스승님들을 떠올려보기도 하는 것이다.

세월이 흐르고 시대가 바뀌면서 대학의 풍토가 많이 변할 수밖에 없었다면 문제가 달라질 수 있다. 그리하여 또 만일을 가정하면서 드는 걱정은, 학문과 학생들이 아닌 딴 세상에 더 많은 관심을 둔 선생님들이 계셔서 그분들의 취미나 관심이 학생들의 현실이나 이상과 동떨어진 경우가 있을지 모른다는 것이다. 또한 우리나라 대학 교수 비율의 60%가 넘는다는 시간강사들의 현실 역시 아이들에게 큰 학문을 전달하기 어려운 여건일 수 있다는 것이다.

내가 아는 한 대학강사는 젊은 나이에서 나오는 열정과 안정된 신분에 대한 열망과 의지가 어울려 훨씬 더 많이 연구하는 분들이다. 그런데 구조적으로 허약한 신분 때문에 그들이 외부적 요인의 눈치를 봐야한다면, 자신의 신념과 철학이 아니라 외부적 요인에 맞춘 교육을 해야 한다면, 그들의 강의가 아이들에게 세상에 대한 비판과 애정의 시각을 길러 줄 수 없다면, 학생들은 누구를 바라보며 저 힘든 대학 현실을 헤쳐나갈 수 있을 것인가? 만일 저렇게 학문이 죽고 대학이 죽는다면 우리 아이들의 앞길을 어떤 진실과 진리로 밝힐 수 있을 것인가?

소망

만일 사정이 내가 짐작한 대로라면, 난 언어로나마 소망할 수밖에 없다. 아마도 가장 확실한 빛은 반성이 전제된 현실자각과 우리가 사람이라는 자각을 하는 데에서 비롯할 것이다. 우리의 항해가 난관에 부딪쳤을 때, 길을 찾는 가장 빠른 길은 처음으로 돌아가 지도를 살피는 일일 수 있다. 우리가 지도를 잘못 그리지 않았는지를 점검하듯, 우리가 대학을 가고자 했던 동기나 목표를 점검해 볼 일이다.

혹시 무슨 대학을 졸업하면 만사형통일 것이라 생각하지는 않았는가? 무슨 학과에 진학해서 어떤 과정들을 수료하고 자격증을 따면 되겠지라고 생각하지는 않았는가? 나만 잘하면 되겠지 생각하지는 않았는가? 세상의 모든 것은 유기적으로 연결되어 있고, 그 모든 것이 우리의 스승이다. 강의실에서 도서관에서 그리고 자신이 걷는 길과 거기에서 만나는 사람들을 하나로 보는 눈이 필요할 것이다. 내 문제만 보지 말고 다른 사람의 문제를 보고 그것의 해결을 위해 노력할 때 사회가 변화하고 내 문제가 저절로 해결되는 놀라운 지점이 있을 것이란 믿음을 갖는 것이 중요하다.

『조선역사통속강화』에서 최남선은 “흩어져 있던 개별 인간이 점차로 집단을 이루어 집단이라는 자각을 가지고 공통한 감정과 공통한 욕구로써 공통한 목적을 위하여 공통한 정성과 힘을 기울이는… 집단생활의 여러 단계를 골고루 밟는 동안에 감정의 순화(醇化)와 지능의 속달(速達)을 이룬 자가 문화의 강자로 세계에서 큰 체를 하게 되었다”고 말한다. 영어공부보다, 취업준비보다 우리가 배워야 할 ‘큰 학문’은 이런 것이 아닐까? 이것이 대학생다운 모습이 아닐까?

고3 딸 대입 전에 대학강사 교원지위 회복되길

이 해 삼*

▲ 대학 시간강사의 교원지위를 회복하라! (ⓒ 이광수)

교육열이 높다는 것과 교육의 질을 담보하기 위해 우리가 무엇을 해야 하는지는 다른 문제인 것 같다. 교육열이 높다는 것은 적성에 따라 교육받고 사회의 일꾼으로 자기 역할을 하면서 살아가는 민주적 학생을 길러 내는 일일 텐데, 대학의 부조리와 타협하면서

---

* 민주노동당 전 최고위원, 한국제화아카데미(구 제화기능훈련원) 원장

내 자식만 취업되고 학위를 따고 내 자식만 잘되면 된다는 생각에 머물러 있는 것을 볼 때마다 절망이 엄습해 오기도 한다.

지금도 국회 앞에서 대학강사의 교원으로서의 지위를 확보하기 위해 노력하시고 계신 선생님들을 볼 때마다 죄송한 마음을 금할 길이 없다.

우리 아이가 하나인데 고3이다. 미술대에 진학하려고 노력 중이다. 일하는 사람을 소중하게 생각할 줄 알고 그리는 그림마다 감동이 묻어 있는 훌륭한 민중민족미술 화가가 되면 좋겠다는 생각을 갖고 있다. 우리 딸이 앞으로 부딪히는 많은 선생님들이 고매한 인격과 참교육으로 예술가 이전에 사람을 만들어 주시리라 기대하면서 살고 있다. 억압적 구조와 잘못된 대학사회의 부조리에 대해 당당하게 이야기하고 고치기 위해 노력하는 분들을 자기의 스승님으로 많이 둘 수 있기를 바란다. 아울러 딸내미가 항상 선생님을 존경하고 이 사회에 감동을 주는 예술가로 클 수 있는지 걱정도 되지만, 그 과정에서 많은 상처와 영광이 있기를 나는 바란다.

지금과 같이 대학강사님들을 교원이라고 칭하지 않는 상태에서는 아마도 입시 전쟁을 뚫고 대학 1학년이 되고 난 뒤 2~3~4학년이 되어도 대학당국은 정식 교수라는 칭호의 정규직 선생 노동자가 아닌 대학 미술강사님에게 우리 아이를 맡도록 할 것이다. 대학의 학점 이수가 대학 졸업자격과 교육의 핵심 절차일 텐데 여전히 나는 대학강사가 대학교육의 절반가량을 담당하고 있음에도 불구하고 교원의 지위를 갖고 있지 못하고 있다는 점에 불만이다. 분명 이는 어불성설이요, 전혀 교육적이지 않다.

대학강사의 교원으로서의 지위를 확보하기 위한 노력이 지금도 여의도 국회 앞에서 벌어지고 대학교 앞 이곳저곳에서 일인시위 등으로 나타나는 것을 볼 때마다 거대한 억압과 불의의 힘 앞에 굴복하고 사는 우리 학부모, 강사님, 그리고 대학당국의 각성을 촉구한다.

아울러 당연 대학생 자녀를 두고 있거나 두려는 학부모라면 더욱이 올바른 교육이 이루어질 수 있도록 노력하고 대학강사님의 교원으로서의 지위를 확보하려는 노력에 동참해야 한다.

오늘날 대학이 사립이든 공립이든 상아탑으로서 기능을 하고 있는지에 대해 회의감이 많이 든다. 특히 유명 대학의 모습은 학교안에 고층건물이 들어서고 교육시설이 첨단화되는 것까지는 좋으나 이런 건물동을 지어 주는 재벌회사나 자본의 평생 광고판의 역할을 스스로 자임하는 모습 속에서 과연 민중과 민족의 앞날을 개척해 나가는 진정한 일꾼을 길러 낼 수 있을 것인지 의문이 들기도 한다. 진리와 자유, 정의, 창의, 사랑, 봉사의 교훈이 그대로 사회에 적용되는 인재를 길러 내는 곳이 대학이어야 할텐데 돈과 성적, 외국계 커피숍, 상업적 경쟁이 깊숙이 자리 잡고 있는 모습에 놀라기도 하면서, 이게 신자유주의이고 재벌만능사회이며 대학강사의 지위도 그래서 확보안되는가 보다 생각하게 된다.

1977년도까지만 해도 대학강사는 교원의 지위를 가졌다. 학생을 가르치고 학점을 주는데 교원이 아니라니…… 그렇다면 1977년 이후 대학을 졸업을 한 학생들은 교원이 아닌 자로부터 학점을 받고 졸업하였으므로 그 졸업장은 인정될 수 없는 것이다. 한마디로 가짜 졸업장이며 위조된 졸업장들을 가지고 우리는 살고 있는 셈이다.

　박정희 유신정권이 1977년 대학강사를 교원의 지위에서 삭제하였다. 당시 비판적인 교수나 젊은 대학강사를 길들이기 위한 방안으로 교육법 내용을 고쳐서 대학강사의 법적 지위를 박탈한 것이다. 그러다 시간강사 3명을 전임교수 한 명으로 인정한 전두환정권 시절을 지나 지금까지도 대학강사의 교원지위 회복은 이루어지지 못하고 있다. 정규직 교수와 같이 일하고 있는데도 불구하고 4대 보험도 적용 안 되고, 대법원은 근로자로 인정하는 판결을 내렸음에도 사립대학이든 국립대학이든 나 몰라라 그냥 뭉갠다.

　강사가 교원지위 없이 자신의 학문을 연구하고 그것을 토론식으로 강의하는 지식사회의 창의적 교육은 불가능하다. 그런데도 대학은 대학강사를 교원으로서 지위를 확보해 주는데 드는 비용만 계산한다. 오로지 이 사회의 노동자가 정규직과 비정규직, 두 종류로 구분되듯 정교수와 시간강사로 구분하려고 한다.

　그러나 돈이 없다는 거짓말은 하지 말아야 한다. 2006년 사립대학 누적적립금만 6조 8천억 원이 넘고 2009년 올해 국정감사에서 밝혀졌듯이 서울대 교수들만 해도 공평(?)하게 나눠 먹는 특별 상여금만도 200억 원이 넘는다. 제발 열심히 가르치고 학점 주는 대학강사님을 교수님으로, 교원으로 인정해 달라……. 교수님으로 부르는 대학생들에게 내용과 형식을 일치시켜 주고 졸업장을 위조나 거짓으로 만들지 말아 달라.

　딸내미가 다니려고 하는 예술대학은 시간강사님들이 80~90%의 비율을 차지한다는데 열심히 전력을 다해 가르치는 선생님을 교원으로 인정하지 않는다면 이것은 자격없는 선생님이 가르치는 꼴을 방치하는 것이 아닌가? 내 딸이 이런 일로 상처를 입지 않고 학교에서 훌륭한 선생님의 지도를 받아 예술가가 되기를 바라는 마음에서 반드시 이번 정기국회에서 대학강사도 교원의 지위를 보장하는 교육법을 만들어 주기 바란다.

11~12월 국회에서 반드시 고등교육법 개정안이 의결되어야 한다. 먼저 내용과 형식을 일치시켜 놓고 강사의 부분적 처우개선은 대학마다 논의해도 늦지 않다는 것이 등록금 비싼 이 나라 대학교육을 둘러싼 학부모인 나의 입장이다.

제2부

대학은 무엇을 하는 곳인가?

대학생의 인문학 공부

강 명 관*

▲ 인문학은 단일한 삶의 극복방법을 알려준다. (ⓒ 이광수)

　젊은이들로 넘치는 대학은 이상할 정도로 조용한 곳이 되었다. 한때 한국사회를 뒤흔들었던 학생운동의 함성이 사라진 지도 이미 오래다. 봄 가을로 축제가 열려도 캠퍼스는 썰렁하기 짝이 없다. 많은 학생들은 축제에 관심이 없어 축제기간에 아예 학교에 나오지

---

* 부산대학교 교수

도 않는다. 심각한 사회적 이슈에도 극소수를 제외하면 학생들은 거의 모이지 않는다.

학생들이 붐비는 곳은 따로 있다. 도서관이다. 도서관은 학생들로 넘쳐나고, 밤늦게까지 불이 꺼지지 않는다. 그 불빛은 고등학교 교실의 연장이다. 알다시피 고등학교 교실은 밤이 이슥하도록 불이 꺼지지 않는다. 도서관과 교실은 공부하는 곳이다. 공부를 한다 하면, 어느 정도의 과오까지 용서받을 수 있는 것이 한국사회다. 이럴진대 교실과 도서관이 공부하는 학생들로 가득 찬 것은 과연 좋고 옳은 것인가.

학교에 수감하고, 시험으로 길들인다

초·중등학교부터 말해 보자. 대한민국의 초·중등학교는 '성적'을 위해 존재하는 곳이다. 학교의 목적은 '교육'하는 데 있는 것이 아니라, '성적'을 올리는 데 있을 뿐이다. 지금 한국 사회의 공교육의 실패는 '성적'만을 전문 영역으로 삼는 사교육과 경쟁 자체가 되지 않기 때문에 발생한 것이다. 하지만 국가는 '국민'을 만들고, '국민'을 관리하기 위해 공교육을 포기할 수는 없다. 해서, 성적이란 말 대신 '학력 신장'이란 말로 오늘도 학생들을 학교에 수감하고, 시험으로 길들인다.

성적이 중요한 것은 다른 이유가 아니다. 수능을 위시한 여러 테스트에서 올린 성적을 통해 대학에 진학하고, 입학―졸업한 대학의 위계에 따라, 개인의 카스트(신분)가 지정되기 때문이다. 초등학교 때부터 고등학교 때까지 학부모들이 자녀의 성적에 그렇게 민감한 것은, 성적이 사랑해 마지않는 자식의 카스트를 결정하는 유일한 도구이기 때문이다. 성적은 개인의 능력과 노력에 좌우된다 하겠지만, 반드시 그런 것이 아니라는 데 문제가 있다. 현재 한국사회에서 학생 개인의 성적에는 부모의 부와 사회적 위상이란 계급적 요소가 본격적으로 개입하고 있고, 국가는 그것을 용인하고 있는 중이다. 자사고와 특목고가 그 증거다.

개인의 노력 여하에 취업의 순위 매겨지는 것 아냐

적성과 희망이 아닌, 성적에 의해 개인에게 카스트로서의 대학이 결정되면, 대학생들을 기다리고 있는 것은 또 다른 리그다. 대학에 배치되는 그 순간부터 학생들은 취업 전쟁이란 리그에서 무한경쟁을 벌여야 한다. 한국의 대학은 학문을 하는 곳이 아니라, 취업을 준비하는 기관이 된 지 오래인 것이다. 국가와 학교와 사회는 취업을 독려하고, 학교와 학과의 취업률을 조사해 공개한다. 누구라도 그 취업률을 확인할 수 있다(물론 그 취업률이 정확한 것인지 아무도 장담할 수 없다). 학부 학생들은 1학년 때는 다소간 해방감에 젖어 헤매지만, 이내 정신을 수습하고 취업 준비에 골몰한다. 이것이 대학을 조용하게 만든 결정적인 이유다.

전공이고 뭣이고 간에 공부하는 것은 오직 취업 공부지만, 그 취업의 대상인 높은 소득과 고용의 안정성이 높은 좋은 일자리는 터무니없이 부족하다. 나라가, 학교가 아무리 취업률을 올리기 위해 닦달해도, 그 닦달이 좋은 일자리를 늘이는 것은 아니다. 이 때문에 전국적인 차원에서는 취업률이 결코 높아지지 않는다. 곧 개인의 노력은 전체 취업률을 높일 수가 없는 것이다. 물론 개인의 비상한 노력은 한정된 자원(즉 일자리)을 그 개인이 차지할 확률을 높일 수도 있다. 하지만 대부부의 경우, 서열화 된 대학의 순위, 혹은 전공의 순위에 따라 취업의 순위 역시 결정되어 있기 때문에, 개인이 투입한 노력의 정도에 따라 취업의 기능성이 높아지는 것은 아니다.

그럼에도 불구하고 학생들은 취업을 위한 노력을 포기하지 못한다. 현재 한국사회의 가장 중요한 화두는 취업과 실업이란 언어로 이루어져 있고, 또 취업을 하지 못하는 것은 개인의 노력 부족(또는 무능력) 때문이라는 주장이 유포되어 있기 때문이다. 따라서 학생들은, 취업 준비를 위해 휴학을 한 뒤 도서관에 묻히고, 영어 실력을 높이기 위해 외국에 가고, 각종 자격시험에 연속적으로 응시한다. 이런 노력의 축적이 취업을 보장하는 것은 당연히 아니다. 다만 이런 행위들 속에서만 자신의 불안을 일시적으로 잊을 수 있다.

취업하면 이번에는 실업의 공포

여름방학, 겨울방학을 지나고 나면, 얼굴이 달라지는 여학생들이 더러 있다. 성형 수술 때문이다. 개인이 아름다워지겠다는데 누가 무어라 할 수 없다. 하지만 결코 비만이라 볼 수 없는 젊은 여성이 자신의 식욕을 저주하며 굶으면서까지 마른 몸매를 유지하고자 하거나, 또는 그리 큰 얼굴도 아니건만 얼굴을 작게 만들기 위해 수술대 위에 누워 뼈를 깎고 살을 저며 내는 행위가 바람직한 것인가. 인간이 자신을 아름답게 바꾸고자 하는 데는 무수한 이유가 있을 것이다. 하지만 지금 대학을 다니는 여성이 자신의 신체를 개조하는 데는 취업을 위한 동기가 강하게 작용하고 있는 것을 빼놓을 수 없다. 얼굴이 예쁘고 날씬한 몸매의 여성이 취업률이 높다는 것은 이미 상식이기 때문이다.

피나는 노력에 의해 자신이 원하는 곳, 사회적으로 알아주는 곳에 취업이 되었다 하자. 하지만 그것이 이후의 만족스러운 삶을 보장하는 것도 아니다. 끊임없는 실직의 공포에 시달린다. '고용의 유연성'이란 고용주가 고용인을 마음대로 자를 수 있다는 잔혹한 말을 우아하게 표현한 것에 불과한 것이다. '고용의 유연성'에 걸려들지 않기 위해, 자신이 능력이 있음을 알리기 위해, 이른바 '자기 개발'에 자신의 시간을 쏟아야 할 것이다. 그 결과 오직 나에게만 속하는, 나의 시간과 나의 육신이 나의 의지와는 상관없이 무한히 소모된다.

개인은 이렇게 소모되지만, 취업을 위한 공부가 인간이, 개인이 왜 이렇게 소모되어야만 하는지를 가르쳐 주지는 않는다. 대학에서 가장 인기 있는 과목은 학점을 잘 주는 과목이고, 취업시험에 유리한 과목이다. 그런 과목은 취업을 통해 인간이, 아니 개인에게 단 한 번의 기회로 주어진 삶이 어떤 가치를 추구해야 하는지 결코 가르쳐 주지 않는다.

대학이, 나아가 이 사회가 단 하나 가르치는 것이 있다면, 화폐를 많이 축적하라는 것, 그리하여 보다 값비싼 상품을 많이 소비하는 것이 삶의 이상이라는 것이다. 하지만 급격하게 진행된 한국사회의 계급화는 오직 선택된 극소수의 계급에게만 그것을 허락할 뿐이다. 학교에서 일부의 교사와 교수, 학생들이 '화폐와 소비'가 유일한 가치라는 주장에 대해 회의하고 비판하지만, 그들에게 '좌빨'이란 낙인을 찍으면 그 회의와 비판의 소리는 쉽게 침묵시킬 수 있다.

인문학을 해야 하는 이유

먹고 사는 일보다 더 중요한 일은 없다. 하지만 이상한 일이다. 국민소득이 2만 달러라는 세상에서 안정된 직업을 얻기가 왜 이리 힘든 것인가? 개인의 삶은 왜 이리도 각박하고 불안해진 것인가? 물어보자. 우리에게 주어진 유일한 삶의 형태는 이것뿐인가. 화폐와 소비만이 우리 삶의 유일한 가치인 것인가? 다른 형태의 삶과 가치는 없는 것인가. 화폐를 축적하고 소비하고자 하는 욕망, 나의 신체를 스스로 개조하고자 하는 욕망은 나의 것인가, 아닌가? 내가 선택한 것이 아니라면, 이런 삶의 형태는 누가 고안하여 나의 머릿속에 설치한 것인가? 우리는 직관적으로 이것이 유일한 삶의 형태며 가치가 아니라는 것을 안다. 그렇다면 어떤 과정을 통해 이런 삶의 형태와 가치가 나에게 진리가 되었던 것인가?

나도 모르는 사이에 나에게 주어진 그 유일한 길을 타성적으로 따라 산다면, 노예가 됨을 면하지 못할 것이다. 따라서 보다 근원적으로 문제를 제기할 필요가 있다. 그 문제가 곧 인문학의 화두다. 인간과 세계에 대한 근원적인 물음과 사유, 현재의 인간과 사회가 탄생한 과정, 개인의 삶과 사회의 복잡성과 다양성에 대해 인문학은 근원적인 질문을 던진다. 철학과 역사와 문학은 바로 그 질문으로 들어가는 문이다. 물론 마련된 정답은 없다. 하지만 답을 찾는 과정에서 우리에게 가해진 고통의 실체를 알 수 있을 것이다. 인문학은 취업을 시켜주거나 돈을 벌게 해 주지는 않지만, 오직 취업과 실업, 화폐와 소비로만 구성되는 그 단일한 삶의 형태를 누가 만들어 내었는지 일러 줄 것이며, 그것을 극복하는 삶의 방법은 무엇인지 다시 상상하게 해 줄 것이다. 이른바 '돈 안 되는' 인문학 공부가 우리에게 더할 수 없이 중요한 이유가 바로 여기에 있다.

희망의 인문학, 대학의 비판적 정신과 실천적 삶

박 만 엽*

▲ 그동안 나는 박제화된 지식을
대학생들에게 전달했던 것은 아니었는가? (ⓒ 이광수)

봄기운이 완연한 요즈음 대학 캠퍼스는 아름답기 그지없다. 게다
가 부지런히 강의실을 옮겨 다니는 대학생들의 유쾌한 움직임들을
보면 필자로서는 그저 젊음이 부러울 뿐이다. 그러나 이런 풍경에

---

* 서울시립대학교 교수

대한 부러움은 대학을 평면적으로 바라본 관찰자의 생각에 지나지 않을 것이다. 오늘날 대학이 안고 있는 속사정을 입체적으로 보면 상황은 다르다.

바로 이 지점에서 필자는 조심스럽게 자문해 본다. 과거 386세대로 상징되는 대학생들과 오늘날 대학생들의 사고방식에 대한 차이는 무엇일까? 현재 대학생들이 접하는 공부와 정보의 양이 과거에 비해 기하급수적으로 증가한 것은 부인할 수 없는 사실이다. 여기에 자신의 전공 분야는 물론 비전공 영역에까지 스펙을 넓히고 있는 요즘 대학생들의 능력 지수는 상상을 초월할 만큼 향상되었다고 평가해도 지나치지 않을 것이다.

그럼에도 불구하고, 필자의 눈에는 오늘날 대학에서 비롯되는 상황이 그렇게 만족스럽게 보이지 않는다. 한 마디로 비판정신이 실종되었다. 주된 이유로는 학문을 취업을 위한 도구적 수단으로 보고 있다는 점을 들 수 있다. 학문을 하는 궁극적 목적을 자기성찰, 자존감, 세상을 바라보는 방식에 대한 지혜, 타인의 인격에 대한 존중 등과 같은 덕목을 함양하는 데 있다고 하는 말은 이제는 상투적인 도덕 교과서에서나 들을 법한 이야기로 전락하고 있는 것이 현실이다. 이른바 사회에서 필요로 하는 효율적 인간이 되기 위해서는 적자생존이라는 늪에서 살아남기 위한 처절한 몸부림만 있을 뿐이다.

물론 여기에는 다양한 구조적 원인들이 있다. 그 중에서도 경제적 효용성을 최고의 가치로 내세우는 신자유주의의 무한 경쟁 구도가 우리 사회 전반 구석구석에 영향력을 미치고 있다는 점을 들 수 있다. 이는 비단 학교뿐만 아니라 기업, 사회, 병원, 군대 등과 같은 조직 사회가 적용되는 곳에는 자본의 논리가 모두 적용된다.

자본의 논리에 따라 학생들의 학습능력이 결정되고, 그에 따라 대학입시에 결정적 역할을 하는 특목고 혹은 외고에 갈 수 있는 가능성이 보장되는 치졸한 현실을 침묵할 수밖에 없는 것이 현재 우리들의 자화상이다. 이러한 풍토 속에서 학문의 진정성을 추구하고자 하는 인문학의 가치는 땅에 떨어지고 인문학자들은 절망할 수밖에 없었다. 그것은 아무리 부인하고 싶어도 엄연한 현실이었다. 그렇지만 진흙 속에서 연꽃이 피는 숭고함을 기억하고 싶은 것처럼, 이러한 현실의 벽에 저항할 수 있는 힘은 잃어버린 대학의 비판 정신을 회복하는 데서 되찾을 수 있다.

세상이 어지러울수록 큰 학문을 배우고 익히는 대학이 올곧은 비판의 목소리를 낼 때가 된 것이다. 이런 맥락에서 대학의 근거와 존립 이유를 주장하는 다음의 글은 오늘날 대학은 물론 대학에 속해 있는 구성원들 모두가 가슴 깊이 새길 대목이라 생각한다.

지식의 어둠을 축출하려는 노력, 기성의 체계라는 이유만으로 용인되어 있는 이론을 받아들이지 않으려는 마음, 그것이 비판 정신이다. 학문의 역사에서 이미 사실로 굳어져버린 것의 외피를 벗기고 그 내용을 심문하는 것도 바로 이 정신이다. 따라서 비판 정신은 이미 이루어져 있는 것 가운데서 한 몫을 얻으려는 비력질과는 아무 관계가 없다. 사회가 이미 마련해두고 있는 이권에 편승하는 기술도 전통이란 이름으로 보장된 가치 체계에 비집고 들어가는 약삭빠른 재주도 아니다. 기존의 것을 통째로 삼키는 것, 역사적인 사실을 진리와 혼돈하는 것, 의의와 근원성을 물어보기도 전에 이롭다는 이유 하나 만으로 무엇인가를 긍정하는 것, 이 모든 것은 반비판적인 것이다(김열규, 「대학의 근거」, 『문화의 자장』, 평민사, 1978).

자본의 논리에 따라 필요에 순종하는 사회는 건강한 사회라 할 수 없다. 이는 대학과 대학구성체에 속한 사람들에게도 마찬가지로 적용된다. 이에 대한 대안으로는 공공의 선을 추구하려는 실천의 힘이 요구된다. 두툼한 외피 속에서 자란 애벌레가 껍질을 깨고 본연의 생명체로서 탈바꿈하는 것처럼, 이제 우리 대학은 스스로를 감싸고 있는 두꺼운 외피를 벗을 때가 되었다. 실천의 힘은 곧 변화의 원동력이다.

희망의 인문학, 위기 속에서 구원이 자란다

'위기 속에서 구원이 자란다'는 말이 있는 것처럼, 요즈음 진리의 상아탑으로서 학문을 연구하는 대학이 변하고 있는 고무적인 모습을 볼 수 있는 사례가 한 가지 있다. 희망의 인문학이 그것이다. 이는 사회에서 '없다'는 이유로 냉대를 받아 온 빈곤층, 노숙인, 전과자들이 문학, 역사, 철학으로 대표되는 인문학을 통해 반성적 사고를 함으로써 새로운 삶의 가능성을 모색하고자 하는 프로그램이다. 이는 과거 상아탑의 세계에 안주하던 대학이 이제는 거친 마찰이 있는 현실 세계에 인문학을 통해 실천의 힘을 보여 준 것으로 평가될 수 있다.

희망의 인문학 프로그램은 원래 1995년 미국에서 얼 쇼리스가 뉴욕 로베르트 클레멘트 가족보호 센터 회의실에서 시작된 클레멘트 코스에서 노숙인, 빈민, 죄수 등 31명을 대상으로 정규 대학 수준의 인문학을 가르친 것에서부터 시작되었다. 『희망의 인문학』의 저자이기도 한 얼 쇼리스에 따르면, 가난한 사람들은 성찰적 사고를 통해 가족에서 이웃과 지역 사회로, 나아가 국가로 이어지는 공적인 세계에 참여하는 (진정한 의미의) 정치적인 삶을 살 수 있다는 것이 인문학에 대한 그의 신념이라 할 수 있다.

우리나라는 3년 전부터 희망의 인문학 프로그램이 시작되었으며, 올해는 서울시가 4개 대학(서울 시립대, 경희대, 동국대, 성공회대학)에 교육을 위탁해 지원의 폭을 넓혀 교육을 받는 수강생들도 대폭 증가되었다. 나라마다 풍습과 환경, 규범이 다른 것처럼, 우리나라에서 행하는 희망의 인문학 프로그램은 미국과 다른 면모를 가질 수밖에 없으며, 그러한 과정이 오히려 자연스럽다고 볼 수 있다.

희망의 인문학 과정은 참가 수강생들의 자존감을 향상시키고 미래를 긍정적으로 설계할 수 있다는 자신감을 고양시키는 것을 강좌의 목표로 삼았다. 희망의 인문학 과정에 참여하는 필자 역시 이러한 교육목표를 염두에 두고 수강생들에게 우리를 가로막고 있는 벽을 깰 것을 요구했었다. 이 때 나온 매서운 질문 하나.

"교수님, 인생의 벽을 어떻게 깰 수 있죠?"
"인생의 벽은 여러분뿐만 아니라 저에게도 있고 앞으로도 괴물처럼 계속 우리들을 괴롭힐 것입니다. 매번 그러한 벽이 나타날 적마다 과거 체험했던 것들에 대해서는 보듬어 안아 주십시오. 그러면서 '다시는 너 같은 벽하고는 놀지 않을거야' 라고 말하면서 그 벽을 에둘러 가십시오. 익숙한 것과의 결별만이 새로운 삶의 질서를 볼 수 있는 지름길이라 생각합니다. 우리를 가로막고 있는 벽을 깨기 위해 혹은 그것을 깰 때마다 만들어지는 새로운 가치와 삶의 방식은 우리의 사고와 삶이 나아갈 수 있는 경계를 확장한다는 점을 잊지 마십시오."

 정말로 대학의 강의실에서 느끼지 못했던 실천의 힘을 체험한 순간이었다. 강의를 마친 후 스스로에게 자문해보았다. '마치 편의점에서 진열되어 있는 삼각 김밥처럼, 그동안 나는 박제화된 지식을 대학생들에게 전달했던 것은 아니었는가?' 이때 머릿속을 스치는 비트겐슈타인의 경구 한마디. "항상 영민함의 척박한 산정에서 내려와 어리석음의 푸른 계곡으로 들어가라."

 어둠의 자식들을 자본의 논리로 조롱하는 사회는 진정한 민주주의 사회가 아니다. 그것은 모든 사람은 동등한 인격체로 대우받을 권리가 있다는 공공의 정신에 위배되기 때문이다. 성숙한 민주주의는 비판의 목소리를 겸허하게 들을 수 있을 때 비로소 민주주의의 꽃을 활짝 피울 수 있다. 효용성, 계산가능성, 예측가능성이라는 합리화의 덫에 걸린 대학들이 빠져나올 수 있는 길은 무엇인가? 그것은 바로 조직과 체제의 이익만을 쫓는 이기적 유전자들의 집합에 도전하고 저항할 수 있는 이른바 상식의 차원에서 옳고 그름을 구별할 수 있는 실천적 힘을 키우는 일이다.

대학과 사회과학

신 정 완*

▲ 지금 대학은 비판적 지식의 터로 열려 있는가? (ⓒ 이광수)

사회과학(social sciences)이란, 말 그대로 사회현상을 연구대상으로 삼는 여러 학문분야들을 지칭한다. 정치학, 행정학, 경제학, 경영학, 사회학, 사회복지학, 인류학, 신문방송학(또는 언론정보학), 법학 등이 사회과학의 대표적 학문분야들이라 할 수 있다.

---

* 성공회대학교 교수

이러한 분과학문들은 사회의 특정 측면을 집중적으로 연구하는 것들인데, 현실 사회에서는 예컨대 정치현상과 경제현상이 분리되기 어렵고, 법과 경제가 따로 작동할 수 없는 것이 사실이다. 따라서 분과학문들 사이의 경계는 고정된 것이 아니라 잠정저이고 편의적으로 설정된 것일 수밖에 없다. 이러한 사정을 반영하여 최근에는 사회과학의 분과학문들 사이에 연계와 융합 등이 전개되었다.

예컨대 정치학과 경제학의 연접 영역을 다루는 정치경제학(political economy), 법률 현상을 경제학적 관점에서 분석하는 법경제학(law & economics), 경제현상에 대한 사회학적 연구 분야인 경제사회학(economic sociology) 등 수많은 새로운 분야들이 생겨나고 발전해 왔다.

순수와 응용

사회과학의 분과학문들을 그 성격에 따라 기초학문과 응용학문으로 나누기도 한다. 예컨대 법학은 법조인의 양성과 불가분의 관계에 있으므로 응용학문이고 경제학은 기초학문이라는 식으로 나누어보는 것이다. 그리하여 통상 법학, 경영학, 행정학, 사회복지학 등이 대표적인 응용학문이고 정치학, 경제학, 사회학, 인류학 등이 대표적인 기초학문 또는 순수학문이라고 나누어보기도 하지만 이러한 분류법이 그리 정확한 것이라고 할 수는 없다.

경제학의 경우에도 순수이론을 다루는 분야도 있지만 이를 응용하여 정책을 개발하거나 평가하는 분야도 있고 법학의 경우에도 법의 바탕에 있는 철학적 원리를 다루는 분야는 기초학문으로 보는 것이 옳기 때문이다. 정확히 말하면 사회과학의 거의 모든 분과학문들이 각기 기초학문적 분야와 응용학문적 분야를 모두 포괄하고 있으나 상대적 비중의 측면에서 볼 때 기초학문적 성격이 강한 분과학문과 응용학문적 성격이 강한 분과학문으로 나누어 볼 수도 있다고 해야 할 것이다.

또 사회과학을 사회적 기능의 측면에서 기능적 지식 또는 학문과 비판적 지식 또는 학문으로 나누기도 한다. 기능적 지식이란 기존 사회의 원활한 작동에 기여하는 지식을 말하고 비판적 지식이란 기존 사회를 비판하고 대안적인 사회를 제시하는 데 기여하는 지식을 말한다.

실제로 한국사회에서 사회의 지배 엘리트의 중추적 집단이 법학이나 정치학, 경제학, 경영학 등을 전공한 사회과학도 출신이다. 즉 사회과학은 사회 운영에 필수적인 기능적 지식을 제공한다. 그러나 동시에 학생운동, 시민운동 등 사회운동에서 사회과학도 또는 사회과학도 출신들이 오랜 기간 중요한 역할을 수행해오기도 했다. 사회에 대한 지식은 기존 사회에 대한 비판의 무기로도 활용될 수 있는 것이다. 그러나 이러한 구분 역시 잠정적이고 어느 정도는 피상적인 것이라 할 수 있다. 기존 사회의 작동원리와 운영방식을 이해할 수 있어야 사회에 대한 충실한 비판이 가능한 것이며, 또 사회에 대한 비판적 지식은 기존 사회의 큰 틀은 유지하면서 그 작동방식을 개선하는 데 도움을 주는 방식으로 활용될 수도 있기 때문이다.

사회과학의 두드러진 특질의 하나는 상이한 이념적 지향을 갖는 여러 학파들이 경쟁하고 대립해 왔다는 점이다. 예컨대 경제학의 경우, 자본주의 경제에 대해 대체로 우호적 시각을 갖고 있으며 자본주의 경제의 원활한 작동에 기여하는 지식을 생산하는 데 주력해

온 신고전파 경제학이 있는 반면에 자본주의 경제를 근본적으로 비판하고 자본주의 경제의 폐지를 주창해온 맑스주의 경제학도 있다.

연구대상에 대한 애정과 혐오

또 사회과학자 역시 해당 사회에서 교육받으며 생활해온 사회구성원이기 때문에, 연구대상인 사회에 대해 애정이나 혐오 등의 감정을 품게 되며 특정한 가치판단에 입각하여 사회를 연구하게 된다. 따라서 사회과학에서 완전히 중립적이거나 객관적인 연구는 사실상 불가능하다고 할 수 있다. 이는 사회과학도들을 심각한 고민으로 빠뜨리는 중요한 요인의 하나다.

사회과학의 여러 분과학문들 내에 각기 또 수많은 전공분야들이 있는데 전공분야별 연구자 수나 강좌개설 수, 연구의 발전수준 등이 각 전공분야 지식에 대한 사회적 수요와 각 분야의 학문적 중요성에 의해서만 결정되는 것은 아니다. 연구와 교육의 중심지인 대학의 발전논리나 학자들의 이해관계 등도 중요한 요인으로 작용한다. 예컨대 한국의 경제학계에서 소득분배와 빈곤 문제를 전공하는 학자는 극소수인데 이는 소득분배와 빈곤 문제가 중요하지 않아서 그런 것은 아니다. 최근 빈곤층이 증가하고 경제와 사회의 양극화가 심화되어 옴에 따라 이 분야의 전문가들에 대한 사회적 수요는 아주 크다고 할 수 있다. 그러나 이러한 사회적 수요를 충족시킬 수 있는 전문가는 태부족이다.

다른 학문분야들의 경우에도 마찬가지라 생각되지만 사회과학의 경우에도 연구자들이 전공분야를 선택할 때에 각 분야에서 다루는 사회 문제의 중요성이나 본인의 학문적 적성만 고려하는 것이 아니라, 특정 분야를 전공할 경우에 대학이나 연구소 등에 취업할 가능성이 얼마나 되는지, 그 분야에서 연구를 계속할 만한 사회적, 학문적 조건이 얼마나 갖추어져 있는지 등 실리적 계산을 하기 때문에 사회적 필요의 정도와 전공자의 공급 사이에 상당한 괴리가 있을 수 있다. 그리하여 한국의 평균적 시민들의 주된 관심사인 교육, 주거, 의료 문제 등을 전문적으로 연구하는 사회과학자는 매우 부족한 실정이다.

한국 사회과학, 이식학문 또는 외래학문 흔해……

한국 사회과학의 중요한 특징의 하나는 이식학문 또는 외래학문으로서의 성격이다. 근대 사회과학은 주로 근대 서유럽에서 태동하고 발전한 학문이다. 따라서 서유럽의 역사와 정치경제질서, 문화적 특질 등이 많이 반영되어 있다. 2차대전 이후에는 미국이 세계의 패권국가 지위를 차지하고 사회과학 분야에서도 학문 중심지 역할을 해왔기 때문에 사회과학에 미국 사회의 질서와 가치관 등이 많이 반영되기도 했다. 따라서 비서구 지역의 사회과학도는 서구 지역에서 발전한 사회과학의 이론과 자신이 속한 사회의 실상이 크게 다르다고 느끼기 쉽다. 이러한 괴리감은 다양한 형태로 표출될 수 있다.

예컨대 1960년의 4·19혁명 때 시위에 나섰던 대학생들은 교과서에서 배웠던 민주주의와 현실의 한국 정치 사이의 괴리감을 크게 느껴왔는데, 이를 교과서 이론에 맞도록 현실 정치를 변화시킴으로써 해소하려 했다고 볼 수 있다. 한편 서구에서 발전한 사회과학 지식을 습득하는 과정에서 비서구 사회의 사회과학도들은 열등감이나 서구에 대한 동경에 빠질 수도 있다. 소위 '오리엔탈리즘'

(orientalism) 문제는 비서구 사회의 학생이나 지식인들이 흔히 봉착하게 되는 문제인 것이다.

대학은 사회에 대한 비판적 지식 생산하는 곳이라야……

사회과학을 대학에서만 배울 수 있는 것은 아니나 역시 대학이야말로 사회과학 지식의 주된 생산지이자 보급처라 할 수 있다. 그런데 사회과학이 연구되고 교육되는 공간인 대학 역시 사회의 일부다. 이는 대학에 몸 담고 있는 학생이나 교수들에게 또 하나의 고민거리를 제공한다. 예컨대 한국의 대학입시 경쟁과열은 거의 누구나 개탄하는 현상이고 사회과학 지식을 통해 그 원인을 정확하게 파악할 수 있는 현상이지만 대학, 특히 소위 명문대학들이 대학입시 경쟁과열을 야기하는 주된 원인제공자이기도 하다.

또 최근의 대졸자 취업난은 중요한 사회 문제이고 대학에서 가르치는 경제학 지식을 통해 원인을 정확히 진단할 수 있는 현상이다. 하지만 사회의 대졸자 수요에 비해 대학이 너무 많이 존재한다는 사실이 문제의 핵심 원인의 하나다. 즉 대학 자체가 문제의 주된 원인제공자인 것이다. 또 사회과학을 연구하고 가르치는 사회과학 교수들은 사회의 구조와 작동원리에 대한 지식이 많기 때문에 누구 못지 않게 사회에 대한 비판에 능하지만 자신의 생계와 활동의 근거지인 소속대학이나 대학사회 일반에 대해 비판하는 일에는 주저하기 쉽다.

또한 대학은 사회에 대한 비판적 지식이 생산되고 보급되는 중심지이기도 하지만 대학이 존속하고 발전하기 위해선 정부나 기업과의 협력을 필요로 하기도 한다. 최근 한국에서는 대졸자의 취업

문제와 대학 재정의 확충 필요성 때문에 대학에 대한 대기업들의 영향력이 크게 증대되었다.

식자우환

결국 사회과학은 사회의 여러 문제들을 해결하는 데 도움을 주는 것 못지않게 많은 고민거리를 던져주는 학문이라 할 수 있다. 사회과학이야말로 '식자우환', 즉 배운 사람일수록 근심거리가 많다는 말이 가장 잘 들어맞는 학문분야일 것 같다.

사회과학은 기본적으로 사회적으로 바르게 산다는 것은 어떤 것인가 하는 문제를 던져준다. 사회적으로 바르게 산다는 것은 단지 내면의 양심에 따라 자기 욕심을 줄이고 도덕적으로 산다는 것을 의미하는 것은 아니다. 나의 행동이 미치는 사회적 효과까지 고려해야 하는 것이다. 그리고 사회적 효과를 예측하려면 사회의 작동원리를 이해해야 한다. 이러이러한 질서에 입각해있으며 이러이러한 방향으로 변화되어 갈 것으로 예상되는 사회에 나의 이러저러한 행동은 어떤 영향을 미쳐 사회적으로 바람직하거나 바람직하지 않은 효과를 낳을 것이라는 판단까지 해야 한다는 것이다.

인간이 사회를 구성하여 살아왔고 또 앞으로도 그럴 수밖에 없다는 점에서 사회과학이 던져주는 문제들은 결코 피할 수 없는 문제들이며, 또 사회과학은 문제를 해결해주는 데 도움이 되는 지식들을 제공해왔고 앞으로도 그럴 것이다. 사회과학 연구자이자 교육자인 나는 적어도 그렇게 믿고 싶다.

과학, 인간 없이 실용주의에 빠져

최 무 영*

▲ 대학에서 과학교육은 인문학, 사회과학과 함께
이루어지는 것이 바람직하다. (ⓒ 이광수)

과학, 문명과 재앙 사이

현대사회에서 자연과학의 중요성은 새삼 강조할 필요가 없을 것

* 서울대학교 교수

이다. 자연과학은 인간의 지성이 만들어 왔고, 계속 만들어 가고 있는 구조물로서 인간 자신을 포함한 전체 우주를 대상으로 연구하면서 '신비로운' 자연 현상의 이해를 추구하는 정신문화이지만, 한편으로는 이른바 '과학기술'의 바탕으로서 에너지, 컴퓨터와 통신으로 대표되는 전자기술, 병의 진단과 치료, 유전공학 따위 물질문명을 낳았다.

물론 이에 따른 부정적 측면으로서 핵무기를 비롯한 군수 산업, 환경오염, 가치의식의 혼란 따위도 중요한 문제이다. 특히 과학을 어떻게 이용하느냐에 따라 풍요로운 사회로 갈 수도 있고 엄청난 재앙을 몰고 올 수도 있다는 사실에서 과학은 현대사회 구성원에게 필수적인 소양이라 할 수 있고, 따라서 현대 대학에서 자연과학의 적절한 교육과 연구는 극히 중요하다.

바람직한 과학 교육과 연구를 위해서는 과학의 의미와 사명에 대한 올바른 이해가 필요하다. 그러면 과학이 우리에게 주는 의미를 살펴보도록 한다. 먼저 합리적인 과학적 사고방식을 들 수 있다. 대체로 과학이라면 과학 지식이나 기술적 응용을 연상하기 쉽지만 진정한 과학의 위력은 과학적 사고에 있다.

둘째로 인간 자신을 포함한 전체 우주에 대한 해석을 통해서 새로운 세계관과 삶의 의미를 추구할 수 있도록 한다는 점이다. 마지막으로 인간은 과학 활동의 대상이지만 동시에 주체라는 사실에서 과학은 소중한 문화유산의 근간이 된다. 사실 과학은 본질적으로 정신문화이며, 이러한 점에서 실용성을 추구하는 기술보다는 문학, 철학 같은 인문학이나 예술에 가깝다(이에 따라 다른 나라의 대학들은 대체로 자연과학과 인문학, 사회과학을 묶은 문리과대학이 중심을 이룬다. 우리나라 대부분 대학의 자연과학대학이나 이과대학, 심지어 이공대학체제와는 반대이다). 과학에서도 아름다움을 추구하며, 그 원동력은 실용성이 아니라 호기심이다. 특히 상상력에 의

한 새로운 창조를 통해 발전이 이루어진다. 물론 논리의 정합성을 유지하는 창조라는 특징이 있다.

과학이 물질적 활용에 치우쳐

여기서 과학 활동의 주체는 현실 사회 속의 인간이므로 심리적, 사회적 영향을 받지 않을 수 없다. 과학자가 속한 학문 사회에서 공통으로 신뢰받는 사고와 탐구의 전형, 곧 규범의 존재와 영향에 대해서 많은 논의가 있으며, 또한 전체 사회의 관념 체계, 곧 시대정신과 서로 영향을 주고받아온 사실도 알려져 있다.

역사적으로 18세기부터 과학의 전개 과정과 시대정신, 예컨대 고전물리학과 상대성이론, 양자역학, 혼돈, 통계역학과 복잡계 물리 따위와 부르주아혁명과 절대왕정, 진보사관, 마르크스주의, 근대주의 및 탈근대주의 따위와의 상호작용은 흥미로우며 주목할 필요가 있는 것이다. 과학을 활용한 기술의 산업화가 진행된 현대사회에서 이러한 과학과 사회의 연관성은 더욱 두드러질 것이다.

기술의 산업화가 풍요롭고 편리한 생활을 준다는 긍정적 측면과 함께 부정적 측면이 있을 뿐 아니라 긍정적 측면 자체에도 심각한 의문이 있다는 사실은 보다 본원적이고 전체적인 과학적 고찰이 필요함을 말해준다. 한국에서도 핵에너지 문제나 새만금 사업, 또는 최근에 한반도 대운하 따위가 대표적 사례라 할 수 있는데, 현대의 사회구조나 문화수준에서 과학의 물질적 활용에 치중하는 것은 커다란 위험성을 지닌다고 하겠다.

그런데 우리나라에서는 과학과 그 물질적 활용, 곧 기술의 의미가 거의 구분되지 않고 혼동되어 쓰이는 경향이 있다. 예를 들어 다른 나라에서는 별로 쓰지 않는 '과학기술'이라는 용어가 과학과 기술을 동일시하는 의미로 널리 쓰인다. 물론 현대과학과 기술은 밀접하게 관련되어 있지만 이를 동일시하면 과학을 단순히 도구적으로 인식해서 풍부한 정신문화를 포기하게 될 뿐 아니라 물질주의에 빠질 위험성을 가지게 된다. 세계적 추세와 맞물려 있지만 우리 사회에는 극도의 실용주의가 두드러져서 과학의 존재 이유가 실용성으로 왜곡되는 경향이 있는데, 이는 대학에서도 예외가 아니고 도리어 더 강한 듯하다. 자연과학이라는 이름으로 사실상 공학을 교육하고 연구하는 경우가 많다.

과학의 목적은 자연의 일부인 인간의 건강하고 행복한 삶

과학의 목적은 자연의 일부로서 인간이 보다 건강하고 행복하게 살 수 있도록 하는 것이다. 결국 우리 삶을 더 의미 있게 하고 질을 높여주는 것이 과학의 사명이다. 물질적 면을 주로 다루는 것이 기술이라면, 과학은 어느 정도 정신적인 면을 강조한다. 과학을 통해 우리 삶에 바람직한 지식을 탐구하고, 우리 사회를 어떤 방향으로 발전시킬 수 있을까 고민해야 하며, 이러한 자세에서 과학의 교육과 연구가 이루어져야 할 것이다.

이에 대해서 과학과 마찬가지로 현대사회의 발전에는 과학적 사고, 곧 합리적이고 비판적인 사고와 함께 자유로운 상상력이 중요하다는 점을 지적한다. 상상력을 통해서 인간의 창조와 과학의 발전이 이루어진다. 이를 위해서는 인문학과 과학, 예술, 사회와 삶 등에 대한 폭 넓은 공부가 필요하며, 단편적인 과학 지식보다는 과학적 사고, 진정한 과학 정신의 교육이 더 중요하다.

특히 인간이 과학 탐구의 대상이자 과학 활동의 주체임을 생각하면 인문학까지 포함해서 이른바 한 차원 높은 메타적인 수준에서 성찰하는 교육이 필요하다. 이러한 점에서 볼 때 대학, 심지어 고등학교 과정에서도 문과, 이과를 구분하는 교육제도는 매우 바람직하지 않다. 우리 사회의 미래를 기대하려면 역설적으로 문과를 전공할 학생들이 과학을 공부하고, 과학의 의미를 올바르게 인식하는 것이 중요하다.

이는 과학을 열려있게 하고 사회 전체의 공유물이 되도록 하는 데 필요하다. 과학 지식 자체는 대중이 판단할 문제는 아니다. 예를 들어 몇 해 전에 물의를 일으켰던 아무개 박사에 대한 지지도가 70%가 되므로 그쪽이 옳다고 한다면 말이 안 되는 이야기이다. 그렇지만 중요한 것은 과학 지식 자체가 아니라 그것의 의미와 추구하는 방향인데, 이는 가치의 문제이다. 과학은 사회가치와 시대정신에 맞물려 있으므로 어떠한 방향으로 과학 지식을 추구할 것인가, 곧 연구할 것인가는 가치 판단의 문제이다. 따라서 과학자들뿐 아니라 일반인들도 함께 고민해서 전체 사회가 결정해야 하고, 이를 위해서 과학은 열려있어야 하며 사회 전체의 공유물이 되어야 한다.

그런데 안타깝게도 우리 사회에서는 이러한 과학 교육과 연구의 기본 전제가 성립되지 못한 것으로 보인다. 우선 대부분 중·고등학교의 과학 교육이 바람직하지 못한 상황인데, 이는 대학 입학시험과 연계되어 있기 때문인 듯하다. 현실적으로 고등학교에서 모든 교육은 대학 입시를 위한 것으로 전락했다는 느낌이 든다. 이에 따라 과학 교육은 사실상 이과 학생에게만 주어지면서 빠른 시간에 기계적으로 문제를 푸는 요령과 단편적인 과학지식 및 문제 유형의 암기 훈련이 되어버렸는데 그것은 과학의 본질하고는 아무런 관련이 없다. 오히려 과학적 사고를 저해하고 과학에 대한 이해를 역행시키고 있다는 느낌까지 든다. 이러한 모순은 결국 대학 입시 문제가 해결이 되지 않으면 풀 수 없을 듯하다.

대학에서도 과학 교육은 바람직하게 이루어지지 않는 편이다. 대부분 대학에서도 문과계열 학생은 제대로 된 과학 교육을 받을 기회가 거의 없다. 이른바 적당히 '때우는' 교양과목으로서 한 두 과목만 이수하는데 그나마 내용은 자연과학이 아닌 과학사나 잡다한 상식의 나열인 경우가 많다. 교양으로서 인문학, 사회과학과 자연과학을 균형 있게 이수해야 하는 다른 나라 대학의 경우와 차이가 많다. 한편 이과계열에서는 도구적 지식의 성격이 강하게 과학 교육이 이루어진다. 실용성과 관련된 단편적 지식이나 연습문제를 푸는 기술의 습득을 주로 다룬다. 이에 따라 물리학을 전공하는 학생이 양자역학의 연습문제는 썩 잘 풀지만 그 의미는 전혀 모르고 있는 경우가 흔하다. 사실상 고등학교 과학 교육의 문제점을 그대로 계승하고 있는 셈이다.

대학에서 지식인이 아니라 단순한 기능인만 양성

이러한 과학 교육은 연구와도 관련이 있다. 언급했듯이 과학으로 분류된 연구의 상당 부분이 실용적 목적 지향으로서 자연과학이라기보다는 공학에 가깝다고 하겠다. 그래서 다른 나라의 경우 회사와 공과대학에서 하는 연구개발을 우리는 각각 공과대학과 자연과학대학(이과대학)에서 주로 한다고 한다. 이에 따라 과학교육도 실용적인 공학 성격을 띤 도구적 지식으로서 이루어지며, 심지어 자연과학대학의 학과, 예컨대 물리학과가 공과대학의 학과와 비슷하게 이름이 바뀌거나 아예 없어진 경우도 많다.

사회의 추세 때문에 어쩔 수 없다고 하지만 대학이 도리어 사회의 추세를 이끌어가고 있는 듯도 하며, 이러한 성격은 교육과 연구가 밀접하게 관련된 대학원에서 더욱 두드러진다. 과학의 깊은 이해와 관계없이 논문만 빨리 만들어내는 것이 중요한 가치로 인정받는 현실에서 과학의 의미를 담고 있는 강의는 '쓸모없고' 어렵기만 하므로 수강하려는 학생이 점점 줄어든다. 대학에서 지식인이 아니라 단순한 기능인만 양성한다는 느낌을 지울 수 없으며, 멀리 내다보면 과학이 왜곡되고 사회를 잘못된 방향으로 이끌지 않을까 우려된다.

제대로 된 의미로서 과학적인 사회가 되어서 우리가 삶에 대한 깊이 있는 성찰을 할 수 있기 위해서는 과학이란 무엇인가에 대한 정확한 인식과 관심을 갖는 것이 필요하다. 이를 위해서 핵심은 소통(communication)의 문제라 할 수 있겠다. 이 문제는 사실 과학뿐만 아니라 다른 분야에도 해당된다. 요새 철학이나 문학, 역사 같은 인문학을 기피하는 이유가 돈이 안 된다는 것도 있지만, 일반 대중하고 유리되어 있기 때문이기도 하다. 그것은 소통의 문제를 같이 안고 있는 것이다. 이러한 문제를 좀 깊이 있게 생각하면서 대학에서 과학 교육과 연구도 소통의 문제에 초점을 맞추어야 하지 않을까 생각한다.

과학은 사회전체의 공유물 되어야

우리는 인류 역사에서 유례가 없는 시대에 살고 있다. 인류는 과학의 발전과 기술의 산업화, 이들과 사회와의 밀접한 상호작용에 의해 한 차원 높은 세계로 올라갈 수도 있고, 아니면 파멸의 길로 갈 수도 있다. 이러한 상황에서 현대인은 막중한 시대적 사명을 지니고 있으며, 과학에 대한 인식은 매우 중요하다. 특히 과학의 올바른 활용을 위해서 과학은 사회 전체의 공유물이 되어야 하며, 사회의 모든 구성원이 과학에 대한 깊은 관심과 이해를 가져야 하겠다. 이는 단순히 과학 지식이 아니라 편협한 실증주의를 넘어서서 진정한 합리주의로서의 과학적 사고를 뜻하는 것이며 최근 우리 사회를 볼 때 더욱 절실하게 느껴진다. 여기에 대학의 책무는 막대하며, 과학교육과 연구를 근원적으로 성찰해야 한다.

예술이 대학예술교육에 묻는다

김 봉 준*

▲ 대학에서 예술교육은 안과 밖을 이어주는 창문과 같아야 한다.
(ⓒ 이광수)

한국의 예술과 대학예술교육에 대한 소견을 청탁받고 차일피일 미루다가 이제야 글을 쓴다. 나는 이 주제에 대해서 적임자가 아니라고 생각해 여러 차례 사양했지만 흡사 사회자 소개로 하는 수 없

이 연단에 올라선 이처럼 글을 쓰게 되었다.

나는 예술대학을 나온 지도 어언 30년이 넘었고 가급적이면 다시는 대학 언저리는 가지도 않겠노라고 다짐한 바도 있어서 현재 한국의 대학과 인연이 멀다. 사실이지 대학예술교육에 대하여 잘 모르고 하고 싶은 애기도 없고 설사 조리 있게 말한다 치더라도 한국 예술대학의 교육행정이 달라질 리도 없을 터인즉 말을 꺼내기도 싫었다. 그럼, 당신 스스로 소개한 녹색대학 교수는 무슨 직함이냐고 의아해 할 수 있겠다. 그러나 그것은 대학의 법적 지위를 사양한 대안대학으로, 행정 당국이 대학 명칭마저 행정고발조치를 하려 해 몇 년 못 가서 간판을 내려야 했던 비운의 대학이었다. 한국은 대안대학조차 허용하지 않는 팍팍한 나라다.

그러나 이왕 올라왔으니 그간 예술대학을 나오고 예술가로 살아온 30년 세월을 경험하며 든 생각을 한번쯤 짚어보기로 하겠다. 우선 말머리로 이런 질문을 몇 가지 던져 보겠다. 예술은 무슨 의미가 있는가? 예술대학교육은 어떻게 할 것인가? 지금 이 시대에 예술가란 어떻게 살아야 하나? 미래의 예술교육은? 이렇게 예술미학, 예술교육, 예술가의 생존 문제, 미래의 예술교육을 같이 생각해 보겠다. 예술이 대학교육에 묻겠다.

예술미학의 문제

예술미학은 역사적으로 많은 변화와 지역적, 인류문화적, 생태적 차이를 가져 왔다. 한국의 예술미학은 어디에 있는가부터 묻겠다. 대학마다 교수마다 편차가 많지만, 한국의 미학론은 대체로 서구 근대 미학론을 말한다. 존재론과 관계론의 미학, 인류문명의 수용과 주체, 순수와 사회의 미학, 실용성과 공공성, 욕망과 승화의 미학, 대중과 고급의 미학 그리고 최근 벌어지는 장르미학과 통섭의 미학, 미적 범주론에 이르기까지 많은 미학적 논장이 펼쳐지면서 계속 가치논쟁을 벌이는 중이다. 그러나 서로 '아니면 말고' 식이다. 미적 가치의 혼란을 수습하려하기는커녕 유유상종하며 논쟁을 피하는 게 예술학, 미학, 문예비평계의 학풍이다.

철학 중에서도 미학은 인간의 주관적 감성을 다루는 학문으로 매우 극심한 복잡성과 예민함을 가진다. 지금은 세계체제의 변동기로 아주 혼란스러운 시대인데 대학은 과연 대학생들에게 필요한 미적 가치기준을 제공하는 미학이 있는지 매우 의심스럽다. 각 대학별로 교수들의 주관과 교육행정지침에 따라 수입된 미학교육이 행해지고 있는 것 같다. 미란 인간의 주관성 능동성의 미적 정서를 논리적으로 다루는 것인데, 외국의 미학이 이곳의 주관이 강한 미적 정서를 기계적으로 해명할 수 없다.

그러나 미학이 혼란스러운 것은 현재의 사회성격 불안과도 관련이 많다. 지금은 한국이 자본주의 산업근대화 방식을 택한 지 반세기밖에 안 되는 시대로 전통사회, 압축형근대화 사회, 지식정보화로 가는 탈근대주의 사회를 한꺼번에 경험하는 공시적 사회이다. 특히 한국의 신자유주의형 소비자본주의는 문화예술을 사적 자산화로, 문화산업으로 인식한다. 소비자본주의의 극대화로 임금노동 이외의 노동을 가치로 인정하지 않는 배타적 노동환경이 지배하면서 예술이 문화산업화와 저항문화로 나뉘는 단순한 대립양상을 가져왔다.

저항문화가 힘을 잃자 체제 내적 사고로서 예술미학은 예술대학

전반의 지배적 이론이 되었다. 대학예술교육은 창조적 예술 상상력을 육성할 시스템화를 결여하고 있으며 예술미학은 왜소화한 것이 현실이다. 장르분과 실기와 이론, 예술미학의 세속화, 예술미평의 현상분석주의, 비현실적 예술아카데미즘, 문화산업 인력의 재생산 등으로 구조화 한 것이 현재 한국예술대학의 실정이다.

본래 예술미학은 삶과 예술과 사회의 미적 관계를 밝히는 준거적 사고를 제공해야 하는 것이며 학생들의 미적 상상력을 최대화하고 창조적 사유를 체계적으로 할 수 있는 이론적 근거를 학습시켜야 하는 것이다. 특히 탈근대적 지구 생태가치의 미학, 삶의 가치와 치유에 쓰일 수 있는 학예일치의 미학, 신화적 원형을 간직한 인류족들의 미학, 정체성이 깃든 동아시아 특성적 미학, 미래 유비쿼터스 시대의 통섭적 미학 등은 탈근대주의를 맞이하여 필요한 것인데 너무 늦었다.

예술교육과 교육자

한국에서 예술교육은 장르별 분과교육으로 나누어져 진행한다. 분과적 전문화가 지나치게 세분화되고 분립된 것은 20세기 서양예술교육의 특징이다. 우리는 이를 무비판적으로 수용하고 기계적으로 적용한 나머지 여러 가지 난관에 부딪쳐 왔다. 이미 서양에서조차 폐기한 장르주의 커리큘럼을 카피해서 적용하는 경향이 한 세대 넘게 있어 왔다. 이는 전통적 예술과 서구 장르예술 사이의 이질화, 장르주의와 융합예술의 장벽, 자기 정체성 있는 삶의 가치에 부적격한 예술형식 등의 폐단을 가져왔다.

예술교육의 융합성(融合性), 통섭성(通攝性)은 오늘날 계속 제기되어 온 문제였다. 인류문화예술사의 시원부터가 '예술은 분과적 예술장르로 생성된 것이 아니기'에 예술전통을 무조건 세분화할 수만은 없다. 흡사 인간의 몸을 다양한 분과목별로 치료하려는 서양의학이 몸 전체를 하나의 유기체로 보려는 노력을 하지 않게 된 경우와 흡사하다. 몸은 과목으로 분립된 서랍창고가 아니다. 삶의 예술은 본래 삶 전체로부터 나왔다. 가무악(歌舞樂), 시서화(詩書畵), 문학과 음악, 신화와 의례와 상징, 인문과 예술이 본래 융합된 채로 전해온 것이 인류 예술문화이므로 융합형 실기교육은 꼭 필요하다.

통섭(Consilience)은 '서로 끌어 당겨서 함께 도약'하는 것으로, 원래는 생물학의 개념이지만 예술교육에서는 예술과 타예술, 예술과 과학, 예술과 인문학, 예술과 기술, 예술과 산업, 예술과 사회 등이 함께 도약하며 서로 끌어당기는 것이다. 예술과 학문과 지식과 사회의 수평적 소통을 촉진하는 것이 통섭이다. 학교 밖의 대중은 점점 유비쿼터스 시대로 가고 있는데, 예술교육은 20세기 초반의 장르분과교육에 아직도 사로잡혀 있다. 물론 최근 변화의 조짐이 있으나 문화산업에 바로 쓰일 수 있는 산업적 기능에만 급급하여 예술의 통섭성과 공공성과 고유가치의 미를 모르고 예술의 자원화에 급급한 경향을 보이고 있다.

교육커리큘럼의 융합화 및 통섭화와 함께 해야 할 것은 예술 고전에 대한 충실한 학습의 강화이다. 예술실기학습은 창작이 아니고 모방이다. 창작은 모방에서 출발해서 모방에 저항하며 창조적 포태로 나아간다. 학습과 창작은 서로 다른 것이다. 학습과 창작은 구별되어야 하며 모든 예술의 장인학적 체계화가 필요하다. 예술은 육신의 감각을 형식화 한 것이므로 영혼 있는 육화전승은 필수적이다. 그러려면 교수가 이 학습을 진행할 수 있는 자질이 있어야 한다. 전통예술의 장인적 학습의 실습과 창작적 학습의 실습이 구분되어서 기초가 튼튼한 예술인을 육성해야 할 필요가 있다. 창작을 소중히 여기는 문화 교양적 풍토, 비평문화의 성숙이 시급하다. 예술대학은 예술비평이 있는 예술인의 육성으로 미적 교양을 가진 문화시민을 배출하는 것이 예술교육의 1차적 과제이다.

예술교육자(교수)는 교육자의 직분에 충실할 필요가 있다. 교육자가 예술가로 이중 플레이를 하기는 매우 어려운 일이다. 마치 이중의 영혼을 지닌 만큼이나 무리한 일이다. 예술의 다양한 사회적 역할에 걸맞는 인재를 양성하는 곳이 예술대학이라면 여기에는 예술교육자, 예술창작자, 예술감독, 예술이론가, 기획자, 예술기능자, 예술치유사, 문예복지사 등 사회가 필요로 하는 맞춤형, 융합형 교육의 적절한 배합이 필요하다. 예술교육자에게 안정적 직업의식을 갖도록 정규직 보장이 필요하며 장기적인 예술교육철학과 제도가 마련되도록 예술교육자 전문양성기간이 필요할 것이다.

특히 자기 정체성, 지역공동체·민족적 정체성·동아시아 정체성, 타문화권 정체성, 세계시민적 정체성, 지향적 대안에 따른 정체성 등을 정서형식으로 파악한 예술교육커리큘럼이 필요하다. 자기 조상이 물려주고 있는 예술 정서형식도 모르면서 잡탕으로 받아들이고 짝퉁으로 양산한 결과 정체성 부재의 예술교육이 되었다. 조상도 모르는 뿌리 없는 예술교육이다. 중심 없는 수용론도 수용 없는 주체론도 창조적 예술정신과 거리가 멀다. 한국 예술교육의 가장 큰 문제는 정체성 없는 예술교육의 문제이다.

▲ 예술인은 풀처럼 여리고 예민한 감수성을 갖고
시대의 빛과 그늘을 예감하는 존재다. (ⓒ 이광수)

예술가로서의 생존

앞에서 지적한 대로 정체성 없는 예술교육, 사회에 필요한 대안
의 부재 예술, 시민적 감성욕구와 정서형식에 부적합한 예술, 품격
높은 문화예술의 자원화 등을 준비하지 못하는 예술교육으로 사회
에 나온 예술인들은 무엇으로 어떻게 생존할 것인가. 예술대학 졸
업생이 사회로 나오면 더 심각해진다. 흡사 온실의 비닐이 벗겨진
화초처럼 냉혹한 현실과 직면하면서 사방팔방으로 흩어지며 각개
약진을 한다.

예술대학 언저리에서 재생산구조를 가진 예술인들(시간강사)은
그나마 좀 나을 것이다. 아니, 교원자격도 부여받지 못하고 4대보
험도 없고 최저임금도 안 되는 비정규직이란 사실이 우리를 슬프게
한다. 예술의 유통은 늘 불안한 소형 여가시장이고, 레슨식 교육시

장이고, 향락산업에 소위 딴다라 역할을 하는 짜투리 시장이다.

현재는 모든 예술은 실용화해야 하고 시장에 유통되지 않으면 도태되어야 하는 예술 없는 예술 시대이다. 악순환의 연속으로 나쁜 교육 → 예술의 사회 수용부재 → 실업자 → 예술천시로 직업전환으로 이어져온 것이 한국 예술인의 생존과 소멸의 법칙이다. "예술이 밥 먹여주나?" 이 한마디가 한국예술의 현주소를 말해준다.

모든 것이 1차적인 인간의 욕구에 급급한 현실이다. 이 사회는 매우 이중적이어서 스타가 된 예술가의 상품성은 산업경제에 최대한 활용하면서도 그것의 텃밭인 일반 예술인들에게는 무관심한 사회이다. 이런 압축형 산업사회, 신자유주의 소비자본주의는 임금노동만을 가치로 환산할 뿐 가사노동, 돌봄노동, 미적노동, 공공노동 등을 가치로 환산할 줄 모르는 사회가 되었다.

공공성은 공무원과 학교가 모두 떠맡으면 다 되는 줄 아는 사회이다. 공공성과 문화창의성은 과학기술처럼 외국 것을 카피한다고 자기 것이 되지를 않는다. 미적 가치의 부재 사회에서 예술인은 갈 곳을 잃고 방황한다. 막대한 예산과 학비를 들이는 정부의 예술지원 예산, 학부모의 교육비, 사회문화적 간접자원은 헛교육으로 낭비되고 예술가는 쓸모없는 인간이라는 자괴감에 비정규직조차도 못되는 실업자로 거리를 방황한다.

예술가의 생존은 스스로가 알아서 찾아야 하는 시대가 되었다. 살길을 찾으려고 해야 찾을 수 없으니 공공프로젝트 지원사업에 몰두한다. 그러나 이것은 살아있는 유통시장이 아니고 좀비 그 자체이다. 국가예산은 낭비되고 공공문화기관들의 행정규모만 커졌다.

예술가는 없고 예술행정기획자가 풍성한 가분수형의 문화예술계이다. 결국 시민은 세금내고도 자기가 원하는 예술을 향유할 권리를 잃었다. 자기 세금내고 자기 정서에 맞지도 않는 문화예술을 수혜받아야 하는 시민만 불쌍하다.

예술교육의 창의적 민주화

그래도 창조적 삶의 한복판에 예술과 예술인이 있음을 자각하고 묵묵히 그 길을 가는 것이 예술인 생존의 길 같다. 예술은 한 사회의 예민한 성감대 같은 존재이다. 예술가는 사회의 기쁨과 슬픔, 어둠과 희망을 감각으로 느끼고 정서 형식으로 표출하는 자들이다. 그래서 예술가는 사회가 아프면 함께 아파하고 사회가 기쁘면 함께 기뻐하는 자들이다. 아니, 김수영의 시처럼 '바람보다 빨리 눕고 바람보다 빨리 일어나는 풀'처럼 여리고 예민한 감수성을 가진 존재이며 시대의 빛과 그늘을 예감하며 정서형식으로 표출하는 자들이다. 대학교육이 어떤 예술교육으로 예술인을 배출하든 사회에 나온 예술가는 다시 처음부터 자기 예술세계를 개척하고 창작해야 하는 자들이다. 예술은 대학과 멀면 멀수록 자기 스스로 면역항체를 가진 창조적 독립군으로 거듭난다.

물론 예술교육은 중요하다. 학습을 무엇으로 했느냐가 평생 예술의 첫발이니 얼마나 중요하겠는가. 그런데 예술 유통은 협소하고 예술을 사회의 창조적 동력으로 활용할 줄 모른다. 예술이 인문과 사회와 과학기술과 언론문화를 통섭하는 원동력이 될 수 있는 것도 예술의 통섭력이다. 우리는 이미 가상과 현실이 예술의 통섭력으로 도약하는 문화현실을 자주 목도하는 세상에 와 있다.

새 영화는 다시 디지털 미디어를 매개로 애니메이션과 게임과 미디어 아트를 새로 연결한다. 문학과 미술과 공연예술은 역시 유비쿼터스 미디어를 이용하여 책과 전시장과 공연장이라는 제한된 공간을 벗어나서 도시사회로 확산되어 가상현실이 '증강현실'로 도약하는 제3의 시공문화가 이루어진다. 가상공간 아고라에서 하나의 의견을 가진 불꽃을 시작으로 수십 수백만 촛불의 바다를 이루는 게 증강현실이다. 예술은 살아있는 불꽃같은 존재로 어디든 가연성을 준비한 곳과 통섭력을 가지는 존재로 이해해야 하는 것이 유비쿼터스 예술이다. 분리 고립되어 있는 사람과 세계들을 실시간 컴퓨터로 연결하고 컴퓨터가 모든 것에 스며들기 시작하는 유비쿼터스 컴퓨팅 시대에 예술교육도 마찬가지로 과학기술과 인문학과 사회학의 통섭교육을 필요로 한다.

이상으로 예술과 대학예술교육의 문제점과 가능성을 중심으로 언급했다. 지금까지처럼 문명전환적 대혼돈기에 예술이 대학 아카데미즘 밀실에 안주해서는 국가도 사회도 모두 불행한 일이다. 창조적 대안문화를 준비하여야 할 때이다. 예술과 예술교육은 한 사회의 문화 창조력의 기초 동력이다. 대학교육에 예술로 원소스(one source)를 사회화와 문화산업으로 멀티유스를 할 수 있도록 창조적 대안의 예술 학습 프로그램과 창작방법론을 갖추는 것이 예술교육의 경쟁력이 될 것이다. 원소스로서의 예술, 그것은 기초과학의 탄탄한 육성으로 응용과학의 활용도를 높이는 것과 비슷한 이치이다. 그러나 기초과학의 환원주의와 다르게 예술은 수평적 연대로 네트워킹하는 속성을 가진다.

무엇으로 기초 예술교육을 탄탄히 세울 것인가, 교육백년대계의 중대한 과제이다. 인류국가의 시민정서형식을 준비한다고 볼 수도 있고, 국가주의 한계를 넘어선 에코노마드로 국제시민상이 요구하는 유비쿼터스 시대의 예술을 준비할 수도 있겠고, 문화산업에서 목말라하는 한류 경쟁력의 기초체력일 수도 있고, 동아시아 르네상스 문예부흥의 기초역량이 될 수도 있고, 아니면 내면의 평화와 행복에 기여하는 삶의 치유와 위무의 예술일 수도 있겠다. 어느 길로 예술이 가든 그건 예술가의 몫이다. 다만 예술교육은 이 여러 가지 길로 열린 새로운 교육을 마련해야 할 것이다.

지금 국회 앞에서는 900일이 넘도록 천막농성을 하고 있다. 대학강사의 교원지위 회복과 대학교육정상화(대학민주화 및 대학생 학습권 보장)를 위한 법적 제도화 투쟁을 하고 있다. 추운 겨울 천막농성으로 2년 반이 넘는 투쟁을 모르쇠로 일관하는 한국의 국회는 참으로 철옹성이다. 말로만 민의의 전당이지 대학교육의 가장 중요한 현안을 외면하는 것은 이해가 가지 않는다. 그래서 정치는 개혁되어야 하는 것이다. 가장 먼저 민의에 귀 기울여야 하는 곳이 가장 민의를 외면하는 곳이 되어버렸다. 언제나 민의의 전당이 될 수 있을지 계속 눈 크게 뜨고 지켜볼 것이다.

다시 끝으로 강조하지만 예술과 예술교육은 더 이상 이대로는 안 된다. IT강국의 소프트웨어, 문화산업 경쟁력, 시민사회의 공공자산, 관광문화자원, 문화치유 프로그램, 노동의 생산력 재충전, 시민의 정서소통, 자기 정체성 개발의 형식, 인간 창의력의 원천, 민족적 집단무의식의 원형, 수만의 예술교원의 인권, 사회와 과학과 정치의 통섭 등 어느 필요를 위해서라도 한국의 예술과 예술교육은 개혁되어야 한다. 예술의 통섭력은 한국사회를 활력 있는 선순환으로 궤도 수정을 할 수 있게 할 것이다.

이제 성숙한 사회로 가기 위해서는 예술교육의 제반 문제를 풀 제도가 마련되어야 하겠다. 예술교육의 묵은 제도 개선과 예술교육의 창의적 민주화가 필요하다. 책임 있는 당국들의 책임 있는 실천만이 한국 사회의 예술과 예술교육 문제를 풀 수 있다. 만일 이 사상유래가 없는 최장기 천막농성을 하면서도 '대학교육정상화'가 수포로 돌아가게 된다면 한국정치와 의회는 민주주의의 한계를 여실히 보여주는 것이고 나의 제안 '예술이 대학예술교육에 묻는 것'도 물거품이라면 예술은 더는 한국의 지배적 세력에 희망과 기대를 갖지 않을 것이다. 그렇게 된다면 예술인은 한국 의회민주주의에 실망한 시민들과 함께 거리에서, 도시전체에서 시민의 의사와 감성을 통섭하며 시민저항의 길을 택할 것이다.

제르베르 도리약과 학인의 자유

곽 차 섭*

▲ 학인의 자유는 학문에 대한 열정에서 비롯된다. (ⓒ 이광수)

중세와 르네상스의 학자들은 종종 방랑자였다. 아직 지식이 표준

---

* 부산대학교 교수

화 되어 있지 않던 시절, 그들은 더 나은 지식을 얻기 위해, 그리고 자신의 생계를 이어줄 후원자를 만나기 위해 이곳저곳을 떠돌아 다녔다. 이른바 '방랑학자(wandering scholars)'가 바로 그들이다. 이들 중 가장 전설적인 인물이 뒤에 교황 실베스테르 2세가 된 제르베르(946?~1003)이다. 그는 비록 최초의 방랑학자는 아니었지만 가장 유명한 학자였다. "악마만큼 지혜로운 자가 있을 수 있는가?" 파뉘르쥐가 물었다. "아니." 팡타그뤼엘이 대답했다. "신의 특별한 은총에 의하지 않고는 그렇게 될 수가 없지." 중세 초기의 사람들에게 제르베르의 놀라운 학식은 신과 악마를 연관시키지 않고는 설명할 수 없었다.

제르베르는 프랑스 중부 산악지대인 오베르뉴 부근에서 태어났다. 그가 출생한 정확한 장소도 부모의 이름도 알려져 있지 않은 것으로 보아 하층계급 출신으로 보인다. 963년경 그는 오리약의 생 제랄드 수도원에 들어간다(그래서 뒤에 오리약의 제르베르, 즉 제르베르 도리약으로 알려지게 된다). 선자(善者) 제랄드는 이 수도원을 약 60년 전 세상을 떠나기 전에 자신의 성 근처에 세웠고, 그 스스로도 그곳에 묻혔다. 그것은 클뤼니 수도원처럼 엄격한 베네딕트파 수도원으로, 어떤 지역 권위로부터도 독립적이며 오직 교황에게만 복종하는 곳이었다. 여기서 그는 라이몽이라는 이름의 선생으로부터 라틴어 문법을 배웠다. 이때쯤이면 '문법'은 3학과—문법, 논리학, 수사학—의 하나로 가르치고 있었다.

967년 바르셀로나의 보렐 백작이 수도원을 방문했고, 대수도원장은 제르베르를 에스파냐로 데려가서 수학을 배우게 했으면 좋겠다고 부탁하였다. 제르베르는 아마도 똑똑한 학생이었던 것 같다. 그래서 대수도원장은 그에게 고급 4학과—산술, 음악, 기하, 천문—까지 가르치고 싶었던 것으로 보인다. 보렐은 이를 허락하였고, 그를 주교좌 학교가 있던 빅의 주교에게로 보냈다. 바르셀로나와 빅이 위치한 카탈루냐는 국경지역이었고, 그리하여 카탈루냐와 남쪽에 위치한 알 안달루스의 무슬림들과는 대단히 빈번한 교통이 있었다.

당시 안 안달루스는 기독교 유럽보다 훨씬 더 진보한 곳이었다. 유럽에서 가장 큰 도서관도 장서 수가 1천 권이 넘지 못한 데 반해, 무슬림 수도인 코르도바의 도서관은 무려 4십만 권의 장서를 자랑하고 있었다. 카탈루냐는 무슬림의 문화 중심지와 가까운 이점이 있었고, 그래서 빅 주교좌 성당과 인근의 리폴 수도원 도서관은 유럽에서도 손꼽히는 곳이었다.

무슬림 세계와 인접해 있다는 것은 단지 4학과의 문제와 관련되는 것만은 아니었다. 무슬림들은 그리스 및 페르시아 과학의 계승자였고, 수많은 고전을 아랍어로 번역하였다. 동시에 아랍의 여행자와 상인들은 인도 및 중국과 교류하면서 그곳의 선진 문명을 흡수한 바 있었다. 무슬림 '과학자들'은 높이 평가받았고, 그중에서도 안 안달루스의 과학자들이 중심이었다.

당시 무슬림 천문학자는 세계 최고 중 하나였고, 천문의를 능숙하게 다루면서 천체 측정에 많은 업적을 남겼다. 그들의 흔적은 백조자리의 알파성 데네브나 항성 중 가장 밝은 시리우스 성 등 대부분의 주요 행성의 이름이나, 천문학에 관련된 다른 많은 것들, 예컨대 방위각을 뜻하는 'azimuth'나 천문서인 'almagest', 혹은 황도대(黃道帶)를 의미하는 'Zodiac' 등의 어휘에서 잘 나타나고 있다. 아랍인들은 산술에서도 훨씬 더 앞서 있었다. 그들은 인도에서 영(零)의 개념을 차용하였고, 근대와 같이 위치로 값을 결정하는 수체계를 사용하였다. 사실 우리가 지금 쓰고 있는 숫자의 모양도 아랍식에 그 기원을 가지고 있다.

그들은 또한 중국으로부터 주판을 배워 와 그것을 능숙하게 사용하기도 했다. 그들은 산술을 넘어서 대수학을 정립하였고, 소수(素數)와 좌표방정식도 연구하였다. 그들은 비례에 대한 연구를 바탕으로 상당히 정교한 방식으로 음악에 접근할 수 있었다. 그들은 각 음표를 정확히 구분하고, 화음과 불협화음에 대한 이론들을 발전시키고, 매우 정확히 튜닝을 한 악기를 만들었다. 빅의 주교좌 성당 학교는 제르베르에게 이 모든 지식의 많은 부분을 제공할 수 있었고, 제르베르는 그 기회를 십분 활용하였다.

에스파냐를 유랑하면서 무슬림의 선진 학문을 흡수한 제르베르는 드디어 랭스에서 이름을 알릴 기회를 가지게 된다. 그는 수력으로 움직이는 파이프 오르간 제작의 과제를 맡았다. 물론 이전에도 오르간은 있었지만, 그것은 오르간 연주자가 계속 페달을 밟음으로써 발생하는 공기압으로 작동되는 것이었다. 제르베르가 만든 오르간은 소리를 지속적으로, 더 넓은 음역까지 낼 수 있었을 뿐 아니라 수학적으로도 잘 맞도록 되어 있었기 때문에, 그 화음은 서양의 어떤 오르간보다 나았다.

제르베르는 또한 아라비아 숫자를 습득하여 로마식 숫자로는 도저히 생각하기 어려운 계산도 암산하는 능력을 가지게 되었다. 그는 주판 공부를 계속했고, 아주 큰 주판을 만들기도 하였다. 그는 랭스 성당 회중석 부분의 마루에 주판을 그려놓고 주판알 대용으로 수많은 원반들을 설치하였다. 그런 뒤, 성당학교 학생 약 64명을 모아놓고는 그들에게 원반을 밀어낼 막대기를 주고 자신은 마루 전체를 볼 수 있게끔 오르간 위쪽에 높이 앉았다. 그가 지시를 하면 학생들은 마치 원반밀어치기 놀이를 하듯이 원반을 움직였다. 그는 이런 식으로 이전에 비해 훨씬 더 큰 숫자나 작은 숫자를 마음대로 다룰 수 있었다. 그는 이후 주판에 관한 책을 썼고, 이는 새로운 성당학교에서 표준적인 것이 되었을 뿐 아니라 서양에서의 수학연구에 혁신적 계기가 되었다. 하지만 이는 그가 보여준 경이로운 지식의 한 예에 불과하다.

제르베르의 놀라운 학식은 자신의 끝없는 호기심과 새로운 학문을 배울 수 있다면 어디라도 달려가는 뜨거운 열정에서 나온 것이었다. 그는 후원자와 지식을 얻기 위해 노력했지만, 결코 학인으로서의 자유를 저버린 적은 없었다. 학인의 자유는 후원자의 존재에 의존하는 것이 아니라, 학문에 대한 열정에서 비롯되는 것이다. 먼 과거, 미지의 땅에 살았던 한 방랑학자의 행적이 작금의 우리에게 한줄기 빛을 던져준다면, 학인은 본질적으로 방랑하는 자유인이기 때문은 아닐까 생각해 본다.

세계의 대학과 학문의 자유

박 광 주*

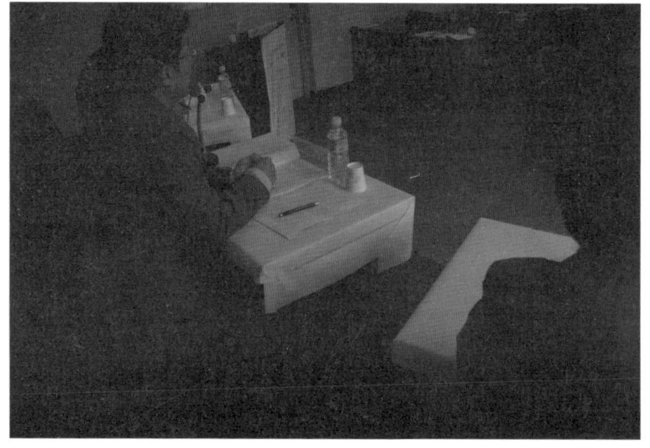

▲ 학문의 자유는 인권과 같은 보편적 개념이다. (ⓒ 이광수)

대학은 과거를 밝혀 현재를 살피고 미래를 구상하는 싱크탱크다. 과거, 현재, 미래, 이 모든 시대에 대해 인류는 아직 모르는 것들이 너무나 많다. 역사를 "사실이라는 핵을 둘러 싼 해석이라는 과육"으로 비유했던 역사학자 카의 말을 차용해서 말한다면, 우리는 아직

* 부산대학교 교수

'사실'에 대해서도 아는 것보다 모르는 것이 더 많을 뿐만 아니라, '해석'은 시간과 공간, 그리고 사람에 따라 너무나 다양하게 제기될 수밖에 없다.

주어진 틀—정치적, 종교적, 경제적, 사회적— 속에서 사유하도록 강요된다면 우리는 지금 알고 있는 것으로부터 한 치도 앞으로 더 나아갈 수 없다. 미지의 것을 새롭게 밝혀내는 것을 기대할 수 없는 것이다. 생각을 다듬고(연구), 전달하는(교육) 곳인 대학은 이 점에서 세상의 어떠한 속박으로부터도 자유로워야만 한다. 주어진 틀 속에서 사고하는 곳이 되어서는 안 된다. 이단적인 생각이 자유롭게 개진될 수 있는 곳에서만 새로운 패러다임이 생겨날 수 있다. 인류 문명의 진보는 기존의 틀에 도전하거나 틀을 깨는 자유로운 사고에 의해 이끌어져 왔다. 모든 창조적 사고는 자유롭다.

학문의 자유는 인간이 지닌 기본적 인권의 일부이다. 자유롭게 생각하고, 전달할 수 있는 권리는 대학인들만이 누릴 수 있는 특권이 아니라 민주사회의 시민이라면 누구나 누려야만 하는 권리이다. 그럼에도 불구하고 유독 학문의 자유가 관심의 대상이 되는 것은 대학인들의 발언이 지닌 대중적 파급효과 때문이다. 정권이나 종교세력 또는 경제세력이나 사회세력들이 대학인들의 발언에 주목하는 이유가 여기에 있다.

전 세계적으로 대학과 대학인이 누리고 있는 학문의 자유는 자국에서 보장되고 있는 기본적 인권의 정도에 비례한다(영국에서는 대학의 자율성이, 미국에서는 대학인 개개인의 자율성이 강조된다). 비교적 인권보장이 잘 되고 있는 유럽과 북미 지역에서는 학문의 자유가 잘 보장되고 있는 셈이지만, 정치적 자유가 제대로 정착되지 못한 지역에서는 학문의 자유가 위태롭다. 아프리카 지역의 경우 전반적으로 학문의 자유가 취약한 상황이고, 중동 지역이나 아시아의 일부에서도 학문의 자유는 안심할 상황이 아니다.

역사적으로 15세기 르네상스의 여명기에 그리스의 학자들이 이탈리아로 망명한 사건 이래 지식인들의 고난은 현대에 이르기까지 계속되어 오고 있다. 1930년대와 40년대 유럽전역에 걸친 학자들에 대한 박해, 냉전기간 동안 동구에서의 학자들에 대한 숙청에 쌍벽을 이룰 정도였던 미국에서 학자들에 대한 반공을 앞세운 숙청, 1970년대와 80년대 중국, 동남아, 남미 등지에서의 지식인 탄압운동, 그리고 1990년대 국내외적인 분쟁과 자원고갈사태 속에서 자행된 아프리카의 대학인들에 대한 탄압 등에서 보는 바와 같다.

'학문의 자유를 위한 대학인들(Academics For Academic Freedom: AFAF)', '망명 대학인들을 돕는 모임(Council for assisting refugee academics: CARA)', '위험에 처한 학자들(Scholars at Risk: SAR)', '교육과 학문의 권리를 위한 연대(Network for Education & Academic Rights: NEAR)' 등 학문의 자유를 지키기 위한 목적으로만 결성된 국제적 기구들이 존재하고 있는 이유이기도 하다.

유럽지역에서는 유럽 최고의 대학인 볼로냐대학을 중심으로 만들어진 「세계대학헌장」이라는 볼로냐선언에서 학문의 자유를 규정하고 있고, 미국에서는 미국대학교수협회가 작성한 「1940년 학문의 자유와 정년보장의 원칙선언」에서 학문의 자유를 규정하고 있다. 세계의 대학인들이 함께 만든 '학문의 자유를 위한 대학인들' 모임은 "강의실의 안팎에서 기존의 지식에 대해 의문을 제기하거나 시험하고, 또한 논쟁적이거나 인기없는 견해를 사람들의 호오(好惡)

에도 불구하고 개진할 수 있는 무제한의 자유를 대학인들이 지닌다는 사실과, 그리고 대학당국자들이 이 같은 자유를 제한하거나 처벌 또는 해고의 사유로 삼을 수 있는 어떠한 권리도 지니고 있지 않다는 사실", 이 두 가지 원칙으로 학문의 자유의 근본이라는 '학문의 자유 선언'을 하고 있다.

학문의 자유란 궁극적으로 교수직의 안정성과 직결된다. 대학인이 그의 연구나 강의 및 사회활동과 관련하여 교수직에 위협을 받게 된다면, 이는 학문의 자유에 대한 가장 심각한 위협이 된다. 기본적 인권에 대한 인식이 정착되지 못한 곳에서 이 같은 위협은 상존한다. 군사정권 시절의 남미나 비민주적 정권들이 세력을 지니고 있는 아프리카나 중동의 일부국가들, 그리고 아시아의 일부국가들의 경우 기존질서에 대해 비판적이거나 정부의 것과는 다른 견해를 표방하는 교수들에 대한 직접적인 박해는 여전하다. 이들은 '위험인물', '혐의자', '비애국적', '반체제적', '이적행위자' 등의 이름으로 불리면서 정치권력의 테러나 과격사회세력의 타도대상이 된다.

한국사회에서 정부 비판적 발언이나 진보적 발언에 대해 '반체제적', '용공분자', '좌빨', '친북세력' 등의 멍에를 덧씌우는 것과 같다. 카이로에 있는 아메리칸대학교의 사회학교수 사드 이브라힘은 EU의 지원을 받아 이집트의 선거부정에 대한 기록영화를 제작하다가 허가받지 않은 자금수수, 허위사실의 해외유포, 자금횡령 등의 죄목으로 투옥되었다. 정부의 공식발표보다도 더 높은 유아사망율을 발표한 아프리카의 교수가 대학강단에서 강제로 추방된 사례도 있다. 심지어는 반체제로 낙인찍힌 교수가 교직을 박탈당하는 것을 넘어 죽임을 당하기까지 하는데, 남의 나라 예를 들 것도 없이 유신시절 간첩으로 몰려 의문사한 최종길 교수의 경우가 있다.

학문의 자유가 정착되었다고 하는 곳에서도 문제가 없는 것이 아니다. 유럽에는 볼로냐선언이 있고 미국에는 미국대학교수협회의 선언이 있다는 사실이 말하고 있는 바와 같다. 최근 미국의 10대 사학 중의 하나인 디폴대학교에서 정치학자 핑클스타인에 대한 정년보장거부사건은 교수가 학문적 양심에 따라서 한 발언으로 인해 미국 대학에서 쫓겨날 수도 있다는 사실을 재확인시켜준다. 미국의 중동외교정책에 대한 친이스라엘 로비에 대해 강하게 비판해온 핑클스타인에 대한 정년보장이 해당 학과와 해당 대학의 강력한 추천에도 불구하고 외부의 친이스라엘 그룹의 영향을 받아 학교 당국에 의해 거부되었다.

핑클스타인사건은 학자들이 대중적으로 논쟁적인 주제에 대해 분명한 입장을 밝히는 것이 민주주의 사회에서도 얼마나 힘든 일인가를 분명히 해준 사건이라 하겠다. 학문의 자유에 대한 침해는 비민주적 국가권력에 의한 명백한 인권탄압의 경우뿐만 아니라, 민주사회에 있어서도 대중들의 의견이 첨예하게 갈리는 이슈들, 예컨대 전쟁과 평화 또는 국가안보, 노동 문제, 경제 규제와 탈규제, 국유화와 민영화 문제 등과 관련해서는 대학 외부로부터의 간섭에 노출되기 쉽다. 정당이나 정파, 정치인 개개인, 경제적 이해관계집단, 종교집단, 애국조직, 과격민간집단, 인종단체 등 다양한 외부세력으로부터의 간섭에 노출된다. 특히 전세계적으로 진행되고 있는 대학의 상업화경향은 민간후원자들의 입김에 대학 당국자들이 영향을 받게 될 가능성을 한층 높여주고 있다.

2008년 10월 에치오피아의 아디스 아바바에서 사흘 동안 개최되었던 "동부 아프리카 대학들의 학문의 자유에 대해 다시 생각한다"는 국제 포럼에서 모든 참가자들이 학문의 자유가 유럽적 특수개념이 아니라, 마치 인권이 보편적인 것처럼 보편적 개념이라는 것을 다시 한 번 확인했다는 것은 학문의 자유가 갖는 중요성을 다시금 일깨워준다. 교육을 통해 각국 사회가 필요로 하는 미래의 세대를 생산하고, 궁극적으로는 인류사회를 발전시켜 나가기 위해서는 더 많은 창조적 사고와 패러다임 개척적인 주장이 필요하다.

기득권—정치적이든 경제적이든 또는 넓은 의미에서 사회적이든—의 압력에 순응하는 '안이한' 사고만이 허용된다면, 현실이 당면한 문제는 돌파구를 찾지 못하고 제자리 걸음을 할 수밖에 없다. 이런 상황하에서는 우리를 둘러싼 자연환경을 우선 제대로 이해할 수 없다. 갈리레오나 뉴턴이나 아인슈타인이 결코 나올 수 없다. 이런 상황하에서는 인간사회의 제 문제들이 결코 개선될 수 없다. 봉건적 신분제도, 사회적 불평등, 인종적·민족적 편견, 정치적 갈등에 기반한 현 상황의 돌파구가 결코 열릴 수가 없다. 평화, 사회정의, 협력과 경쟁의 조화라는 보다 인간적인 삶의 조건을 위한 새로운 사고가 피어날 수가 없다.

기본적 인권이나 정치적 자유와 마찬가지로 학문의 자유 역시 전 세계적인 차원에서 볼 때 균질적이지 않다. 학문의 자유를 위한 전 세계적인 연대가 지금도 작동하고 있고, 또 작동해야 할 이유이다.

친일오욕의 역사와 대학을 말한다

박 한 용*

▲ 대학 설립자의 친일은 그가 대학을 개인의 이권 보호 수단으로
사용화(私用化)하는 것일 뿐이다. (ⓒ 이광수)

* 민족문제연구소 연구실장, 친일인명사전편찬위원회 편찬위원, 한성대학
교 강사

친일반민족행위자인 사주(私主) 지키기에 앞장서는 대학 총장들

　2009년 12월 28일 이화여자대학교·고려대학교·서울여자대학교·상명대학교·성신여자대학교·연세대학교 등 6개 대학 총장들은 교육과학기술부 장관 앞으로 매우 이례적인 내용을 담은 청원서를 연명으로 보냈다. 이 청원서는 한국 대학 최고책임자들이 친일 문제에 대해 어떻게 인식하고 있으며, 그들의 교육철학이 어떠한 수준에 머물러 있는지 여지없이 드러내고 있다.

　이들 6개 대학 총장은 2005년 특별법에 의해 만들어진 국가기구인 '친일반민족행위진상규명위원회'가 "국내 주요 사립대학 설립과 발전에 지대한 기여를 한 주요 인사들 대부분"을 친일반민족행위자로 규정해 "민족교육에 대한 공헌의 유무와 관계없이 친일행위자로 매도"한 것으로 강력하게 반발했다.

　이들이 일컫는 국가기구에 의해 반민족행위자로 규정된 "국내 주요 사립대학 설립과 발전에 기여한 주요 인사들"이란 김활란(전 이화여대 총장), 김성수 고려대학교 설립자(정확하게 말하자면 원 설립자는 아니다), 유진오(전 고려대 총장), 고황경(서울여자대학 설립자), 배상명(상명대학 설립자), 이숙종(성신여대 설립자), 백낙준(전 연세대학교 총장) 등 각 사립대학교 설립자나 총장급을 역임한 인사들을 말하는 것이다. 6개 대학 총장들은 반민진상위가 이들에 대해 "일괄적 잣대로 무리하게 재단하고 폄하하여, 한국사회 발전에 미친 공헌에 마저 부정적 판정"을 매기고 있으며, "일제하의 혼란 속에서 학교를 지켜온 이들의 역할을 폄하함으로써 세계적으로 유수한 교육기관으로 성장하고 있는" 해당 대학의 앞날에 "매우 부정적 영향을 미치게 될 것이라는 판단하에, 강력한 이의를 제기하며 조사 결과에 대한 조속한 시정을 청원"했다.

그들은 왜 친일반족행위자인가?

국가기구인 반민진상위원회나 민간기구인 친일인명사전위원회에 의해 누군가가 친일 인사로 규정되었을 때 관련 유족(또는 기관) 등이 반발하는 것이나 유감을 표명하는 것 자체를 문제 삼기는 어렵다. 친일행위가 결코 자랑스러울 수 없기 때문이다. 그러나 "세계적으로 유수한 교육기관으로 성장하고 있다"고 자처하는 대학 총장들의 청원 내용이 어떤 가치와 시각에서 제기되느냐 하는 문제는 따져 볼 필요가 있다.

김활란·김성수·유진오·고황경·배상명·이숙종·백낙준 등은 『친일인명사전』에 당연히 수록되었을 뿐 아니라 『친일인명사전』보다 더 엄격한 기준을 적용한 반민진상위원회에 의해 친일반민족행위자로 규정될 만큼 친일행위가 심각한 인물들이다. 인터넷에서 이들을 검색하면 누구라도 사실을 확인할 수 있기 때문에 이들의 행적을 구체적으로 거론하지 않겠다. 그러나 몇 가지 점은 밝혀야 하겠다.

첫째 교육분야에서 친일행위를 해서 『친일인명사전』에 수록된 인물은 의외로 극소수에 지나지 않는다. 『친일인명사전』의 경우 교육·학술 분야에서 친일행위를 한 것이 문제가 되어 수록한 인물은 52명이다. 이들 가운데 해방 전 또는 해방 후 (전문)대학 설립자나 총학장급 지위의 친일인물들은 앞의 7인 외에 박마리아(전 이화여전 강사), 송금선(덕성초급여대 초대 학장), 장덕수(전 보성전문학교 교수), 조동식(상명대학·동덕여대 설립자), 현상윤(전 고려대학교 총장), 황신덕(중앙여자중고등학교·추계예술대학 설립자) 등 다 합해봐야 열 몇 명에 지나지 않는다. 적어도 일제 강점기 전문대학 이상의 교육분야에서 심각한 친일행위를 한 자는 사실에 주목해야 할 것이다. 교육계 인사들은 누구나 어쩔 수 없어서 친일을 했다고 말할 근거는 없는 것이다.

그러면 이들은 어떤 기준에서 친일 인사로 선정되었을까? 친일 인명사전의 경우 교육학술 분야 수록기준은 다음과 같다.

1. 교육·학술계에 종사하면서 일제의 식민 지배 이론을 합리화 하고 이를 확산시키는 데 앞장선 자
2. 각급 교육기관과 각종 교육·학술 단체의 설립자·책임자·운 영자로서 전쟁동원을 독려한 자
3. 고등관 이상의 교육관리
4. 조선사편수회(반도사편찬사업·조선사편찬위원회)의 편수 활 동에 지속적으로 참여한 자
5. 좌담·강연 등을 통해 일제의 식민통치와 침략전쟁에 적극 협 력한 자.

이 가운데 김성수를 포함한 앞에 언급한 대부분의 교육계 친일 인사들은 "각급 교육기관과 각종 교육·학술 단체의 설립자·책임 자·운영자로서 각종 친일 단체의 핵심 간부로 활동하거나 좌담· 강연·기고 등을 통해 학생들에게 전쟁터에 나서도록 독려한 자"들 이라 할 수 있다. 그리고 대부분 1937년 중일전쟁을 전후해서 친일 활동의 전면에 나서고 있다. 왜 중일전쟁 무렵부터일까?

제국의 나팔수

이 시기는 중일전쟁(1937년)·태평양전쟁(1942년)으로 이어지면서 일제가 전시총동원체제로 돌입하던 시기로, 일제가 전쟁 수행을 위해 조선 내의 지하자원은 물론 조선인의 재산마저 '국방헌납'이란 명목 아래 전쟁 물자로 수탈하고, 근로보국대·징용과 같은 노동력 수탈이나 지원병·징병 등의 수단을 동원해 조선인을 전쟁의 총알받이로 끌고 가던 시기였다. 그러나 일제에 대해 반감을 가지고 있는 조선민중들을 전쟁에 동원하고 천황과 일본을 위해 목숨을 걸고 싸우도록 하기 위해서는 대대적인 이데올로기 세뇌 공작이 필요했다. 이른바 내선일체(內鮮一體), 동조동근(同祖同根), 황국신민(皇國臣民)을 정책의 핵심으로 내세우고 조선어를 없애고 창씨개명을 강요해 민족의식을 말살하고자 했다. 이러한 민족의식 말살 위에 조선인들을 전쟁에 대대적으로 동원하고자 한 것이다.

이를 효과적으로 추진하기 위해서는 1910년 단계의 매국형 친일파나 이후 조선총독부 소속 조선인 관료와 같은 직업형 친일파와는 다른 새로운 형태의 친일파가 필요했다. 즉 일제의 침략전쟁을 찬양하면서 황국신민화와 전쟁동원에 앞장서는 '제국의 나팔수'들이 바로 이들이다. 이런 이데올로기 선전자로서 조선의 명망가, 지식인, 종교인, 문화예술인·교육인·언론인 등이 새로운 친일파로 등장했다. 이 새로운 친일세력은 일제의 침략전쟁에 협력했다는 점에서 전쟁협력자라는 성격을 띠고 있었다. 1937년 이후 지식인·문화예술인들의 친일행위가 중요한 의미를 갖는 것도 이 때문이다.

교육자의 경우, 이들이 학원을 지키기 위해 어쩔 수 없이 일제에 협력했다는 주장을 그대로 수용하기 어렵다. 중일전쟁 이후 일제의 침략 전쟁이 확대되면서 전황이 악화되자 일제는 조선인 학생을 전쟁에 동원하는 데 전력을 기울였는데, 1938년 2월 조선인에 대해 지원병 제도를 실시한다는 것이 발표되면서부터 학생들을 전쟁터로 동원하는 데 교육자들이 적극적으로 나서는 현상이 나타나기 시작했기 때문이다.

학교, 군국주의의 낚시터

이러한 현상은 1942년 5월에 이르러 1944년부터 조선에서도 징병제를 실시한다는 방침이 확정되고 이어 1943년 8월 해군 특별 지원병제도, 1944년 1월 학병제도가 시행되면서 더욱 강화되었다. 특히 1942년 이후에 전황이 극도로 악화되고 있었기 때문에 전쟁터로 나간다는 것은 목숨을 잃는다는 것을 의미했음에도 일제가 조선인 학생을 전쟁에 동원하는 과정에서 많은 교육자들이 내선일체와 황국신민화 논리에 맞추어 학생들에게 전쟁터에 나가 '천황'과 일본을 위해 목숨을 버리라는 선전 활동에 적극 나섰다.

전쟁동원의 대상은 군인이 되는 남학생에 국한되지 않았다. 교육자들은 여학생들에게도 '총후' 여성으로 '천황'과 일본을 위해 자기 직분을 다할 것을 요구했다. 여성의 직분 가운데는 '정신대'도 포함되었다. 여성 교육자들은 자기가 가르치는 여학생들을 '정신대'로 내모는 것도 서슴지 않았다. 요컨대 전시총동원체제기의 학교란 전쟁군인을 대량으로 확보하는 군국주의의 낚시터였다. 그때 이들의 친일은 일제의 강요에 의했다고 보기에는 너무 심각하고 반복적이었다.

보성전문학교의 사주 행세를 한 김성수는 1935년 경기도청의 주도로 '경기도 내의 사상 선도와 사상범의 전향 지도 보호'를 목적으로 조직된 소도회(蘇道會)의 이사로 선출되었고, 1938년 국민정신총동원조선연맹 이사가 되었다. 1943년 조선인에게도 징병제가 실시

한다는 발표가 있자 「문약(文弱)의 고질(痼疾)을 버리고 상무기풍을 조장하라」는 징병격려문을 조선총독부 기관지인 『매일신보』에 발표하기도 했다.

김활란(金活蘭, 창씨명 天城活蘭)은 1936년 말부터 교육과 여성 계몽 분야에서 친일활동에 앞장서 1937년 7월 중일전쟁이 일어나자 8월에 애국금차회의 발기인과 간사를 맡았다. 애국금차회는 귀족·고위관료 부인들과 여류 명사들이 중심이 되어 일본의 침략전쟁을 지원하기 위해 금비녀를 뽑아 바치자고 조직한 단체로서 황군의 환송영, 총후가정(銃後家庭)의 위문과 조문(弔問), 일반 가정부인의 시국인식 강화 철저와 국방헌금·위문금품 헌납 등의 활동을 벌였다. 1941년 당시 조선 최대의 친일조직인 조선임전보국단의 부인대 지도위원을 거쳐, 1945년 조선언론보국회 이사를 지냈다. 1942년 「징병제와 우리의 각오」(『신시대』 1942년 12월호) 등의 전쟁 찬양 글을 발표했다.

백낙준(白樂濬, 창씨명 白原樂濬)은 교육계와 기독교계의 거물 친일인사로 1941년 미영타도 좌담회에 참석했으며, 조선장로교신도 애국기헌납기성회에서 활동하면서 수많은 친일 문필활동과 강연을 했다(너무 많아서 생략한다).

이들의 친일은 학교를 지키기 위해서라는 구실과는 별개였다. 학교란 엄밀하게 말해 진리 탐구와 학생 양성을 위해 존재한다. 진리를 말살하고 학생을 전쟁에 보내는 것이 과연 학교를 지키기 위한 것이라면 그 학교는 무엇을 지키기 위해 존재하는 것인지 묻지 않을 수 없다. 기실 이들의 친일행위가 지킨 것이 있다면 설립자 자신들의 기득권이었을 뿐이다. 그들이 지킨 것은 자신과 학교 재산이지 학생이나 교육이념이 아니었다. 이런데도 "민족교육에 대한 공헌의 유무와 관계없이 친일행위자로 매도"했다고 항변하는 것은 지나치다 하겠다.

해방 후 친일세력의 도피처, 대학

상식이 통하는 사회라면 이렇게 총장들이 패거리를 지어 제국주의에 협력한 자기 학교의 설립사를 지키기 위해 청원서를 제출하는 민망한 행태는 벌이지 않을 것이다. 이러한 짓이야말로 진리의 전당인 대학을 특정 설립자의 방어 도구로 이용하는 부끄러운 작태라 하겠다. 차라리 6개 대학 총장이 '과거 설립자들이 이런 저런 동기로 일본제국주의의 식민지배와 아시아민중에 대한 침략전쟁에 가담한 부끄러운 역사를 반성하며, 앞으로는 권력과 금력에 굴하지 않는 진정한 진리의 전당으로 만들겠다'는 발표를 했더라면 그것이 오히려 더 교육자의 양심에 걸맞았을 것이다. 이 정도의 '학격(學格)'은 있어야 '세계 유수'는 아니더라도 세계의 상식수준의 대학으로 나아갈 수 있는 출발이 되지 않을까?

그런데 이러한 반성조차 없이 사주(私主) 지키기에 총장마저 앞장서는 이 세태는 무슨 까닭일까? 한 마디로 해방 후 대학이 친일세력의 도피처이자 온상이 되었으며, 대학이 설립자나 그 후계자를 위한 거대한 사유재산으로 자리 잡았기 때문이다.

해방 후 미군정이 친일청산을 끝내 거부하고 오히려 친일 세력을 군정 초기부터 국가 기구 요소요소에 앉힘으로써 이들이 조직적으로 저항할 수 있게, 아니 오히려 친일파 청산을 외치는 세력을 탄압할 수 있는 권력과 명분을 주었다. 그나마 1947년 7월 2일 남조선과도입법의원이 '민족반역자, 모리간상배등 처벌에 관한 특별법률 조례'를 제정해 최소한 건국 이전에 친일파를 청산하고자 했으나, 미군정은 이마저도 인준보류 통지를 함으로써 친일파 청산은 대한민국 건국 이후로 미루어지게 되었다. 그 시간만큼 친일파는 권부 속에 더욱 깊게 자리 잡았다.

사립학교, 친일파의 재산도피 수단이 돼

대한민국이 건국되면서 국민의 열망에 힘입어 반민족행위조사특별위원회가 1948년 9월에 발족하면서 다시 친일청산의 길이 트였다. 그러나 반민특위는 친일파의 저항과 공격 그리고 이승만정부의 방해에 의해 1년도 못가서 무참하게 와해되고 말았다. 친일부역세력들은 반민특위의 활동을 집요하게 방해하였고, 마침내 1949년 6월 친일부역경찰들이 반민특위 본부를 습격해 반민특위 요원을 폭행하고 경찰서 유치장에 가두는 전대미문의 사건마저 일어났다. 결국 반민특위는 이승만정부에 의해 1949년 9월 해체되고 말았다.

1948~49년 약 1년간 반민특위는 682건을 조사하여 체포 305건, 미체포 193건, 자수 61건, 영장취소 30건, 검찰송치 559건의 성과를 올렸다. 그러나 반민특위 소속의 특별검찰부가 기소한 것은 221건이며, 특별재판부가 재판을 종결한 것은 28건에 지나지 않았다. 기소자들도 대부분 집행유예로 풀려나서 실제 처벌받은 자는 십여 명에 지나지 않았다. 그러나 이들마저 6·25전쟁 전에 다 풀려나와 사실상 친일청산은 전무했다고 봐야 한다. 일제 35년간 민족에 해악을 끼친 친일파에 대한 청산은 이렇게 허무하게 끝나고 말았다.

그런데 친일파의 거물 가운데 대부분 지식인 출신들이나 부호들이 많았다. 이들은 친일파 숙청이 실패한 덕으로 친일의 대가로 보존해온 자신의 기득권을 해방 후에도 그대로 유지할 수 있었다. 이들은 정계, 재계, 관료집단, 문화, 언론, 학술, 교육계 등에 실력자·원로로 자리 잡으면서, 자신의 친위세력이나 방어조직을 광범위하게 구축하였다. 이러한 상황 아래에서 친일 문제를 거론하는 것은 우리 사회의 금기가 되고 말았다.

특히 친일부호들은 친일파에 대한 민중의 분노, 반민특위에 의한 친일파 처벌과 농지개혁에 따른 토지 상실 우려(물론 유상매입 형태이기는 하지만) 등의 요인이 겹치자 해방 후 교육기관 설립이라는 시대적 요구와 맞물려 학교를 설립하는 데 재산을 투자했다. 일부 부호들은 과거 친일행위를 반성하는 의미가 있었지만 상당수는 재산도피수단이자 교육을 통한 모리행위로 이어졌다. 오늘날 '사립학교 문제'라고 하면 설립자를 중심으로 한 숭조사업의 수단이자 사학의 재정·인사비리가 연상될 만큼 그 출발이 본래의 교육입국 취지와 멀었던 것이 큰 원인이었다.

대학은 친일 지식인들의 온상이었다

한편 해방 후 만들어진 전문대학·일반대학의 경우도 친일 지식인들의 대규모 온상이 되었다. 경성제국대학의 후신인 국립 서울대학의 경우 조선사편수회에서 오랫동안 활동한 이병도가 국사학과를 이끌었고, 친일문학 이론의 거두인 최재서가 문학을 담당했다. 서울대학교 미대는 노수현·장우성 등이 또아리를 틀었고 음대는 친일음악 분야에서 최악질로 불릴만한 현제명이 초대 학장이 되었다.

국립대학이 이 모양이니 사립대학이야 더 말할 것도 없었다. 백낙준은 1951년 문교부 장관을 거치고 1957년에는 연세대학교 초대 총장이 되었다. 친일 문인으로 오명을 남긴 유진오는 고려대학교 교수와 총장을, 김활란은 이화여대 초대 총장을, 황신덕은 추계예술대학 설립자가 되는 등 수많은 친일파들이 교육계에 포진해 그 핵심을 장악했다. 미술인의 '명문'이라는 홍익대학교 미대는 심형구와 같은 친일 화가가 개설했다. 자연히 이들과 연결된 수많은 친일 지식인들도 대학 안에 교수로 포진했다.

이와 대조적으로 해외 망명에서 돌아온 노독립투사가들이 뜨거운 열망으로 설립한 홍익대학이나 신흥대학은 되려 관련 독립운동가들이 납북되거나 또는 이승만정권에 탄압을 당하면서 위축되었다. 이들 대학은 친일 인사나 학원 모리배 또는 독립운동가의 정신을 살리는 것에 관심 없는 재력가의 손으로 넘어가 버렸다.

친일파 숭조사업으로 포장된 대학들

문제는 친일세력들이 대학을 장악한 것은 교육계에 대한 영향력으로 끝나지 않는다는 점이다. 이른바 교육의 신성함을 내세우면서 신성한 교육자, 민족교육가로 변신을 꾀하는 한편, 학연·혈연·지연으로 이어진 그 후계조직들은 설립자를 위한 각종 동상이나 기념관, 기념사업 등을 통해 친일 역사를 덮어버리고 학교를 설립자를 미화시키기 위한 숭조사업의 수단으로 사용하고 있다는 것이다. 이화여대의 헬렌관(김활란의 미국 이름)과 김활란 동상, 고려대의 인촌기념관과 인촌 동상, '인촌로'라는 기념도로 등 유달리 친일한 사람들에 대한 기념조성물이 넘쳐나고 있다. 이뿐 아니다. 학내 교수나 외부 문필가를 동원해 위인전 수준의 평전을 만들어 보급하기도 한다. 이런 입체적인 숭조사업을 통해 친일인사들을 애국자·민족교육의 성자로 추켜세우는 '범죄의 재구성'을 시도하고 있다.

또 대학이 갖는 사회적 힘을 행사해 우리 사회 전 분야에 그물망과 같은 설립자를 위한 강력한 보위조직을 구축하고 있다. 애교심이라는 미명을 동원해. 이런 상황 아래 대학의 학문 연구의 영역에서도 친일 문제는 금단의 영역이 되었다. 설립자나 총장이 친일인사들이고 그 후계조직이 숭조사업에 혈안인 현실 속에서 친일에 대한 비판적 연구를 하기 어려우며 이것을 주제로 쓴다 한들 교수로 임용되기 난망하기 때문이다. 그렇다. 친일 문제는 학문의 자유마저

가로막았고 학문의 어용성을 요구하는 학계풍토와 이어져 있다!

오늘날 한국 대학이 유독 설립자의 고매한 인격과 열렬한 애국 애족정신을 강조(학교만 지으면 민족교육이라 떠드는 이 풍토!)하는 것은 그만큼 실립자들이 '민족' 앞에 흠결 사항이 많기 때문이라는 역설도 충분히 가능하다. 한국의 학술세계가 유달리 권력에 대해 비판의식이 약한 것도 따지고 보면 그들의 스승 상당수가 일제 식민지기 권력에 굴복했던 오욕의 역사가 학계 또는 교육계 내에서 지양되지 못한 데에도 원인이 있다. 친일지식인들이야말로 근대 한국의 순응형 지식인, 시류영합형 지식인의 원류이기 때문이다.

김성수 등의 친일 문제는 해당 대학이 친일했다는 의미가 아니다

그러나 명색이 교육기관인 이상 그래도 지켜야 할 최소한의 금도는 있다. 친일 행위가 다대한 설립자를 온통 미화하는 위인전을 제작해 설립자의 중고등학교 학생들에게 읽히고 독후감을 쓰게 하는 것은 적어도 역사에 대한 범죄행위이다. "학병제군 앞에는 양양한 전도가 열리었다. 몸으로 국가에 순(殉)하는 거룩한 사명이 부여되었다. 이 얼마나 감사할 일이냐. 제군은 오늘 이때를 영구히 잊지 못할 것이다. 나가라! 전선으로 그 뒤는 우리가 맡겠다"고 조선 청년들을 사지에 내몰고, 국민총력조선연맹의 유일한 여성 이사로서 "황국의 여성으로서 미래 지원병, 황군용사의 어머니로서 심신 모두가 건전한 여성을 창조하도록 노력"하겠다고 떠든 사람을 평화운동가·여성운동가로 둔갑시켜 관련 기념상을 제정하는 망발은 그만두어야 한다.

일제의 침략전쟁을 대동아성전이라고 떠들고 '귀축영미(鬼畜英

米)'를 떠들어 대던 자를—그 학교의 총장을 역임했다고 해서— 대학의 홈페이지에 "인간을 존중히 여기고 겨레와 민족에 봉사하는 것을 일생의 과업으로 몸소 실천하셨을 뿐만 아니라, 민족교육의 이념을 설정하시고 제도의 기초를 놓아 새 나라를 세우신 민족의 선각자이고 겨레의 스승"이라고 버젓하게 올리는 것은 차마 교육의 양심으로 못할 짓이다. 이런 작태가 세계의 유수 대학과 어깨를 겨눈다고 자부하는 학교의 실상이다.

오죽하면 2005년도에 몇몇 대학교 학생회에서 각 대학의 친일인사인 설립자에 대한 재단과 학교 측의 미화와 역사왜곡에 항의해 '친일파 진상규명을 위한 대학생 민간법정'을 열려고 했겠는가.

마지막으로 김성수 등의 친일 문제는 해당 대학이 친일했다는 의미가 아니다. 이들의 친일은 학교 때문에 한 것이 아니며 설령 학교를 핑계 삼더라도 교육 이념을 지키기 위한 것도 학생을 보호하겠다는 것도 아니었다. 그 대학의 설립자나 총장이 친일했지 그 대학이 친일한 것은 아니다. 그 대학 출신자로서 항일운동을 한 사람들은 무엇이란 말인가? 따라서 그 행위 당사자가 책임질 문제이다.

그런데도 이들과 혈연·학연으로 이어진 일부 세력은 김활란·김성수·백낙준 등을 친일반민족행위자로 규정한 것을 마치 대학을 친일로 몰고 가는 식으로 은연중에 유도하고 있다. 즉 개인을 대학 전체와 동일시함으로써 대학의 권위와 힘을 동원해 개인(私主)의 기득권을 유지하고자 한다. 대학을 개인의 이권 보호 수단으로 사용화(私用化)하는 것, 그것이 6개 대학 총장의 청원서가 지닌 본질이다. 일제시기 그들이 친일했을 때처럼.

서울국립종합대학안과 경성대학 김태준

류 승 완*

▲ "미군정청은 애국자 총장을 자르고 미군 대위를 총장에 앉혔다. 그리고 그 위에서 서울대가 시작되었다." (ⓒ 이광수)

요즘 서울대의 행보가 재미있다. 세종시 논쟁으로 나라가 시끄러운 가운데 10년 전부터 요구해오던 서울대의 특수법인화(안)이 국무회의를 통과해 국회 의결을 앞두고 있다. 이는 서울대의 위상을

* 성균관대학교 철학박사

다른 국립대보다 한 차원 높이고, 재정과 인사에서 특혜를 주는 것이다. 세종시 공약을 어기기 위한 핑계거리가 필요했던 이명박정권은 서울대가 세종시로 옮겨갈 것처럼 언론에 흘렸고, 이 시기에 서울대의 특수법인화가 성사되었다.

까마귀 날자 배 떨어지는 격이어서 일각에서는 '빅딜설'도 제기되었다. 더 재미있는 것은 서울대가 특수법인이 되고 나자, 세종시로 안가겠다며 말을 바꾸고 있다는 점이다. 처음부터 빅딜은 아니었는지, 아니면 영악스런 쪽에서 먹이감만 뺏어 먹었는지는 모를 일이다. 그래도 양자 간에 다툼이 없다. 어차피 새로운 특혜에 대한 부담은 백성들의 몫이기 때문이다. 도대체 서울대가 어떤 존재이기에 입시경쟁의 정점에서 또 새로운 특혜를 누릴 수 있는가? 이 궁금증에 답하기 위해서 지금부터 62년 전에 이루어진 서울대의 탄생과정을 잠깐 살펴볼 필요가 있다.

서울대 탄생과정

1947년 6월 19일 미군정청은 9월 신학기부터 '국립서울종합대학안'을 시행한다고 공표하였다. 그 뼈대는 미군정이 직접 학교경영권을 가지고 일제가 설립한 서울의 관립전문학교들과 수원의 농업전문을 합쳐서 서울대학교를 설치한다는 내용이었다. 이에 따라 새로 만들어지는 서울대는 기존의 '경성대학'과 예과, 그리고 일제하의 2등교육기관인 경성의학전문, 치과전문, 공업전문, 농업전문, 경제전문, 광업전문, 법학전문, 사범전문 등과 현제명이 설립한 서울예대 음대 등이었다. 이상 10개 전문교육시설에 수용되어 있는 학생 수는 대략 9,000~10,000명이고 교수는 900~1,000명으로 추산되었다.

미군정이 국립서울대를 만들려 했던 이유는 첫째, 새 국립대학의 재임용과 재등록 과정에서 눈 밖에 난 교수와 학생을 몰아내고 둘째, 인사권으로 신생 대한민국의 고등교육기관을 통제하며 셋째, 친미적 시식인을 양성하기 위한 목적으로 분석된다.

당시 대다수의 교수와 학생들은 미군정청의 국대안(국립대학안)을 '식민지 노예교육안'으로 보았다. 국립서울대학안이 발의되자, 제일 먼저 서울의대의 전신인 경성의전이 동맹휴학에 들어갔다. 서울대 편입의 대상이었던 모든 전문학교, 심지어는 일부 고등학교에서까지 반대운동이 일어났다. 이 국대안 반대운동은 해방 후 처음 전국적으로 일어난 학생운동으로, 전국적으로 40여 개 학교 3만여 명의 학생들이 참여했다. 당시의 학교와 학생 수를 감안한다면 대다수가 국대안을 반대했다고 볼 수 있다.

그러나 국대안반대 투쟁은 경찰의 물리적 탄압으로 수백 명의 진보적 교수와 근 2,000여 명에 달하는 학생들이 학교에서 쫓겨나면서 막을 내렸다. 조선제일의 핵물리학자였던 경성대학 이공학부장 도상록 교수도 교원대표로 반대의견을 제출했다가 교수직에서 파면되었다. 조선학술원의 대표적 학자인 경성제대 출신 신남철은 공개적으로 미군정에 국대안 철회를 요청하였다. 역시 경성제대에서 수재로 손꼽혔던 前숭실전문 교수 박치우는 탄압에 대해서 이렇게 개탄했다. "도상록 교수사건, 숙전사건 등…… 아무리 정치적 원인에서의 증오(憎惡)라 하더라도 이다지도 더러워야 한다는 말일까? 민족은 입이 있거든 마땅히 대답해 볼 일이다."

왜 그 많은 사람들이 서울대 교수와 학생 되기를 거부했을까?

오늘날에는 이해가 가지 않는 일이다. 도대체 왜 그 많은 사람들이 서울대 교수와 학생 되기를 거부하고 고난의 길을 갔을까? 미군정은 왜 그토록 힘들게 서울대를 만들려 했던 것일까? 그리고 이들과 반대로 서울대 만들기에 적극 동참했던 지식인들은 어떤 사람들이었을까? 이에 답하는 열쇠가 '경성제국대학'과 '경성대학'이다.

1924년 조선총독부는 경성제국대학을 세웠다. 그것은 조선인들의 민족대학설립 운동을 차단하고 식민지 관료를 양성할 목적에서였다. 그래서 경성제대는 일본의 다른 제국대학들과 달리 문부성에 소속되지 않고 조선총독이 직접 관리하였다. 조선인은 전체 정원의 1/3을 넘지 못했고, 이공계 학과도 들어가지 못했다. 그러나 진흙 속에도 연꽃은 피는 법이어서 1934년 경성제대의 일본인 교수 미야케가 서대문 지하감옥에서 탈옥한 독립운동가 이재유를 관사에 숨겨준 사건이 발생하였다. 이로 인해 미야케는 감옥에서 3년을 살고 교수직에서 쫓겨났다. 이 사건은 미야케의 조선인 제자들로서는 민족해방투쟁의 정당성을 확신하게 하는 것이었다. 경성제대의 조선인 졸업생들은 대부분 충실한 일제의 주구가 되었지만 미야케의 제자들은 사회주의 계열의 독립운동에 헌신했다.

그의 제자들은 하나같이 학문적으로도 뛰어난 당대 최고의 수재들이었다. 그 가운데 김태준이라는 국문학자가 있었다. 1940년 훈민정음 해례본 원본을 발굴해서 학계에 보고한 그는 경성제대에서 최초의 조선인 강사였다. 일본인들조차도 그의 학문적 역량만은 인정하지 않을 수 없었던 것이다. 그는 학자로서 보장된 삶을 마다하고 이재유의 동료 이현상의 소개로 경성콤그룹에 가입했다. 이로 인해 그는 1941년 투옥되었다. 그가 감옥에 있는 동안에 노모와 아내, 아들이 숨졌다. 병보석으로 출옥한 그는 이듬해 무정 장군이 이끌던 연안의 조선의용군 진영으로 극적으로 탈출하였다. 그리고 해방과 함께 걸어서 서울로 돌아왔다.

미 제국대학 – 서울대, 서울대는 초대총장에 이어 2대 총장도 미군대위

일본인들이 물러간 1945년 8월 16일부터 경성제국대학은 경성대학이 되었다. 따라서 경성대학은 경성제국대학과의 잔재를 청산하고 새로운 민족대학으로 거듭나야 했다. 김태준은 학내 전 구성원이 참가한 전학대회에서 경성대학의 초대총장으로 선출되었다. 그의 학문적 역량과 경력을 감안한다면 당연한 결과였다. 그러나 당시 조선을 통치한 것은 미국(美國)이 아니라 미군(美軍)이었다. 미군정청 학무국은 조선의 뛰어난 학자·애국자가 총장으로 있는 경성대학을 원치 않았다. 대신에 명령에 복종하는 사람이 필요했다. 그래서 경성대학 대신 국립서울대를 새로 만들고 미군 대위를 초대총장으로 앉혔다. 그들에게 변방 식민지 작은 나라의 대학은 미군의 일개 중대로 보였던 것이다.

이에 반대하는 한국인 교수와 학생들을 학교에서 몰아내는 것은 당연한 처사였다. 이 비이성적 행위가 진정으로 미국의 국익에 부합하는지를 생각하기 보다는 주어진 명령에 따르는 것이 군인의 역할이기 때문이다. 초대 서울대 총장이 된 미군대위는 미국에서 대학을 나온 교양인이었다. 그가 명령수행에 미온적이자 미군정청은 총장을 교체했다. 서울대학의 초대총장에 이어 2대 총장도 미군대위가 임명된 것이다. 적어도 한 나라를 대표하는 대학에 대한 이러한 처사는 민족적 자존심을 무시한 것이다.

반면 미군정의 처사에 적극 협력한 한국인들도 있었다. 그들 대부분은 일제하의 친일파들로서, 경성제대의 교수자리는 바라보기 어려웠다. 이 사정은 김태준(金台俊, 1905~49)과 같은 애국자들이 총장으로 있는 한에는 해방된 경성대학에서도 마찬가지였다. 그런데 이들에게 미군정은 김태준, 도상록 같은 학자들을 몰아내고 신생국가의 국립대학에 자리를 잡을 수 있는 기회를 주었다. 이들과 미군정의 협력으로 1945년 8월부터 1947년 8월까지 2년간 존속했던 경성대학은 사라지고, 대신 서울대학이 출범했다. 당시 많은 지식인들이 서울대학 교수와 학생되기를 거부했던 데에는 서울대를 또 다른 제국대학으로 인식하는 정서가 작용했다. 그래서 서울대 출범과 관련되어 수백 명의 교수들과 수천 명의 학생들이 희생된 것이다.

경성대학 총장, 김태준 총살 당해

김태준의 희생은 "민족이여 대답하라"는 박치우의 절규를 상징한다. 민간인이었던 김태준은 1949년 7월 체포되어 군사재판을 받았다. 남로당 특수정보부장이라는 죄목으로 기소된 그의 구체적 범죄사실은 지리산에 있는 이현상에게 의약품 한 통을 전달했다는 것이었다. 사형선고를 받은 김태준은 그해 11월, 마흔 다섯의 나이로 경기도 수색의 사형장에서 총살되었다.

이것이 훈민정음의 존재와 조선한문학사의 대강을 알려주고, 일신의 안일과 온 가족의 목숨을 독립운동에 바친 젊은 학자에게 우리 민족이 해준 보답이었다. 여순사건의 주모자로 그와 함께 재판받은 현역 상사가 무기징역을 선고받았던 사실은 이 재판의 정당성을 의심케 한다. 그는 경성대학 총장으로 선출되었던 탓으로 서울대학 추진세력들의 공적이 되어 있었다. 그가 살아있는 한 언제든지 경성대학이 다시 살아날 수 있고, 그런 점에서 서울대학은 자유롭지 못했기 때문이다. 김태준의 비극적 운명은 우리 민족 지성사의 과제를 여실히 보여주고 있다.

학운이 사그러든 한국의 학문

홍 기 빈*

▲ 키메라와 같은 비정규직 교수 체제는
얼마나 오랫동안 무너지지 않고 정당화될 수 있을까? (ⓒ 이광수)

막스 베버의 유명한 강연 「직업으로서의 학문」의 초두에는 독일 대학 소장 학자들의 처우와 미국 대학 소장 학자들의 처우에 대한 비교가 나온다. 그가 강연을 한지 1세기가 흘렀건만 한국 대학의 현실을 보면 바로 오늘 일이다. 아니 1백년 전에도 보지 못했던 극

* 글로벌 정치경제연구소 소장

악한 체제가 시행되는 것을 보고 한숨이 나온다.

독일에서 박사 학위를 마치고 아직 대학에서 정규교수직을 잡지 못한 이들은 '사강사(Privatdotzen)'라는 지위로 강의를 한다. 사강사는 대학에서는 아무런 보수도 받지 못한다. 그저 학생들이 자발적으로 내는 강의료를 받을 뿐이다. 그 대신 사강사들은 자신이 원하는 관심사에 따라 원하는 내용으로 강의를 조직할 수 있다. 반면 미국에서는 박사학위를 마친 젊은 학자들이 '조교수(assistant)'라는 명칭으로 임시 채용된다. 그는 대학에서 정규적인 봉급(salary)을 받지만, 그 대신 그가 가르쳐야 하는 과목의 내용과 방향은 학과에서 주어진다.

어이없는 위선에 기반한 학문추구

베버는 두 가지 경향 모두에서 문제를 발견한다. 독일에서 학제란, 대학에서 학문 추구가 학자들의 실제 생계와 같은 '세속적인' 문제와는 별개라는 어이없는 위선에 기반하고 있음을 지적한다. 베버는 스스로를 낮추면서, 자신은 크게 운이 좋아 교수 자리를 얻었지만 자신보다 '훨씬 뛰어난' 학자들—실로 누구인지 궁금하다. 짐멜(Georg Simmel) 이야기일까?—이 그런 운이 없어서 학운이 사그러들었다고까지 말하고 있다.

미국의 제도 또한 베버는 암울한 시선으로 바라본다. 근대 세계의 집단적 합리화 과정에 맞추어서 학문 추구 또한 하나의 기업이나 공장과 같은 집단적 작업 공정을 닮아가고 있다는 것이다. 강연의 내용에서 베버가 하나의 이상형으로 제시하고 있는 '소명'으로서의 학문이란 사실상 중세 승원의 수도승과 같은 인생의 헌신이니,

두 제도 모두 베버의 마음에 썩 들리는 없다. 하나는 낡은 귀족주의 시대의 허위에 찬 위선이요, 다른 하나는 이제 펼쳐지기 시작한 회색빛 공장 사회의 모습이니까.

그런데 베버가 2009년 한국 대학의 모습과 그 속에서 비정규직 교수들의 모습을 본다면 어떤 표정을 지을까? 독일의 낡은 귀족주의와 미국의 차가운 현금 관계라는 양쪽의 나쁜 것만 합쳐놓은 제도가 존재할 수 있다는 것을 보면 무어라고 할까?

강의 제의 받고서야 부랴부랴 공부하고 커리를 짜야……

한국의 비정규직 교수들은 4대 보험을 필두로 하여 심지어 교원으로서의 신분조차 보장받지 못하고 있다. 그들이 받는 '강사료'란 사실상 대학의 재정에서 지급되는 돈이라기보다는 강의를 받는 학생들의 등록금에서 갹출한 돈이고, 대학 행정실에서 이에 대한 중간 업무를 해주는 정도라고 보아야 한다. 그래서 강의가 없으면 강사료도 없고, 그들은 전통 사회의 '고고한 학자'마냥 이슬과 공기를 먹고 마시면서 살아가라는 위선을 강요당한다.

그렇다면 그들에게 강의 주제 선정과 내용 결정의 권한이 있는가? 여기에서 오늘날 한국의 비정규직 교수들은 미국의 젊은 학자들과 같은 신세가 된다. 강의의 주제는 학과의 필요에 의해 일방적으로 결정되며, 이 과목 강의해볼 생각이 있느냐고 일방적으로 제의를 받을 뿐이다. 생계나 여러 가지 걱정에 몰린 입장에서는 거절하기 힘들 때가 많다. 그러면 그때부터 부랴부랴 책과 논문을 쌓아놓고 공부를 하고 커리를 짜야 한다. 요컨대, 한국의 비정규직 교수들은 경제적 대우의 차원에서 보면 19세기 독일 대학의 관행에 있으며, 대학의 교육 및 연구 활동에의 참여라는 차원에서 보면 20세기 초 미국 대학의 관행에 묶여 있는 상태라고 할 수 있다.

많은 대학들, 쌈짓돈 쟁여서 자본 시장의 큰손으로

도대체 19세기와 20세기 대학의 나쁜 점만 모아놓은 제도가 어떻게 21세기에 떳떳이 실현이 될 수 있는 것일까? 이러한 상황을 더욱 놀랍게 하는 것은 21세기 한국의 대학들이 너나없이 내걸고 있는 구호, 즉 '학문 경쟁력 강화'—여기에 엉뚱하게 '글로벌'이라는 말도 심심찮게 붙는다—라는 것이다. 이를 명분으로 하여 대학 등록금은 계속 올라가고 정부에 대한 각종 지원금의 요구도 계속 늘어나고 있으며, 또 많은 대학들은 쌈짓돈을 쟁여서 아예 자본 시장의 큰손으로까지 나서고 있는 상황이다. 그런데 많은 이들이 지적하였으므로 더 이상 상론할 필요가 없겠으나, 막상 그 대학 활동의 핵심이라 할 교육과 연구의 절반 이상을 전담하고 있는 비정규직 교수들에게는 19세기 독일 대학의 사강사 지위를 강요하고 있다.

처우만이 문제가 아니다. 현재 급변하고 있는 21세기의 지구적 사회에서 20세기 중반 정도에 틀이 잡혀 있는 학과 편제나 대학교육 내용이 쉽사리 낡은 것이 되어버리는 경우가 무척 많다. 따라서 교육과 연구의 내용이 현실을 따라잡고 학생들에게 의미있는 실속을 가져다 주기 위해서는 강의의 기획과 내용 채우기가 아주 섬세하고도 체계적으로 이루어질 필요가 있음은 말할 것도 없다. 그런데 현실적으로 벌어지고 있는 일은 정규직 교수들이 선택하고 남은 과목들을 뒤치다꺼리로 비정규직 교수들이 맡아 강의하는 형국이다.

물론 정규직 교수들도 연구 작업에 몰두해야 할 시간이 필요하므로 그러한 보조적 역할이 불가피하다는 것은 충분히 인정할 수 있는 일이다. 하지만 그 비중이 강의 전체의 절반에 육박하거나 넘는 경우라면 이야기가 다르다.

정규직 교수들이 새로이 연구 작업에 착수할 능력과 의욕이 없는 완전히 새로운 주제들, 그리고 기본적으로 가르쳐야 하지만 과도한 부담의 과목들이 비정규직 교수들에게 주어지는 상황이다. 사실상 '글로벌 대학으로 발돋움히는 한국 대학들'의 현황은 연구와 교육의 기초 부분을 헐어내어 엉뚱하게도 '자본을 축적'하는 엉뚱한 기관으로 바뀌는 형국이다.

'전임 자리'를 둘러싼 무형의 규칙

이렇게 눈에 보이는 제도는 턱없이 불합리하다. 그런데 그 배후에는 다시 눈에 보이지 않는 제도가 있다. 그것은 해방 후부터 한국의 대학 사회에 자리잡은 소위 '전임 자리'를 둘러싼 무형의 규칙이다. 사실상 일본 대학을 통하여 19세기 독일 대학의 알량한 귀족주의적 교양주의가 들어온 것에 불과하지만, 대학강사란 '전임 자리'를 잡기 전 몇 년간 해당 학과나 학계의 '학문 공동체'에 조용히 봉사하는 존재라는 생각이 21세기에도 통용되고 있는 것이다.

그러한 봉사의 생활이 길어진 나머지 머리가 벗겨지고 아이가 중학교를 들어가도록 시간강사를 면치 못하는 상황을 사방에서 보고 있는 현재의 비정규직 교수들의 다수는 아마 이것이 현실과 동떨어진 허위 의식에 불과하다는 것을 알 것이다. 간단한 시장의 법칙으로 바라보자면 교수 채용 시장에 나오는 박사학위 소지 공급자는 넘치고 있으며, 대학 자리는 턱없이 부족하다. 그런데도 이를 정확하게 지적하고 나오는 목소리는 오히려 비정규직 교수들 사이에서 가장 낮은 듯하다. 그런 생각이 허위 의식인 줄 알아도, 사실상 '고양이 목에 방울 달기'라는 법칙에 눌려 목소리를 내지 못한다.

가까운 후배가 몇 년 전 열심히 비정규직 교수들을 조직하는 일에 몰두하였다. 그 친구가 부닥친 가장 큰 장벽은 본인들 스스로의 패배주의였다. 지금 한국 대학에서 어처구니없이 불합리한 19~20세기의 키메라와 같은 제도가 계속 용인되고 있는 것은 물론 자본 축적 기관으로 변모해가는 대학 당국 자체가 1차적 원인이다. 그러나 피해자이면서도 패배주의와 일각의 기회주의까지 겹쳐서 아무런 행동을 하지 않고 있는 당사자들에게도 있다고 생각된다.

대학 사회 상층의 이익에 따라 버무려놓은 지금의 비정규직 교수체제

캐나다에서 유학을 하던 당시 내가 보았던 캐나다 대학의 '강사들'은 그렇지 않았다. 이들은 강고한 노동조합으로 조직되어 있다. 교원지위는 물론이고 노동 조합 자체에서 여러 종류의 수당과 보조금을 위한 기금도 운영하고 있으며, 학기마다 조합원 모두에게 최소한의 생활이 가능하도록 강의가 고르게 분배되도록 조치하며, 필요할 경우엔 강좌의 개설을 학교에 요구하기도 한다. 이는 물론 한 사람의 강사가 담당해야 할 학생의 숫자와 채점 및 강의 시간 등에 대해서 상당히 구체적으로 규정된 단체 협상을 해놓았기에 그 기초에서 가능할 수 있는 일이다. 이 노조는 개별 대학별 노조도 아니다.

크게는 전국의 대학 교원들을 모두 포괄하는 일종의 산별 체제를 갖추고 있으며, 상급 기관으로 캐나다 공공 노조(CUPE: Canadian Union of Public Employment)의 산하에 들어있었다. 대학 당국도 이들이 대학의 교육과 연구의 핵심적인 일익을 담당하는 주체임을 충분히 인정한다.

　서두의 이야기는 베버의 「직업으로서의 학문」으로 시작하였으니 끝은 알렉시스 드 토크빌의 「프랑스 혁명과 앙시앙 레짐」으로 나가고자 한다. 토크빌이 진단하는 프랑스 구체제의 문제점은 성격과 정당화 논리가 상이한 여러 위계제도가 착종(錯綜)되면서 발생하는 어처구니없는 불합리이다. 왕정과 그 주변의 궁정 귀족들 그리고 지방 귀족들은 한편으로 봉건 시대의 황당한 논리들에 기댄 지배 체제를 구성해 놓았지만 또 다른 한편으로는 차갑고 냉혹하기 짝이 없는 현금과 화폐의 논리로 인민들을 쥐어짜기도 한다. 이렇게 서로 작동 논리가 상이한 위계 제도들이 말이 되고 안되고를 떠나서 무조건 위계 서열의 위쪽에 있는 이들의 이득과 권력이라는 이유 하나로 무조건 강요되고 지속되고 있는 상태였다는 것이다.

　이러한 키메라와 같은 체제가 어떤 논리로 장기적으로 정당화될 수 있겠는가. 혁명과는 거리가 먼 보수주의자 토크빌조차 여기에서 프랑스 혁명이 벌어질 수밖에 없는 원인을 보았다. 19세기 독일 대학과 20세기 미국 대학의 불합리한 점만 취하여 대학 사회의 상층의 이익에 따라 버무려놓은 지금의 비정규직 교수체제는 과연 얼마나 오랫동안 무너지지 않고 정당화될 수 있을까.

제3부

대학에서 무엇을 배웠나?

대학생의 취업, 꿈꾸지 못하는 우리는 대학생!

조 한 일*

▲ 대학이 취업 전쟁을 준비하는 곳인가? (ⓒ 이광수)

　대학생의 취업에 관한 글을 써달라는 제의를 받았다. 내용은 현
재의 취업, 일자리 나누기 등의 여러 가지 내용이 들어가도 좋다는
연락을 받았다. 듣기 좋은 내용과 희망적인 얘기를 할 수도 있었지
만, 현재의 대학생들이 가장 크게 당면하고 있는 이야기를 해야겠

---

* 고려대학교 학생

다는 생각이 들었다. 대학생을 대표하고 우리의 목소리를 세상의 사람들에게 알리는 기회라는 생각이 들어 주변의 지인들에게 문자 메시지를 보내었다.

'우리들에게 있어서 취업이란 무엇일까?', '대학생에게 취업이란 어떠한 것일까?'라는 질문의 답문은 충격적이었다. 후배도 있었고, 선배도, 친구들도 있었다. 20살도 있었고, 28살도 있었다. 하지만 그들 모두의 답변은 한결 같았다. 두려움, 막막함, 전쟁 등 하나같이 부정적이고 어두운 것들 뿐이었다. 그중에 가장 기억나는 답문이 있다. '꿈'만 같다. 이제는 아무리해도 이루어지지 않고 깨지기만 할 꿈, 그 친구는 작년에 졸업했던 친구였다.

2009년 20대는 심장이 없다

'아프다고 말하면 정말 아플 것 같아서, 슬프다고 말하면 눈물이 날 것 같아서 그냥 웃지' 2009년 봄날을 강타했던 유행가의 가사다. 2009년의 20대의 모습, 하루 종일 도서관에서 입사 지원서를 작성하고, 이번에는 혹시나 하며 웃어보지만, 자신은 아니라곤 하지만, 결국 체념하고 다시 웃기를 반복하는, 마치 우리 대학생들의 모습을 대변하는 듯하다. 올해 초부터 등록금과 청년실업으로 인해 자기 목숨을 버리는 대학생들의 언론보도가 빈번해졌다.

소위 일류대학으로 불리는 고려대학교에 들어가 휴학과 아르바이트를 반복하다가 결국엔 자기 인생에 좌절하여 한강에 몸을 던진 학생, 어렵게 모은 등록금 수백만 원을 보이스 피싱 사기로 날려버리고 15층 아파트에서 몸을 던지고, 등록금을 마련하기 위해 사채를 썼고, 그것이 성매매로 이어져 부녀지간 모두가 목숨을 끊는 이야기까지. 2009년 몇 명만의 이야기 같지만 이것은 곧 지금 우리의 현실이다.

2004년에 대학에 들어와 4학년이 되어버린 나는 심심찮게 주변의 소식을 듣는다. 같이 대학에 들어왔던 여자 동기들의 탄식이 여기저기서 들린다. 한 친구는 하루에 3~4개의 입사원서를 쓴다고 한다. 작년 가을부터 시작되었던 그 친구의 취업전쟁은 아직도 진행형이다. 이제는 웃으면서 얘기한다. 우리나라에 이렇게 많은 회사가 있었는지도 몰랐다고.

외국에서 유학생활을 하고 왔던 한 친구는 결국 영어학원에서 중학생을 가르치고 있다. 이 친구는 돈을 조금 더 모아서 외국으로 나갈 거라고 한다. 이 땅에서는 어쩐지 미래가 없어 보인다고 한다. 또 한 친구는 중소기업에 취업을 했다. 하지만 학자금 대출이 있어, 이자 갚고 나면 남는게 없다고 한다. 2년 정도만 더 하면 될 것 같다고 그냥 웃는다. 재학생 후배들이나 동기들도 마찬가지다.

취업이 뭘까?라는 질문을 던져보았을 때, 4학년 친구들은 '꿈'이라고 한다. 이루어질 수 없는, 잡으려고 발버둥치면 깨어버릴 것만 같은 '꿈'이란다. 나머지도 모두 마찬가지이다. 전쟁, 두려움. 취업 이야기가 나오면 모두들 한숨부터 쉬는 게 요즘 대학생이다. 이 친구들은 과연 어떤 대학생들인가? 막연히 먹고 놀던 소위 '먹고 대학생'이었던 것일까? 앞에 언급된 친구들은 소위 취업에 필수 조건인 '스펙'이 갖춰진 친구들이다. 토익 900점, 해외 어학연수, 해외 봉사활동, 공모전 수상, 인턴경력 등 언론에서 떠드는 경력을 갖춘 친구들이다.

2009년의 대한민국은 그야말로 취업의 전쟁터이다. 정부에서는 연일 대책을 쏟아내고 있지만, 허울만 좋은 인턴과 일용직밖에 없다. '이거라도 없으면 안 된다', '눈을 낮춰서 나가라'라는 등 동의할 수 없는 말만 쏟아내고 있다. 돈을 벌기 위해서만 일을 하는 것이 아니다. 자기의 배움을 실현하고 나아가 자아를 실현할 수 있는 게 곧 노동이며, 그것을 위해 살아가는 사람들에게 단순히 자본의 논리로만 해결책을 찾아 주려는 데서, 현재의 문제가 발생한다.

또 다른 측면에서 취업 문제의 현재를 바라보면 자본의 논리에 순응하게 된 대학교육에서 찾을 수 있다. 12년간 제도권 교육하에 지속적인 주입식 교육과 경쟁을 배운 우리들은 대학에 와서 또 다른 경쟁에 부딪히게 된다. 학점에 치이고, 토익뿐 아니라 봉사활동, 그것도 우리주변의 어려운 이웃을 도와야하는 것이 아닌 기업 차원에서 운영하는 해외봉사 활동이 필요하다.

대학에서 우리는 물을 담을 수 있는 그릇을 키워나가야 하지만 지금의 우리는 물을 채우는 법만 배우고 있다. 그릇이 커야 담는 물의 양이 늘어나는데, 우리의 그릇은 한계가 있다. 많은 수업들에서는 세상을 바라보는 관점보다 영어 단어 하나, 마케팅 용어 하나 더 가르치는 데 치중하고 있다. 우리의 가치관을 세우고, 그 가치관에 맞게 행동하게 만드는 게 아닌 졸업 후 일을 잘할 수 있는 사람들을 키우는 데 치중하고 있다.

꿈꾸지 못하는 우리는 대학생!

사람들은 항상 과거를 후회하고 미래를 꿈꾸며 살아간다. 무언가를 꿈꾸지 못하고, 과거에 대한 후회로만 살아간다는 것은 참으로 불행한 일이다. 하지만 지금을 살아가는 대학생들은 애석하게도 꿈꾸지 못한다. 과거에 대한 후회만으로 현재를 살아가기에 급급하다. 우리는 꿈꾸는 법을 배우지 못했다. 누군가가 듣게 되면 참으로 바보같다고 생각하겠지만 현실이 그렇다.

대학에서는 꿈꾸는 법을 알려주지 않는다. 오히려 꿈을 꾸면 바보같고 어리석다고 막는 것이 대학이다. 그래서 우리들은 항상 취업을 생각하고 4년 내내 토익과 학점에 매달리며 살아간다. 인생에서 도움이 되고, 공부하고 책을 읽는 행위보다는 조금 더 학점 따기 쉬운 수업을 들어 최대한 더 높은 학점을 따기 위해 노력한다. 일부 전문과를 제외하고 자신의 공부했던 전공과는 무관하게 살아가는 사람들이 우리의 모습이다.

나는 경영학을 공부하면서, 창업에 대한 꿈을 꾸었다. 처음에는 막연한 도전이었다. 또한 조금이라도 더 돈이 되는 세상에 들어가기 위해 노력했다. 그리고 공부를 하면서 기업가 정신을 알게 되었다. 일자리를 만들고 나누고 더불어 살아갈 수 있는 세상을 주체적으로 만들어 가는 사람, 그것이 내가 되어야 하는 사람이라는 것도 알았다. 배움을 통해 꿈을 꾸고 단지 꿈이 아닌 현실로 만들기 위해 끊임없이 노력하고 만들어가는 그 일련의 과정에서 많은 도움을 주어야 하는 것이 대학은 아닐까?

혼자서는 너무나도 힘들기에 선생님들이 있고, 그리고 지속적으로 사람들과 소통하여 마침내 이루어내는 일련의 방법을 학교에서는 알지 못했다. 조금이라도 능동적으로 자신의 삶을 살아가면, 학교에서는 낙오자라 손가락질 한다. 이런 한가지 한가지들이 모여서 역동적이고 창의적이어야 할 지성의 상아탑을 종속적으로 만든 것은 아닌가? 이렇게 수동적이고 형편없는 인간이 된 우리를 만든 주체는 어디에 있을까?

대학생이 바라보는 대학이란 무엇인가?

과연 대학이란 곳은 무엇인가? 이 땅에서 대학이란 무엇이란 말인가? 대학이 어떤 과정을 거쳐 만들어지고, 무엇을 위해 봉사하는 기관이고, 어떤 배경에서 지금의 대학이 성립하게 되었을까? 학문의 자유와 교수들을 위해 자유로이 길드적으로 형성되었던 유럽과 달리 이 땅에서의 대학은 학문적 관심과 달리 정치적 관심에서 설립되었다.

일제 식민지 시대에 민간주도의 자생적 요구의 의해 설립이 추진되었던 민립대학운동은 실패하고, 식민 지배의 방편으로, 또한 명목적으로 문화운동의 일환으로 일본제국주의자들에 의해 만들어진 것이 경성제국대학이었다. 해방 이후 박정희 독재정권, 전두환 군사정권을 거쳐 오늘에 이르기까지 특정한 정치적 관심이 이 땅의 대학의 본질과 이념을 지배해 왔다. 다시 말해서 대학의 주된 구성원들은 한 번도 주체적으로 서 본적이 없었다. 타자의 논리와 외부의 폭력이 대학의 자율권을 훼손하고, 이러한 정치적 볼모로 잡힌 대학교육은 자연스레 황폐화되고, 대학의 이념과 본질, 그 사명감을 망각할 수밖에 없다.

그중 하나가 대학강사의 문제다. 대학은 정권에 대해 비판적인 목소리를 내는 지식인들을 대학강사로 내몰아 교원지위도 주지 않은 채 지성의 전당을 운영한다. 힘의 논리로 비판적인 사고방식과 목소리를 잠재우고 마침내 지금에 이르게 되었다. 가치관도 사고의 방법도 모르는 우리는 한마디로 바보다. 대학에서 4년간의 교육은 초·중·고 12년이나 유치원에서 받는 교육만 못하다. 자격도 없는 사람들에게 교육을 받다 보면 생각이나 행동 모두 죽기 마련이다.

2008년의 우리 사회에서의 가장 큰 화두는 '촛불'이다. 하지만 주변을 돌아보면 촛불을 들었던 사람이 없다. 언젠가부터 내가 촛불을 애기하면 속 편한 자식의 투정으로 받아들인다. 열심히 논쟁을 벌이면 결국 사람들은 '취직이 어려우니 토익을 보고 학점 관리하다보면 그런 것은 신경 쓸 틈이 없다'라고 한다. 우리 사회에서 언젠가부터 대학생들은 개인의 문제만 생각하지 이웃과 사회를 돌아보지 않는다. 자신만 잘한다면 잘 살 수 있고, 이 사회의 주역으로 발돋움 할 수 있다고 한다. 문제인건 알지만 그 문제의 중심에 서 있을 사람은 결코 나는 아닐 것이다. 이게 지금의 우리를 지배하는 통념이다.

부모님들은 우리가 대학에서 제대로 된 교육을 받고, 제대로 생각하고, 제대로 세상을 바라볼 수 있는 눈을 기르고 있다고 느낀다. 그런 것까진 아니더라도 이 사회에서 막연하게 한 역할을 해낼 거라고 본다. 그래서 초, 중, 고 과정에서 우리의 교육에 열성적이었던 많은 부모님들은 대학에 자신들의 자녀들의 미래를 맡긴다. 그것도 무한한 신뢰로써 대학에 위임한다.

그러나 정작 실상은 그렇지 않다. 언젠가 한번 타 대학 학생의 글에서 '나는 가짜 대학생이길 거부 한다'라는 글귀를 본 적 있다. 나 역시도 처음에 '진리의 상아탑' 대학의 문턱에 들어왔을 때 많은 좌절을 느꼈다. 영어 수업은 고등학교와 학원만 못하고, 다른 많은 수업들도 같았다. 교수라는 사람들은 농담이나 던지며 우리를 즐겁게 할 줄만 알았지 진정한 배움을 전달해주는 사람은 없었다. 내가 입학할 당시에 화두였던 '최고 권력자의 탄핵'에 대하여 그 어떤 교수도 진지한 가르침을 주지 않았다. 지금의 대학생은 그렇다. 나 역시도 그렇고 세상을 알고 보는 눈이 없다. 제도권 교육하에서 12년간 배우고 여기 대학에서 또 다시 우리는 외운다.

하루 종일 마케팅 분석기법의 이름을 외우고, 토익 영어단어를 외우고 문제 푸는 법을 배운다. 그렇지만 우리들 중 뛰어난 마케팅 기법을 개발하고, 유창한 영어 실력으로 외국인들과 자유로이 소통을 하는 사람은 없다. 우리는 단지 외우기만 한다.

원인은 무엇일까? 정답은 간단하다. 얘기해주는 사람이 없다. 우리 대학교육의 60%를 차지하는 시간강사들은 말할 수 없다. 이유는 그들의 신분 불안이 우리의 소중한 강의 하나하나에 영향을 끼치게 되기 때문이다. 예를 들어 전공 수업 중 경영전략을 얘기할 때 비판적인 목소리를 내지 못하고, 현실 쟁점에서 우리가 배우는 학문이 어떠한 역할을 할 수 있으며, 현 체제상의 모순점이 무엇인가를 학생들에게 알려주지 못한다. 결국 그러한 신분의 불안은 자본과 기득권층의 일방적 주장을 학생들에게 다시금 주입하여 수동적인 인간을 양산하는 과정을 반복한다. 그 수동적인 인간이 양산됨으로써 사회적인 현상에 능동적이고 다각화된 관점에서 바라보지 못할 뿐만 아니라, 개개인의 모습에서도 여러 가지 현실 문제에 다각화된 관점의 사고가 아닌 의존적이고 편향적인 사고로 해결함으로써, 사회적인 비효율뿐만 아니라 지극히 개인적인 문제도 뛰어넘지 못하고 목숨을 끊는 현상이 빈번해 지는 것이다.

강의실에서 제대로 된 교육이 이루어지지 못한 문제가 이 사회에서 주도적인 역할을 담당해야 할 20대들을 다 죽이고 있다. 조금만 생각 구조의 틀을 바꿔보면 기본적인 지식의 습득을 통해 창의적이고 능동적인 결과를 도출할 수 있게 되어, 다각화된 방면의 인간으로 나아갈 수 있다. 그야말로 진리의 전당 대학에서 그릇을 최대한으로 넓혀 나가는 것이다. 지금의 취업난, 높은 자살빈도 모두 근본적 인과관계를 따져본다면 20대의 대학생활에서 시작된다고 볼 수 있겠다. 우리들이 가야할 방향과 이상 모두 자본과 기득권층이 심어 놓았고, 그곳에 들지 못하면 우린 낙오자가 되어 버린다. 이 사이에서 우리 대학생 20대들은 점점 더 나락으로 떨어지고 있다.

혼자여서 약한 것이다!

내가 어릴 적 하늘은 너무 멀리 있었다. 하지만 그렇게 두렵지는 않았다. 하늘과 나의 공간을 메울 만큼 큰 꿈이 있었기 때문이다. 내가 고등학교를 다닐 때, 하늘은 성큼 나에게 다가와 있었다. 너무나도 동경하던 하늘이었지만 슬슬 두려워지기 시작했다. 내가 커버린 만큼 꿈도 작아졌었다. 스무살이 되고, 대학에 들어오면 난 하늘을 날 수 있을 줄로만 알고 있었다. 조금 더 하늘에 가까워졌고 날 수 있는 힘도 있지만, 학교뿐 아니라 어디서도 내가 날 수 있는 방법은 알려주지 않는다. 나는 그냥 날지 못하는 닭일 뿐이란다. 그래서 예전이 그립다. 닭이 될 줄 몰랐던 작았던 그때로, 그때에는 적어도 아주 커다란 꿈과 희망이 있었다. 나와 하늘 사이를 가득 메웠던 그것들이 그립다.

하지만 이제는 달라져야 한다. 후회와 그리움을 추억할 때가 아니라, 함께 살아가는 법을 알고 행동해야 한다. 혼자서 세상을 살기에는 너무 힘들다. 그렇지만 우리는 혼자 싸워서 이기는 법만 지속적으로 배워간다. 교실이 새롭게 변해야 한다. 이제는 공존하여 상생하는 법을 배워야 한다. 대학 속의 모든 이해관계자들이 제대로 된 문제 인식과 해결을 공유하는 것이 모두를 살릴 수 있는 길이다. 이제는 제대로 된 교육이 서기 위해 많은 사람들이 관심을 가져야 할 때이다.

대졸자의 직장생활

박 성 찰*

▲ 지금 대학생은 대학에서 무엇을 배우고 익히는가? (ⓒ 이광수)

따르릉~ "감사합니다. 박성찰입니다!"

요즘 내가 가장 많이 하는 말 중 가장 하기 싫으면서도 한편으로는 뿌듯함이 공존하는 말이다. 입사 1년차, 길다면 길고 짧다면 짧은 시간 동안 참 많은 일들이 있었다. 때로는 실수를 연발해 상사들을 당혹케 했고 때로는 좋은 성과를 내어 '박성찰'이라는 이름 석

---

* 영남대학교 졸업생, 회사원

자를 사람들에게 각인시키기도 했다.

가족처럼 따뜻하지만 이면에는 얼음장같은 냉정함이 있는 곳, 바로 직장. 지금부터 대학이라는 울타리를 벗어나 하나의 사회인으로서 느낀 '직장'이라는 곳을 이야기해 보고자 한다.

우수한 인재지만 우리 회사에는 적합하지 않아……

졸업을 앞두고 있다면 누구나 느낄 법한 취업에 대한 막연한 불안감은 내가 다니고 있던 영남대 강의실과 도서관, 단체로 우르르 몰려가 담배를 태우던 휴게실에서도 가십거리 중 단연 으뜸이었다. 누구는 어디에 취업을 했고, 누구는 어디에 지원을 했다가 최종면접에서 탈락했다는 이야기는 더 이상 신선한 이야기로 들리지 않을 만큼, 취업에 대한 불안함은 졸업예정자들이라면 누구나 겪는 통과의례였다.

마지막 학기였던 2008년 상반기에 나 역시 많은 기업의 문을 두드렸지만 "귀하는 우수한 인재지만 우리 회사에는 적합하지 않아 아쉽습니다"라는 말을 무수히 들었었고, 마지막이라는 생각으로 원서를 낸 L그룹의 한 계열사에 다행스럽게 입사를 할 수 있었다.

그룹연수를 마치고 계열사 연수를 거쳐 지금 내가 속한 부서에 발령을 받기까지는 힘든 취업문을 통과한 나 자신에 대한 당당함과 대기업에서 근무한다는 자신감으로 똘똘 뭉쳐 있었다. 지난 4년 동안 교제를 해오던 여자 친구와 입사 후 결혼도 약속했고, 휴일에 학교에 가면 후배들이 존경스럽게 바라보는 소위 남들이 말하는 엄

/친/아(엄마 친구 아들)였기 때문이다.

과연 내가 희망하던 직장생활이었는가?

하지만 이런 생각은 오래가지 못했다. 시간이 지날수록 매일 반복되는 업무와 스트레스, 상사에 대한 불만 등 나열하기 힘든 무수히 많은 것들이 암초처럼 숨어 있었다. 입사 1년의 범위 내에서 퇴사율과 이직률이 높다는 말이 왜 생겼는지 알 수 있던 시기였다.

내가 아닌 회사의 부속품이 되어버렸다는 느낌, 이러한 생각들로 하루를 시작하고 "이 생활이 과연 내가 희망하던 직장생활이었는가?"라는 궁금증으로 하루를 마감했다. 이러한 매너리즘이 최고점에 달할 무렵 결혼을 약속했던 여자 친구에게 이별을 통보받았다. 회사일이 너무 바빠서 만날 시간이 없었다는 것이 이유였다. 정말 세상에서 그렇게까지 힘든 시기는 없었다.

따지고 보면 이러한 과정은 비단 나 혼자만의 경험은 아닐 것이다. 누구든 충분히 겪을 수 있는 그러한 경험일 수도 있고 충분히 이겨낼 수 있는 상황일 것이다. 하지만 앞에서 말한 부분은 적어도 '내가 충분히 가고 싶었던, 그리고 희망했던 회사'라는 전제조건이 선행할 때 가능한 이야기일 것이다.

돈을 많이 줘서, 흔히 말하는 짤리지 않을 것 같아서……

내가 본 대학─취업─직장이라는 과정은 솔직히 그렇지 않았다. 원래부터 내가 가고 싶었던 기업에 입사를 하는 것이 아닌, 그저 취업만 하면 일단은 백수의 범주에서 벗어날 수 있기 때문에 많은 학생들은 원하지 않더라도 경제적인 이유나 주위 사람들의 바라보는 시선 때문에 일단은 입사를 결정한다. 때문에 입사의 출발은 처음부터 불안감과 함께 시작된다.

물론 전공을 살려서 취업한 이가 과연 얼마나 될까? 예전에는 아니었는가?라는 반문도 생겨날 수 있지만 예전과는 그 범위가 다르다고 생각한다. 학교 후배들에게 넌 어디에 취업하고 싶니?라고 물으면 대부분의 대답은 "금융권이요" "대기업이요" "공기업이요"라는 말뿐이다. 이유는 돈을 많이 줘서, 흔히 말하는 짤리지 않을 것 같아서라는 대답이 가장 많다.

이것이 바로 현재 청년 실업의 현실이다. 맹목적인 선호라고 하는 표현이 더 맞을 것이다.

나 역시도 이들과 마찬가지로 생각했었지만 지금 현재에도 자신이 정말 가고 싶은 기업의 문을 두드리기 위해 열심히 공부하는 학생들도 있을 것이기 때문에 내 의견이 절대적인 기준은 될 수 없다. 하지만 입사 1년차의 눈으로 그동안의 직장생활을 돌이켜 볼 때 일단 들어가고 보자는 식의 구직활동은 자신에게 있어 자칫 평생을 후회하게 될지도 모르는 결과를 초래할 수 있다는 것이다.

대학, 고등교육기관이 아닌 취업교육기관으로

이러한 문제를 조금이나마 줄이기 위해서는 대학이 취업을 준비하는 곳이 아닌 진정한 자신의 자아를 개발할 수 있는 교육기관이 되어야 한다고 생각한다. 고등교육기관이 아닌 취업교육기관으로 대학이 사람들에게 각인된다면 결국 그 피해는 그곳을 거쳐 가는 학생들이 입게 될 것이다.

　취업률 조사를 하면 아르바이트를 하는 학생들까지 취업자로 둔갑하고 때문에 대한민국의 많은 대학이 취업률 1위라는 현수막을 당당하게 내걸고 있는 것이 오늘날의 현실이다. 이러한 글을 올리는 나 역시도 이러한 문제의 해법을 찾을 수 없다. 해법은 바로 '대학' 안에 있기 때문이다.

　시끄러운 소리가 들려 창문 밖을 보니 맞은 편 아파트 계단에서 담배를 태우고 끄다만 불씨 때문에 타는 냄새가 나 누가 신고를 했는가 보다. 그 층에 입주한 사람들은 다들 나와서 무슨 일인지 이야기하는 듯한데, 그 위쪽으로 사는 사람들은 소방차가 온 줄도 모르는지 저마다 거실에서 가족들과 담소를 나누거나 TV시청을 하고, 빨래를 걷고 있다. 밑에서는 난리가 났는데도 말이다. 불이 날 수도 있었던 것을 알고 있었을까? 아니면 몰랐을까? 아니면 무관심한 것일까? 이런 광경을 보고 있자니 지금의 대학 문제가 이들과 별반 다를 것이 없다는 생각이 나 씁쓸한 웃음이 나온다.

　가까운 미래의 내 모습일 수도 있고 내 자식들이 안고가야 할 문제일 수도 있다. 발전적이고 긍정적인 방향으로 대학이라는 공간이 변화되고, 그 변화되는 과정 속에서 학생들이 조금이나마 취업보다는 다른 부분 때문에 고민도 해 보고 그 고민 속에서 자신이 발전되는 그러한 날이 오길 대졸자의 한 사람으로서 기원한다.

법은 만인 앞에 평등하지 않았다

박 정 훈*

▲ 대학생의 학습권 보장은 시간강사의 교원지위 회복부터. (ⓒ 이광수)

2009년 1월 20일, 용산에서 6명이 목숨을 잃었다. 검찰은 이 모든 것이 철거민 탓이라고 이야기하며, 관련자들을 모두 구속했다. 경찰은 무혐의였으며, 조직폭력배 4명이 불구속 기소됐다. 철거민들은 2년에서 최고 8년의 실형을 받았다. 법은 만인 앞에 평등하지

* 부산대학교 학생, 대학생사람연대 대표

않았다. 이명박 대통령이 계속해서 '법치'를 강조하고 있는 요즘, 사법부에 속한 사람들은 '법이란 무엇인가?'라는 철학적 질문들을 해본 적이 있을까? 한쪽에서는 집회와 시위에 관한 법률위반이 위헌이라고 생각한 판사가 위헌제청을 하고 판사직을 그만두기도 했다. 그런데 사법부의 수장인 대법관이라는 사람은 그런 건 신경 쓰지 말고 빨리 판결을 내라고 이야기한다. 법에 대해 철학이 없는 사람이 사법부의 최고수장이 된 것이었다.

이런 문제를 해결하기 위해, 법과대학을 로스쿨로 전환해서, 법에 대한 다양한 해석과 철학적 접근을 시도하고자 했던 것 아닌가? 다양한 과에서 학부 공부를 마친 대학생들이 로스쿨에 진학하여 토론이 이루어지고 진리를 추구하는 학문이 이루어지기를 기대했다. 그러나 실상은 달랐다. 학부는 로스쿨을 가기위한 통로로 변질됐다. 의학전문대학원을 도입한 이후, 생명공학부 등에 대거 몰려 커트라인이 올라간 사례도 있었다. 한편, 로스쿨 합격생의 2/3가 서울 수도권 대학 출신이었다. SKY대학이 각각 288명, 161명, 140명의 합격자를 냈다. 대학이 학문의 전당이 아니라 안정된 일자리와 몸값을 올리기 위한 과정인 구조 속에서 로스쿨만 덜컥 도입한다고 해서 해결될 문제가 아니다.

이러한 문제는 비단, 로스쿨에서만 벌어지는 것이 아니다. 요즘 사범대에 가보면, 진정으로 선생님이 되고 싶어 하는 사람도 있지만, 안정적인 일자리를 얻기 위해 진학하는 사람도 적지 않다. 사람의 생명을 다루는 의학전문대학도 마찬가지다. 인간의 죄를 심판하는 사법부와, 인간을 가르치는 교육, 인간의 생명을 다루는 의학은 안정적인 일자리로 바뀌어 있었다. 흔히들, 이러한 문제를 요즘 20대들의 도덕적 결함, 이타심의 부족 등으로 꼽는데, 이것은 진정한 원인이 아니다.

이태백이 풍류를 즐길 없는……

이것의 진정한 원인은 20대들의 불안한 미래, 즉 불안정한 노동의 문제이다. 대부분의 20대들이 이태백(이십대의 태반이 백수)의 이름을 가지고도 제대로 풍류조차 즐길 수 없다. 값싸고 언제든지 자를 수 있는 비정규직노동자를 착취하여 성장해온 한국사회가 20대들과 대학에게도 영향을 미치고 있는 것이다. 멋진 예술가를 꿈꾸는 10대들은 자신의 창의성을 발휘하는 것이 아니라, 입시를 위한 그림을 엄청난 사교육을 들여 배우고 그린다. 그리고 대학에 들어가서는 잘 팔리는 그림, 상품가치가 있는 그림을 그려야 한다. 그렇지 않으면 입에 풀칠하기도 힘들다.

이에 따라 대학은 진리를 추구하는 곳이 아니라 학생들이 높은 몸값을 받거나 안정적인 일자리를 갖기 위한 수단으로 전락한다. 그리고 대학은 학생들과 부모들에게 1년에 1,000만 원을 받고 대학 졸업장을 판다. 비정규직 교수 문제는 이러한 대학의 모습을 현상적으로 잘 보여준다. 대학운영을 기업으로 생각하고, 교육을 상품으로 생각하는 '철학의 빈곤'과 이것을 옹호하는 사회구조의 '빈곤한 철학'이 문제이다. 비정규직 교수의 과거와 20대 청년들의 미래라는 시간의 대칭이 대학 교양수업 강의실에서 겹쳐지고 있다.

수업의 종류와 방식 역시 천편일률적이다. 수업의 교과목은 그 학교의 특정 교수집단의 학풍에 갇혀있고, 진행 방식 역시 고등학교의 주입식 교육과 별반 다르지 않다. 인문학과 철학 등의 기초학문과 관련된 수업은 제공되지 않거나, 아예 관련학과가 폐지되는 경우도 잇따르고 있다. 소위 돈이 안 되는 수업과 학문은 없어지는 것이다. 몇몇 학생들은 비싼 등록금을 내고도, 대학에서 제공하는 강의가 마음에 들지 않아 각종 인문학강좌나, 외부 강연을 쫓아다니기도 한다. 대학생의 학문에 대한 다양한 욕구는 이 구조 아래에서 결코 보장되지 않는다.

이 문제는 대학교육과 산업구조, 노동시장에 대한 거대한 변형이 있어야 해결가능하다. 21C의 새로운 가치는 지금까지 가치로 인정받지 못했던, 보육과 육아 장애인 활동보조인 등과 같은 돌봄 노동과 사회적 노동에서 나올 수 있다. 이미 한계에 부딪힌 자연에 대한 수탈에서 벗어난 생태적 발전 역시 21세기의 새로운 가치이다. 그리고 지식, 문화, IT사업에 기반을 둔 고부가가치 사업이 새로운 성장 동력이다. 이것은 필연적으로 고숙련 노동과 이것을 위한 평생교육시스템, 그리고 창의적 노동을 위한 생활의 안정이 뒷받침되어야 한다. 실제로 고졸에 독일어밖에 할 줄 모르는 스위스의 노동자는 세계적으로 유명한 시계를 만드는 고숙련 시계공이 되어 엄청난 부가가치를 만들어내고 있다. 그러나 수천 만 원을 들여 대학을 나온 한국의 대학생들은 청년인턴으로 일하고 있다.

삶이 보장돼야 학문의 자유도……

유럽에서는 일주일에 이틀만 일하는 정규직 노동자가 있다. 충분한 휴식과 사유의 시간 이후에 창의적 노동이 가능하며, 생존의 위협 때문에 노동을 하지 않아도 되는 것이다. 한국에서는 꿈같은 이야기로 들릴지 모르겠지만, OECD 국가 가운데 세계 1위의 노동시간을 기록하고 있는 현재로서는 21C형 산업사회로 넘어가지 못하는 것만은 확실하다. 또 현재 OECD 평균인 20%에도 훨씬 못 미치는 7% 정도의 사회복지 분야에 대한 투자가 이루어진다면, 새로운 성장의 농력을 찾을 수 있을 뿐만 아니라, 사회적 안정망의 구축이라는 두 마리 토끼를 모두 가질 수 있다.

최근 이것의 유력한 정책적 대안으로 '기본소득'이 떠오르고 있기도 하다. 투기소득, 불로소득에 과세하여, 모든 국민에게 일정한 소득을 지급하사는 제도이다. 브라질의 룰라정부는 2010년 모든 국민에게 기본소득을 제공하는 법안을 상정했고, 현재 저소득층에 한해서 소액의 기본소득을 제공하고 있다. 독일에서는 이미 좌·우를 막론하고 정책적 논의가 진행되고 있으며, 기본소득지구네트워크(BIEN)라는 각국의 기본소득 관련 단체들의 연대체도 존재한다. 2010년 1월 27일에서 29일까지 기본소득 국제학술대회가 한국에서 개최되어 기본소득을 운동을 하고 있는 해외인사가 직접 방문, 사례를 발표하고, '기본소득 서울선언'이 발표되는 등 한국에서도 본격적인 논의가 진행되고 있다.

이렇게 인간의 삶이 보장되어야만 대학에서의 학문의 자유가 보장될 수 있으며, 대학생들이 안정적인 일자리를 찾아 자신의 철학과 무관한 법과대학이나 의학전문대학원으로 몰리는 현상을 막을 수 있다. 영화감독을 꿈꾸는 청소년들이 굳이 대학에 가지 않고, 어릴 때부터 단편영화들을 촬영하며 자신의 꿈을 실현하기 위한 노동이 가능할 것이다. 나아가 진정한 학문을 하고 싶은 이들은 인문학과 기초과학과 같이 소위 '배고픈 학문'을 하는 사람들이 더 이상 생존의 위협을 느끼지 않고 마음껏 공부할 수 있을 것이다.

20대의 청년들이 대학을 가는 이유가 생존이 아니라 자신의 꿈을 실현하기 위해서이길 기대해본다. 그리고 그들을 가르치는 선생님들이 마음껏 자신의 학문을 연구하는 20대의 미래이길 기대해본다.

직업 운동 1년의 조심스런 회고

박 종 주*

▲ 대학 졸업 이후 사회가 '부가가치'만 창출하는 곳이 될 수는 없다.
(ⓒ 이광수)

시간이 아깝지 않았다

지난 주말에는 눈이 왔다. 반지하에 사는 통에 해가 떴는지 말았

*『프로메테우스』기자

는지도 모르고 있다가, 오후에 집을 나섰더니 이미 눈이 길을 하얗게 덮고 있었다. 일이라고는 해도 약속이 되어 있거나 한 건 아니라 대문 앞에서 잠깐 고민을 하다가 그냥 길을 나섰다. 신림동 고시촌의 가파른 내리막길에서 미끄러지는 사람들, 미끄러지지 않으려 애쓰는 사람들을 지나 기어 가는 버스를 타고 목적지까지 가는 데에는 두 시간 가까이 걸렸다. 눈이 오지 않았다면 3, 40분이면 갈 수 있는 거리였다.

일이란 건 다름 아니라 용산참사 현장에서 열린 행사였다. 연말을 맞아 인디 뮤지션들을 초청해 '불법 음악회'라는 이름의 행사를 연 것이다. 겨울철에 열린 야외행사인 데다가 심지어 눈까지 내리는데도 많은 사람들이 자리를 지키고 있었다. 주최 측에서 준비한 천막 아래 놓인 의자에는 이미 사람들이 빼곡히 들어 앉아 있어서 두 시간 조금 넘도록 눈을 맞으며 서서 공연을 즐겼다. 많은 시간이 들었지만, 쉼 없이 눈이 내렸지만, 춥지 않았고 시간이 아깝지도 않았다.

남일당 옥상에서 여섯 명의 목숨이 스러진 지 어느덧 한 해가 다 되어 간다. 사건이 벌어지던 2009년 1월 20일 새벽, 나는 잠을 자고 있었고 낮까지도 전혀 모르고 있다가 친구의 문자를 받고서야 소식을 알게 되었다. 부산에 사는 친구가 뉴스를 보고도 믿기지 않아 서울의 소식을 물었던 것이다. 그리고 그날 저녁 열린 대규모 집회에 참석했다. 기자의 신분으로, 카메라를 매고 긴 거리를 행진하며 사람들의 모습을 기록했다.

기자 일을 시작한 것은 그로부터 반년 쯤 전이었다. 졸업을 한 학기 남겨 두고, 졸업 이후에 무슨 일을 할까 고민하던 시기였다.

어느 친구는 어학연수를 가고 또 어느 친구는 인턴십에 응시하던 무렵, 나는 작은 인터넷 신문사를 찾았다. 2005년 대학에 입학하자마자 시작한 학생운동을 마칠 준비를 하며, 생활과 운동의 접점을 어디쯤에 마련할지 고민하던 중 시작한 하나의 실험이었다.

컨베이어 벨트에서 내려 오기

초등학교나 중학교, 혹은 고등학교의 교과서에서 나는 몇 번인가 '가치'라는 단어를 접했다. 아마 몇 번은 가치관이라는 말을 통해서였을 것이고 또 몇 번은 부가가치라는 말을 통해서였을 것이다. 가치관의 가치와 부가가치의 가치는 전혀 다른 뜻을 지니고 있다. 아마도, 교과서에는 앞의 것을 더 중히 여기는 듯 싶지만 교실에서는 실은 뒤의 것을 더 중요하게 가르치고 있다. '난사람'보다는 '된사람'이 되라고 가르치지만, 일제고사 앞에서 그런 말은 의미를 잃고 만다.

아마도 학교에서 가르치는 것, 혹은 교사나 학부모가 좋아하는 것은 마음 속에 가치관을 간직하고서 겉으로는 보다 많은 부가가치를 생산하는 사람이지 싶다. 하지만 그런 삶 속에서 가치관이라는 것은 말로만 남기 십상이다. 돈을 벌기 위해 혹은 먹고 살기 위해 자신의 신념을 접어야 하는 일이 허다하며, 그렇지 않다한들 가치관을 인정받는 방법 또한 한편으로는 부가가치, 그러니까 돈이다.

대학에 입학해 처음 학번을 받았을 때의 기분을 잊을 수가 없다. 사람들이 선망해 마지 않는 대학, 그리고 내가 바랐던 전공이었지만 그것은 감동이나 기쁨이 아니었다. 오히려 그 반대편의 극단에 있는, 지난 시간에 대한 회의와 현재에 대한 불쾌감이 엄습해 왔던 것이다.

내가 고등학교를 다닐 당시 교육을 주관했던 부처는 교육인적자원부라는 이름을 달고 있었다. 나에게 학번은 인적 '자원'의 현실을 확인시켜주는 것에 불과했다. 얼마만큼의 성적을 낼 수 있는지, 그래서 어떤 대학에 가고 어떤 직장을 갖고 결과적으로 얼마를 벌 수 있는지, 한 인간에 대해 사회가 갖는 유일한 관심사가 돈에 귀결된다는 사실을 확인시켜주었던 것이다.

그러니까, 학번은 마치 제품번호처럼 내게 다가왔다. 중학교나 고등학교에 다닐 때에도 학번과 비슷한 번호를 갖고 있기는 했지만, 그런 번호들은 몇 학년 몇 반 몇 번이라는 나의 소속에 대한 정보를 담고 있었던 반면 대학의 학번은 정말 말 그대로의 일련번호라는 점에서 아마 그렇게 느껴졌을 것이다. 내가 나의 길을 걸어온 것이 아니라, 컨베이어 벨트 위에서 제자리 걸음을 하고 있었을 뿐임을 절감시켜 주는 번호였던 것이다.

제품번호를 부여 받은 나의 대학생활은 '인간'의 지위, 그러니까 '제품'이나 인적 '자원'이 아닌 오롯한 인간으로서의 지위를 되찾기 위한 노력의 연속이 되었다. 완제품으로 거듭나기 위해 준비된 일련의 커리큘럼들을 거부하고—그래봐야 꾸역꾸역 수업을 들으며 학교를 끝까지 다니고 말았지만— 학회에서 친구들과 함께 책을 읽고, 집회에서 거리의 삶들을 목격하고, 그렇게 배운 것들을 피켓이나 유인물에 담아 행인들에게 알리고, 그런 것이 나의 대학생활이었다.

졸업을 겨우 한 학기 남긴, 불안하다면 불안한 상황에서 경력에도 도움이 되지 않고 그렇다고 돈벌이가 되는 것도 아닌 기자 일을 자처한 것은, 졸업을 기점으로 그러한 생활을 완전히 버리고 다시

'부가가치'에만 목매는 생활인으로 돌아가고 싶지 않았기 때문이었다. 주위에서는 번듯한 직장을 구해 충분한 돈을 벌면서, 그 돈으로 운동을 후원하는 쪽이 낫지 않겠냐고 이야기했지만 내게 그것은 어불성설에 시나지 않았다. 한쪽에서는 스스로를 갉아 먹고, 또 한쪽에서는 그렇게 갉아 먹은 스스로를 다시 채우려 노력하는 쳇바퀴일 뿐이었던 것이다.

나의 시계는 여전히 잘 돌아간다

자원활동 형식으로 반 년간 기자생활을 한 후, 졸업과 함께 나는 직업으로서의 기자생활을 다시 시작했다. 매일 수업을 들으러 학교에 가는 대신, 자료를 정리하거나 검색하러 사무실에 간다는 것을 제외하면, 졸업 전후의 생활은 크게 달라지지 않았다. 제품의 완성으로 향하는 일방통행로에서 빗겨 설 수 있었던 것이다. 나는 학교에 다닐 때처럼, 집회에 가거나 좋은 책을 읽거나, 사람들을 만나며 시간을 보낸다. 내가 원하는 가치들을 누리고 또 창출하는 만큼, 남들에 비하면 적은 돈을 벌지만 그것은 큰 문제가 되지 않는다.

중요한 것은, 스스로가 이야기해 온 대로 스스로의 삶을 구성한다는 사실이었다. 사람이 사람으로 사는 세상, 돈이 아니라 사람이 중심인 세상, 억압이나 차별이 없는 세상—내가 이야기해 온 세상을 당장 만들지는 못하더라도, 최소한 내 안에서는 그러한 원칙들이 실현될 수 있는 길이라는 점이 중요했다.

틀에 박힌 사무실에 앉아 기사들을 보며 마음 아파하고 후원금을 보내며 미안해하는 것이 아니라, 혹은 대학에서 관심을 가졌던 수많은 것들을 그저 한 켠에 묻어 두고 생활인으로서의 삶에 침잠

하는 것이 아니라, 여전히 거리에서 많은 이들과 함께 아파하고 함께 웃을 수 있다는 점이 내게는 중요했다.

집회에 다녀오면 기사를 쓴다. 충분한 급여를 주는 대형 언론사들이 비추지 않는 삶들, 정부에서조차 보듬지 않는 삶들에 대한 이야기가 대부분이다. 하기에 기사를 쓰는 것은, 대학 시절 집회에서 구호를 외쳤던 일과 크게 다르지 않다. '운동권 대학생' 출신으로서 운동을 직업으로 삼는다는 것은 그런 일이다. 기자보다도 훨씬 더 운동의 현장에 가까운 직업들, 이를테면 단체 상근자 같은 직업들이 있겠지만, 그들 역시 크게 다르지 않을 것이다.

학생으로서 하던 일을 졸업 후에도 잇고 있는 것을 보고 누군가는, 그저 나의 시계가 멈춘 것일 뿐이라 생각할는지도 모른다. 여전히 한 때의 객기라고 치부하는 사람도 있고, 단순한 사회 부적응이라 생각하는 사람도 있다. 하지만 나의 시계는, 아무런 고장 없이 지금 이 순간에도 잘 돌아가고 있다.

오히려 나의 시간은 아무런 시차 없이, 남들 것보다 더 탈 없이 굴러 가고 있는 셈이다. 누군가 자신의 가치관과 자신에게 요구되는 부가가치의 사잇길에서 고민하며 한숨지을 때, 또 누군가가 그 길에서 주저 없이 스스로를 버리고 부가가치를 선택했을 때, 나는 여전히 나의 가치를 좇아 앞으로 나아가고 있을 테니 말이다.

졸업한 지 겨우 1년이 되었을 뿐이다. 거창한 이야기들을 겁 없이 뱉은 것처럼 보이지만, 사실 조심스러워 글을 쓰는 데 꽤 오랜 시간이 걸렸다. 그렇게 고민하며 말을 거르는 사이, 용산참사 문제는 일단락되어 살아남은 이들을 위한 두 번째 싸움의 국면으로 접어들었다. 겨우 1년의 사회 운동을 하고서 그것에 대해 무어라 말을 하기는 어려운 일이지만, 지난 한 해를 온전히 용산에 바친 범대위 박래군 집행위원장이나 문정현 신부와 같은 분들을 생각하면 적어도 "해볼만 하다"고는 말해도 좋을 것 같다. 평생을 운동에 바친 그들이 함께 한 싸움이 이렇게 빛을 얻었으니 말이다.

취재를 다니면서 보았던 유가족 분들의 눈물과 웃음이 떠오른다. 나의 가치니 원칙이니 하는 것들, 혹은 나의 시계가 어쩌고 저쩌고 하는 이야기들, 그런 깃들은 제쳐두고라도, 지난 시간동안 보았던 수많은 사람들의 크고 작은 표정들만으로도 나는 말할 수 있다. 운동을 직업으로 삼는다는 것이 남들이 생각하는 만큼의 희생이나 결단이 필요한 것이 아님을, 오히려 더 많은 것을 얻고 또 즐길 수 있는 일임을 말이다.

석박사생은 무엇을 꿈꾸며 사는가

류 승 완*

▲ 이 땅의 대학원생은 참 학문의 열정을 포기해야 살 수 있는가?
(ⓒ 이광수)

입시로또의 꿈

"아이고 축하드립니다. 따님이 이번에 ㅅ대학에 들어갔다면서

* 성균관대학교 철학박사

요." 몇 년 전에는 이런 인사가 흔했다. 이른바 명문대에 들어가는 것만으로도 집안의 형편이 펴지고, 부모의 체면이 사는 시절이었다. 지금은 달라졌다. 명문대에 들어가는 것만으로는 집안의 형편이 펴진다는 보장이 없다.

"아이고 축하드립니다. 아드님이 이번에 검사가 되셨다면서요." 이 정도는 되어야 편하게 인사라도 주고받을 수 있다. 자식을 위해서라면 모든 것을 바치는 우리의 가족문화에서 혈육에 대한 육친의 기대와 헌신은 어느 집이나 할 것 없이 애틋하다. 자식 하나 잘되기를 바라는 마음에서 한국 부모의 심정은 해마다 신문에 실리는 '수능시험장 앞에서 기도하는 어머니의 사진'으로 대변된다. 그리고 신문에는 해마다 꼭 같은 기사가 실린다. "학교수업 만으로 전국수석." 그 옆에 "역경을 딛고 명문대 합격"이란 기사가 양념으로 붙어 있는 것도 해마다, 신문마다 같다.

이 때문만은 아니겠지만 모든 학부모들이 입시경쟁에서 내 아들딸만은 살아남으리라는 기대를 가진다. 나아가 입시경쟁이 똑똑하고 공부 잘하는 내 자식의 미래를 보장해 주리라는 꿈을 가진다. 그래서 한국의 부모들은 아이들을 서너 살 때부터 꼬박 15년을 어른도 견디기 힘든 입시경쟁 속으로 기꺼이 밀어 넣고 있다. 이 경쟁은 승리한 1%에게 평생의 특권을 보장해 주는 입시로또이기 때문이다.

로또는 2천 원을 걸지만 입시로또는 평생을 건다. 아주 힘들어서 목숨을 포기하는 경우도 왕왕 있다. '기도하는 어머니'와 '학교공부에만 충실한 전국수석'과 '역경을 이겨낸 합격생' 옆에는, '대입시험 비관자살'의 비보(悲報)도 해마다 빠지지 않는다. 아마도 지상의 모든 생명체 가운데, '공부를 못해서' 죽는 존재는 사람밖에 없을 것이다. 그럼에도 '입시로또의 꿈'은 모든 괴로움을 참게 만든다. 지상의 모든 생명 가운데 유일하게 스스로 죽어야 하는 괴로움마저도 이겨내는 꿈이란 얼마나 대단한가!

'어린쥐' 교육의 꿈과 현실

이 꿈은 교육을 통한 신분상승과 계층재생산의 꿈이다. 없는 자는 자식을 가르쳐서 없는 한을 풀려고, 가진 자는 기득권을 물려주려고 '간판'과 '자격증'이라는 꿈의 대열에 개미처럼 줄서는 것이다. 도대체 이 꿈의 기원은 어디인가? 그것은 근대화와 함께 이 땅에 들어온 근대적 교육제도이다. 그리고 근대적 교육제도란 다름 아닌 1백 년 전 일제가 우리에게 강제한 식민지 통치정책의 핵심이었다. 그 본질은 '절대다수의 희생과 소수의 특권'을 제도적으로 보장하고 합리화하는 것이다. 물론 특권을 누리는 소수는 조선을 통치하는 일본인들과 그에 협력한 친일반역자들이었고, 희생당하는 절대다수는 농민이었다.

이제 해방과 분단이 60년을 지났건만 이 꿈은 '사교육'이라는 현실과 절묘하게 얽혀있다. 서로 안 맞아서가 아니라 너무 잘 맞아서 갈등이다. 꿈은 한풀이와 기득권 대물림의 절묘한 조화이다. 현실은 식민지 교육제도와 상업주의의 절묘한 조화이다.

2007년 현재 한국의 사교육 시장은 국내총생산(GDP)의 6.4%, 55조 원 규모로 농어업보다 2.2배가 크고, 부동산·건설업 등과 맞먹는다. 전체 건설업 종사자가 180만 명인데, 사교육종사자 160만 명이다. 국민전체 지출의 11%로 가계비에 가장 큰 부담인데

불황에도 유일하게 높아진다. 소비지출의 9.4%로 추정되는 교육
비는 OECD 국가들 중 수위를 다투고 있다. 이에 비해 정부지출은
43.4%에 불과하고 공교육비 정부분담률은 59.7%로 OECD 국가들
중 최하위이다. 결국 공적인 교육산업을 사적 영리구조로 전환시
키는 것이 교육산업의 신자유주의화이다(김일영, 『한국교육산업
의 현주소』, 새사연, 2009).

그리고 이명박정부는 이른바 '어린쥐'로 상징되는 신자유주의 교
육정책을 팔 걷고 밀어붙이고 있다. 이러한 사실은 입시로또가 조
선의 농민에게 대과 급제처럼, 일제하의 농민에게 대학교처럼, 누
군가는 해당되지만 절대다수 '돈 없는' 서민에게는 그림의 떡임을
입증하는 것이다. 입시로또의 꿈은 '식민주의 공교육'과 '상업주의
사교육'이라는 현실과 칡덩쿨처럼 얽혀서 아이들을 기약 없는 '입시
경쟁'으로 치닫게 하고 있다.

이 치달음의 끝은 어디인가?

입시로또라는 경쟁은 누구에게도 성공을 '보장'해주지 않는다. 그
러나 '최대다수의 불행과 극소수의 행복'만은 확실히 보장한다. 그
런데 이는 '최대다수의 최대행복'이라는 근대의 기본공리와 모순되
는 것이 아닌가? 서구에서 시작된 근대화의 가치는 우리 생각을 규
정하는 절대선이 아닐 수 없다. 근대적 교육제도와 현대적 교육시
스템이 이 기본가치와 충돌한다면 그것은 논리적 모순이 아닐 수
없다. 이러한 논리적 모순이 논리상에서 끝나면 좋으련만 현실에서
도 그대로 모순으로 나타난다. '기도하는 어머니', '과외 안하는 전
국수석', '역경을 이긴 학생'이 한결같이 달려간 '어린쥐' 교육의 끝,
한국의 대학에는 또 다른 어린 쥐의 행렬이 기다리고 있다.

전문대 위에 4년제, 지방사립대 위에 지방국립대, 지방대 위에 수도권대, 수도권대는 명문대와 비명문대, 명문대는 비인기학과와 인기학과, 인기학과는 국내학위와 외국학위, 외국학위는 또 출신대학별로 줄을 서야 한다. 이뿐만이 아니다. 본격적인 줄서기는 이제부터 시작이다. 대학 사회는 돈을 내는 집단인 학생과 돈을 버는 집단인 재단과 교수로 나누어져 있다. 학생은 학부생, 석사과정, 박사과정, 박사 후 과정으로 구별된다. 교수는 조교, 직원, 시간강사, 겸임교수, 대우교수, 연구교수, 전임강사, 조교수, 부교수, 정교수로 나누어진다. 다시 (정)교수는 학과장, 학장, 보직교수, 부총장, 총장으로 나뉘고, 그 뒤에는 사학재단과 교육관료로 연결된 먹이사슬이 있다.

그리고 교육산업을 지배하는 사교육 카르텔이 이 먹이사슬의 정점에 있다. 이 먹이사슬의 맨 밑바닥에는 오늘도 교육로또를 꿈꾸는 절대다수의 '대리만족형' 서민들이 허리를 휘어가며 아이들을 숨막히는 경쟁으로 내몰고 있다. 그러나 로또 추첨의 결과는 언제나 '기득권 세습형'의 승리, 극소수를 위한 절대다수의 희생으로 끝나는 것이다. 이 극소수와 절대다수의 사이에 '역경극복형'이 있지만, 언론의 과대포장에도 불구하고 그 본질은 '자살형'과 마찬가지로 꼴찌당첨자일 뿐이다.

대학원생의 꿈

그러면 도대체 입시경쟁의 종착점이라는 '지금', '여기'의 대학의 실상은 어떤가? 이러한 현실에서 대학원생은 무엇을 꿈꾸며 사는가? 이런 질문은 막대한 등록금을 바쳐가면서 내 자녀와 제자의 인생을 믿고 맡기는 '대학'에 대해서 학부모나 선생님들도 같이 생각해볼 대목이다.

대학의 본령은 학문연구를 통한 교육과 지식의 생산이다. 이런 점에서 대학원생들은 대학의 중추, 나아가 사회의 미래라 할 만하다. 치열한 입시경쟁을 거쳐 국내외 대학에서 박사학위를 받는 확률은 그야말로 로또당첨에 버금가는 확률일 것이다. 10만 명을 훨씬 넘는 한국의 비정규교수(시간강사)와 대학원생들이 이 어려운 관문을 거치는 이유는 대부분 '학문에 대한 열정' 때문이다. 기본적으로 '진실과 합리성'을 추구하는 대학원생들은 '어린쥐' 교육의 꿈과 현실 사이의 모순에 대해 고민할 수밖에 없다.

어려운 관문을 뚫은 사람들이 교수임용의 문턱에서 좌절하는 경우, 심지어 스스로 목숨을 끊는 경우가 허다한 것이 오늘날 한국 대학의 현실이다. 그런데 진실과 합리를 추구하는 대학원생들이 이 현실에 침묵한다. 왜 그런가? 바로 여기에 어린 쥐의 행렬, 교육로또의 먹이사슬의 비밀이 숨어있다. 먹이사슬을 유지하는 가장 중요한 핵심고리는 바로 '비정규교수'에 대한 합법적 제도적 차별이다. 비정규교수는 법적으로도 사회적으로도 심각한 무권리 상태에 놓여있다.

비정규교수와 정규교수(전임강사 이상)는 임금(동일노동에 10배 이상 격차), 고용, 신분, 처우, 복지 등 모든 면에서 하늘과 땅만큼의 차이가 있다. 직원은 교원이지만 시간강사는 교원이 아니며 그렇다고 노동법이 보장하는 근로자도 아닌 실종된 존재이다. 그의 인권과 노동권은 사회적 평균보다 훨씬 아래에 있다. 이러한 제도적 장치로 인해 어떤 대학원생도 '눈물의 골짜기'를 피해갈 수 없다. 따라서 학문적 진리보다는 눈치보고 줄서는 어린 쥐의 대열에 낄 수밖에 없다. 게다가 학위를 받는 과정 자체가 일제 식민지 교육의 봉건적 요소를 철저하게 유지하고 있다. 제도를 개선하려는 어떤 노력도 원천적으로 가로막힌다. 합리적인 연구자는 꿈을 거세당하고, 비판적인 연구자는 존재자체를 부정 당한다.

이 모든 문제가 교원관련 법조항에 원래 있던 '강사' 한 단어를 복원하면 해결되는데도 10만 명이 넘는 대학원생들이 침묵하고 있다. '지금', '여기'의 현실 속에서 우리 대학원생은 생활을 위해 꿈을 접고, 살기위해 비판을 포기했기 때문이다.

도대체 지상의 모든 나라 가운데 대학원생, 연구자가 '참다운 학문에 대한 열정' 때문에 죽어야 하고, 그것을 포기해야만 살 수 있는 나라가 있을까? 이러한 현실의 모순에도 불구하고 '진리에 대한 꿈'은 모든 괴로움을 참게 만든다. 스스로의 이상과 가치를 버려야만 살 수 있는 대학원생의 꿈이란 얼마나 대단한가!

어느 유학생의 꿈, 나는 어디에서 꿈꾸는가

박강성주*

▲ 지금 밖에서 보는 이 나라는 '근조 민주주의, 근조 대한민국'이다.
(ⓒ 이광수)

"만수야 너 언제 인간 될래?" 영화 〈반두비〉에서 민서가 쏘아붙
인다. 이주노동자인 자신의 친구 카림을 부려먹고 월급도 주지 않
은 사장. 그 사장집에 찾아가 이렇게 말하며 그의 뺨을 때린다. 그

____

* 영국 랑카스터대 박사과정

리고 온몸으로 분노를 표현하며 집기를 부순다. 분노, 그리고 폭발.

민서가 그렇게 폭발했던 이유는 무엇일까. 아마 카림의 분노에 공감했기 때문에, 다시 말해 카림의 '위치'에서 생각했기 때문이 아닐까. 인종-젠더-돌봄-소통의 관계를 그리고 있는 이 영화는, 그런 면에서 한편으로 '위치'의 문제로 다가온다. 웬지 〈택시 드라이버〉의 조디 포스터를 연상시키는, 백진희가 주연한 〈반두비〉. 이 작품은 현실이 '누구-어떤' 위치에서 구성되고 있는가를 드러내려 한다. 곧, '위치'가 현실을 만든다.

유학생의 '위치'에 대한 고민

'유학생의 꿈'이라는 주제를 받고 고민하다 결국 이것도 위치의 문제라는 생각이 들었다. 그렇다고 했을 때 가장 먼저 이야기하고 싶은 것은, 유학을 가기 전에 했던 고민들이다. 석사과정을 시작하기 전부터 공부하는 것을 진로로 선택했던 나는, 일찌감치 박사과정에 대해 조금씩 고민을 해왔다. 더 정확히 말하면, 국내에서 공부할 것인가 유학을 갈 것인가의 문제였다. 그런데 당시 분단 문제에 관심이 많았던 나는, 당연히 유학을 갈 필요는 없다고 생각했다. 왜냐하면, 이 분야를 제대로 공부할 수 있는 곳은 바로 한국이라고 생각했기 때문이다.

만약 유학을 갈 필요가 있다면 그곳은 다름 아닌 북한이 되어야 한다고 생각했다. 하지만 현실적으로 그게 어렵다면 국내에서 하는 게 제일 낫다고 판단했다. 다음으로 고민한 것은, 이른바 학문의 종속성 문제였다. '제1세계' 학문에 종속되어 있(다고 생각되)는 한국의 학문, 특히 한국적 맥락의 고려없이 '선진국'의 이론을 그대로 따르려는 데서 오는 폐해와 '유학파'라며 왠지 목에 힘을 주는 학자들에 대한 이야기가 떠올랐다. 한 마디로 나도 그렇게 될까 봐 경계했다.

그런데 사람 일이란 역시 모르는 것 같다. 이런저런 상황이 결국 나를 유학으로 이끌었다. 짧게 말하자면, 나의 관심분야를 공부하기 위해서는 외국으로 갈 수밖에 없는 상황이었다. 마침 나와 잘 맞을 것 같은 선생님을 찾을 수 있었고, 그래서 그 선생님이 있는 이곳으로 온 것이다. 다시 말해 내가 영국으로 유학을 온 거의 유일한 이유는, 동반(지도)선생님이 여기 계시기 때문이다. 동반선생님이 다른 나라에 계셨다면, 아니 혹시 한국에 계셨다면 난 굳이 영국으로 오지 않았을 것이다.

이와 관련해, 자기합리화(?)일지 모르겠지만 이런 생각을 하게 된다. 국내에서 공부한다고 해서 꼭 학문의 종속·식민 문제에서 자유로울 수 있을까 하는 점이다. 달리 표현하면, 국내에서 하는 공부가 학문의 '주체성'(문제적인 표현이라고 생각되지만 그대로 쓴다)을 보증해줄 수 있느냐 하는 문제다. 이미 상당한 정도 국내 학문 현실이 식민화되었다고 했을 때, '주체성'이라고 하는 것은 과연 어디에서 찾아야 하는 것일까.

그것은 어쩌면, 경계를 정하고 있는 장소의 문제가 아니라 그 경계와 장소 자체를 문제화할 수 있는 어떤 힘이지 않을까. 다시 말해, 한국이냐 외국이냐를 중심으로 사고하는 것이 유일한 기준이 되기는 어려울 것 같다. 물론 그렇더라도, 공부가 진행되고 있는 장소·영토와 이를 포함한 문화는 강력한 힘을 발휘한다. 그걸 직접 느끼면서 언제나 긴장하려고 노력한다. 이런 면에서 난 동반선생님을 잘 만난 것 같기도 하다. 언젠가 이런 말씀을 하신 적도 있다. "그런데 문제는 제가 지금 말하는 게 '서구'의 맥락과 상황이라는 거죠. 성주가 알고 있는 한국적 맥락은 또 다를 거예요." 선생님 자체가 이런 문제에 민감하시고, 나 역시 더 민감해지려고 한다.

한편, 유학생은 그 위치로 인해 (의도하든 의도하지 않았든) 특권을 부여받은 것 같다. 일단 한국적 맥락에서 외국에서 공부한다는 것, 특히 영어권 국가에서 공부하는 유학생들은 '뭔가 있어 보이는' 어떤 지위를 누리게 된다. 재외교포들이 해외 유학생으로 자신의 신분을 속이거나, 학력위조 사건에서 영어권 대학의 학위취득이 등장하는 것은 바로 그런 지위가 갖는 힘을 말해준다. 이런 현실에서 유학생은 그 지위에 도취되어 스스로를 과대포장하려는 유혹에 빠지기 쉬운 것 같다. 어쩌다 유학생들이 많이 찾는 인터넷 게시판에 가거나, 검색을 통해 알게 된 몇몇 유학생들의 공간에 가면, 그런 느낌을 심심치 않게 받는다(사실 나 자신도 개인적인 공간에 일기 비슷하게 글을 쓰곤 하는데, 결국에는 내 자랑을 하려고 이러는 건 아닐까 하며 많이 멈칫하게 된다).

특권을 누리고 있는 이는, 정작 그 특권에 둔감할 때가 많다. 권력자는 권력 자체에 신경을 쓰지 그 권력이 행사되는 과정과 그로 인한 결과는 고민할 필요가 없다. 그런 '노동'은 권력자가 아닌 다른 이들이 대신한다. 권력자는 자신이 전부라고 생각하기 때문에 자신에게 신경쓰는 것이 전부에게 신경쓰는 것과 동일하게 된다. 때문에 권력자는 권력이 '관계'의 영역에서 어떤 결과를 가져올지에 대해 고민할 필요가 없는 것이다. 유학생의 특권과 권력도 이런 맥락에서 이야기되어야 할 것 같다. 그 이야기가 구체적으로 어떻게 되어야 할지는 모르겠다. 다만 나의 경우, 유학생으로서 당연히 여

기고 있는 여러 가지 것들이 누군가에게는 '사치·여유'로 받아들여
질 수 있음에 민감하고자 한다.

고통의 땅에서 떨어져 있는 고통

영국에 오기 전이었던가. (지금은 친구로 지내는) 런던에서 공부
하고 있는 팔레스타인 작가를 알게 되어 대화를 나누었다. 이스라
엘의 폭력이 난무하는 팔레스타인 소식을 밖에서 듣는 심정에 관한
것이었다. 작가는 죄책감을 느낀다고 했던 섯 같다. 사라리 그 안
에 있으면 마음이 편할 거라며, 멀리서 인터넷으로 사람들이 죽어
가는 소식을 접하는 건 기분이 참으로 안 좋은 것이라 했다.

뭐랄까, '고통의 땅에서 떨어져 있는 고통'이라고 해야 하나. 어느
덧 나도 그 '죄책감'을 느끼고 있는 것 같다. 도대체 어디까지 갈 것
인지 가늠하기 힘든, 브레이크 없는 질주를 하고 있는 이명박정부
는 말도 안 되는 일이 너무나 많아 어떤 것을 나열해야 할지 모를
정도다. 용산참사를 비롯한 노무현 전 대통령의 비극, 시국선언을
했다는 이유로 징계를 받아야 하는 상황, 인터넷에서 정부를 비판
했다는 이유로 끌려가는 세상, 이 모든 것을 정직하게 보도해야 할
언론마저 '접수'되고 있는 현실. 수많은 사람들이 잡혀가고 다치고,
죽는다. 멀리서 이런 소식을 접할 때마다 나는 진심으로 분노한다.

유학생이 누구던가. 자신이 몸담고 있던 사회적 공간에서 벗어나
공부를 하는 학생이다. 그 공간이 무참히 짓이겨지는 모습을 멀리
서 지켜봐야 하는 위치. 적어도 나로서는 정말 복잡하고 괴로운 상
황이다. 표현이 적절할지 모르겠지만, 70~80년대 군사정권 시절 유
학을 와있던, 그래서 민주화운동에 투신했던 당시 유학생의 심정이

다. 사실 이곳으로 오기 전인 2008년 여름까지, 이런저런 집회에 자주 나갔었다. 어떤 친구와 서로를 '집회친구'라고 부를 정도였다(나는 그 친구가 집회 도중 경찰의 방패로 뒤통수를 가격당하는 모습을 바로 옆에서 지켜봐야 했다). 거리에 나갔다고 해서 크게 바뀐 건 아니었지만, 그래도 그때는 직접 어떤 공간에 나가 뭔가를 하고 있다는 느낌을 가질 수 있었다. 그런데 지금은 아니다. 무엇을 어떻게 해야 할지 난감하다. 답답하다. 그나마 유학생 시국선언이 있어 함께했지만, 그렇다고 달라진 건 없는 것 같다.

물론 말은 이렇게 하지만, 그렇다고 어떤 대단한 일을 계획하거나 그러는 건 아니다. 오히려 유학생 신분이 확정된 뒤로는 '몸 사리기'를 했던 것 같다. 개인적으로 한국을 떠나기 전의 마지막 집회였던 작년 8·15. 부끄럽게도, 유학을 위해 산 운동화가 색소를 탄 경찰의 물대포에 젖을까 여간 걱정이 아니었다. 더 나가서는, 혹시 경찰에 잡히면 출국하는 데 지장이 있지 않을까 하며 마음을 졸였던 기억이 난다. 그래도 적어도 당시는, 직접 함께할 수 있었다.

그런데 지금은 '마음의 빚'이랄까 이런 것이 많다. 운이 좋게도, 지금의 유학생활에 아주 만족하고 있는 입장에서 가끔 '나만 혼자 이렇게 행복해도 되나'라는 생각을 많이 했다. 그래서였다. 논문관련 면접이 주된 이유였지만, 한 달 정도 잠깐 한국에 갔다. 집회 또는 그와 유사한 행사에도 몇 번 나가고, 봉하마을에도 다녀왔다. 그러던 중, "노 대통령의 자살은 강요된 거나 마찬가지"라던 김대중 전 대통령이 그의 곁으로 가셨다. 그래서 다시 이곳으로 오기 직전, 분향소에서 '벽을 보고 욕이라도 하는 심정'으로 공부하겠다고 다짐했다.

유학생은 어디에서 꿈꾸는가

'무엇을' 꿈꾸는가는 '어디에서' 꿈꾸는가와 떼어낼 수 없다. 꿈 자체는 그 꿈을 꿀 수 있는, 혹은 꿈을 꾸고 있는 위치에 영향을 받기 마련이다. 그래서 유학생의 꿈보다는 '유학생은 어디에서 꿈꾸는가'를 이야기하고 싶었다. 그렇다고 했을 때 유학생으로서의 나는, 유학생의 '위치'에 더욱 민감하고 치열해질 것을 꿈꾼다. 그렇다면 그 꿈을 나는 어디에서 꾸는가. 한국에서 전해져오는 소식들에 주먹을 쾅! 하고 내려쳤던, 어떤 바보가 부엉이바위에서 몸을 던졌다는 말에 눈물을 흘렸던, 그래서 그 눈물자국이 그대로 남아있는, 연구실 내 책상이라 답하겠다.

※ 덧붙이는 말씀: 수많은 비정규교수들의 어이없는 해고 소식을 계속 접하고 있습니다. 부족하지만, 저도 함께하는 마음으로 이 글을 보내드립니다. 국회 앞 천막에서 뵈었던 김영곤·김동애 선생님이 예전보다 훨씬 핼쑥해 보이셔서 가슴이 아렸습니다. 정부 - 국회 - 대학은 교원지위 회복 요구에 하루빨리 성실히 응해야 합니다.

자녀를 대학에 보내지 맙시다!

현 병 호*

▲ 다양한 학생 활동이 존재하지 않는 대학은 죽은 대학이다.
(ⓒ 이광수)

미래 사회와 아이들의 진로

여러 해 전부터 기업들은 대학이 불량품을 자기들에게 떠넘긴다

* 격월간 『민들레』 발행인

고 불평하고 있다. 대학은 대학대로, 책 읽어내는 능력도 없고 글도 제대로 못 쓰는 학생들을 길러내는 중등교육에 대한 불만이 높다. 말하자면 공교육 시스템 전체가 불량품 생산 라인이 된 셈이다. 교육부가 교육인적자원부로 바뀐 2000년대 들어 불량 비율이 더 높아졌으니, 인간교육이 아닌 인력교육에 올인한 결과가 참담한 셈이다.

십여 년 전 이른바 '학교붕괴' 현상이 나타나면서 정부와 교사집단이 한 목소리로 '공교육 정상화'를 부르짖고 있지만, 그 주장의 핵심은 근대적 의미의 학교 정상화에 가깝다. 말 잘 듣는 아이들을 기르는 것이 실제적인 교육목표였던 근대 학교체제를 유지하면서, 세계화·정보화 시대에 부응하는 창의력 있는 인적자원을 양성하고자 하는 모순된 정책 속에서 헤매는 것이 오늘날 한국 교육정책의 현주소이다.

최근 삼성의 이건희 회장은 우리 사회가 맞닥뜨린 경제위기의 원인으로 교육의 실패를 들었다. 무한성장을 추구하는 기업가의 시각에서 볼 때 불량자원을 생산해 내는 학교교육은 사회악에 가까울 것이다. 디지털 시대에는 천재 한 명이 몇 십만 명을 먹여 살린다는 그의 지론대로 우리 교육이 바뀐다면 앞으로 20대 80의 사회는 더욱 공고해질 따름이다.

세상은 하루가 다르게 변화하고 있다. 정보화, 세계화 물결로 국가의 경계가 희미해지고 있고, 세계적인 경제위기는 지구촌을 양극화 사회로 몰아가고 있다. 한국 사회는 십여 년 전 IMF사태 이후 진행된 신자유주의 흐름이 속도를 더해가면서 빠르게 중남미형 사회로 바뀌고 있는 중이다. 앞으로의 몇 년이 우리 사회의 미래에 중대한 갈림길로 작용할 가능성이 높다. 특히 20대의 실업과 빈곤화 문제는 사회불안의 뇌관으로 작용할 가능성이 크다. 생산시설의 해외이전, 사무자동화와 저임금 외국인노동자의 유입으로 갈수록 취업문은 좁아지고 노동시장이 유연화되어 가고 있다.

지금 십대들이 맞닥뜨릴 사회, 평생직장 개념이 사라진 평생학습 사회로 접어들면 일생 동안 새로운 분야의 일을 위해 공부할 수 있는 기회가 여러 번 찾아올 것이다. 대학졸업장을 우려먹을 수 있는 사회는 빠르게 저물고 있다. 진로교육을 대학진학 요령을 가르치는 것쯤으로 여기는 제도권 교육은 아이들의 미래를 무책임하게 방기하는 것이다. 세상을 읽는 힘, 자기주도적 학습 능력을 기르는 것이야말로 진로교육의 핵심이 되어야 한다.

지난해 〈녹색평론〉에서는 앞으로 '농촌 자녀 대학 보내지 않기' 운동을 펼치겠다고 했다. 대학진학률이 80퍼센트를 웃도는 상황에서 이제 웬만한 대학을 나와 봐야 살아가는 데 아무런 보탬도 안 될 게 뻔한데, 대학에 목매달면서 부모와 아이들의 삶을 희생하는 일을 더 이상 되풀이하지 말자는 것이다. 이는 사실상 도시 자녀들도 마찬가지다. 살고 있는 지역의 대학을 다닌다면 숙식비가 따로 들지 않아 조금 유리하긴 하지만, 많은 경우 대학진학은 삶을 유예하는 것일 따름이다. 공교육이든 대안교육이든 아이들의 삶을 진정으로 염려한다면 더 이상 속보이는 대학진학률 높이기에 앞장서지 말아야 한다.

전공부를 제안하며

최근 중등 대안학교 현장 중심으로 포스트 중등에 관한 논의가 본격화되고 있다. 초등학교 출신들이 자라나면서 고등부 과정에 대한 고민과 함께 진로 문제가 논의의 중심으로 떠오르고 있다. 최근 출범한 대안교육학부모연대도 인턴십이나 멘토 네트워크를 만들어 아이들의 진로에 도움이 되고자 준비하고 있다.

대안교육 출신 아이들의 진로 문제는 각 현장별로 특성을 살려 전문과정을 만드는 방안을 연구해볼 일이다. 풀무학교 전공부처럼, 여력이 되는 학교부터 특성을 살린 전공부를 하나씩 만드는 것이다. 다양한 전공부들이 생겨나고 이들이 서로 연계되면 네트워크형 대안대학이 될 수 있다. 인문학적 소양을 기르는 공부는 혼자서도 할 수 있지만 실무 능력은 혼자 익히려면 몇 배로 힘이 든다. 인문학적 소양과 실무 능력을 함께 기르는 전공부는 일종의 네트워크형 평생학습센터 같은 곳으로, 고등학교 과정을 마친 친구들과 고등부 과정 아이들이 함께할 수도 있고, 어른들도 같이할 수 있다.

이를 테면 공간민들레에서는 언론출판 관련 전공부를 만들어 글로써 세상과 소통하고 싶은 아이들이 함께 공부하고 길을 찾을 수 있게 도울 수 있다. 일간 신문사나 방송사가 아닌 대부분의 출판사나 잡지사는 학력을 문제 삼지 않는다. 글쓰기의 기초가 되어 있으면 일 년 정도만 훈련하면 굳이 대학 과정을 거치지 않아도 얼마든지 실무를 감당할 수 있다.

한겨레문화센터 출판과정, 서울출판인학교, 오마이뉴스 기자학교 같은 기존 과정을 선택해서 밟을 수도 있고, 20명 정도가 되면 독자적인 과정을 만들 수도 있다. 언론출판계의 미래를 감당할 인재를 길러내는 일은 제도권 학교보다 대안학교가 더 잘 할 수 있다고 본다. 어린이책 전문 기획사인 '햇살과 나무꾼'과 같은 기획사를 창업해 회사를 겸한 학교를 만들 수도 있다. 실전 속에서 길러지는 실력이 진짜 실력이다.

하자작업장학교나 스스로넷미디어스쿨 같은 도시형 대안학교들이 연대해 영상 관련 전공부를 만드는 것도 검토해볼 일이다. 한예종 같은 기존 대학에 진학하는 것도 나쁘진 않지만, 진학의 기회를 놓치거나 그 길이 맞지 않아 홀로 탐색하는 이들에게 좋은 대안이 될 수 있다. 문자보다 영상에 더 익숙한 미래세대와 소통하는 데는 영상언어가 유력한 도구가 될 것이다. 마이클 무어 영화 같이 저예산으로 만든 영화나 다큐멘터리 한 편이 수백만 수천만 명을 움직일 수 있다. 전공부에서 영상물을 통한 학습과정을 만들어 초등이나 중등 현장에 제공할 수도 있겠다.

NGO 활동가를 기르는 일도 대안교육 진영이 잘할 수 있는 영역이다. 활동가의 몇 년치 월급을 털어넣으면서 굳이 대학의 NGO 학과를 다녀야 할까. 몇몇 시민단체와 연계해서 NGO 전공부를 만들어보자. 시민단체들은 유능한 일꾼을 길러낼 수 있어 좋고, 대안교육 진영은 교육과 사회 문제를 더 긴밀히 연계시킬 수 있게 된다. NGO 전공부는 활동무대를 국제적으로 넓힐 수도 있다(키노쿠니의 국제고등전수학교가 이와 유사한 모델이기도 하다).

전원형 학교라면 건축 관련 전공부를 생각해볼 일이다. 생태건축에 관심이 있거나 그냥 집짓기나 인테리어에 관심 있는 아이들이 모여 실제로 집을 지으면서 공부하면 된다. 실제적인 삶의 질을 높이는 데 건축만큼 중요한 분야도 없다. 건축 분야는 설계와 시공으로 나뉘는데, 시공 분야는 대학 졸업장과 무관하므로 집을 직접 짓는 데 관심 있는 이들은 시공 분야로 나가면 된다. 집 짓는 일을 하다 설계사가 되고 싶거나 대학공부의 필요성을 느끼면 그때 대학에 들어가도 늦지 않다. 확실한 동기가 있으면 늦공부도 어렵지 않다.

의사가 되고 싶은 아이나 대안학교 교사와 부모들을 위해 침구학 강좌를 개설하는 것도 생각해볼 일이다. 의사의 길을 생각한다면 양의학과 한의학의 특징을 알고 자신의 기질을 감안해서 길을 정할 일이다. 꼭 한의학에 관심이 있지 않더라도 적어도 사람 몸에 관심이 있다면 침구학 공부는 해볼 만하다(중국에서는 양의사도 침구학을 반드시 공부해야 한다).

한의학의 본령인 침구학은 대학에 가지 않고도 얼마든지 배울 수 있다. 공부를 해보면 의사의 길이 자기 길인지 아닌지가 분명해질 것이다. 필요하다면 나중에라도 의대나 한의대를 갈 수 있다. 침구사 제도가 부활한다면 굳이 대학을 가지 않고도 명의가 될 수도 있겠지만, 현재로서는 제도권 의료계가 침구사 제도 부활을 막고 있어 대학을 거치지 않고는 합법적인 의료활동이 불가능하다(언젠가 의료법이 바뀌겠지만, 그런 날을 하루빨리 앞당기기 위해서라도 변화를 추동할 수 있는 사람들이 그 속으로 들어가야 한다).

국외로 눈을 돌릴 필요도 있다. 침구학을 배워서 중국이나 미국, 호주 같은 곳으로 진출하는 것도 한 방법이다. 아이들의 진로 문제를 국제적으로 풀어가는 상상력도 필요하다. 대안교육판의 부모와 교사들이 머리를 맞대고 아이디어를 모아야 한다. 학부모들이 저마다 자기 분야에서 알고 있는 정보와 지식을 나눈다면 수많은 길들이 열릴 것이다. 다양한 정보들을 데이터베이스화하는 작업이 이루어져야 한다. 이 작업은 대안교육 출신 아이들뿐만 아니라 이 땅의 모든 아이들에게 도움이 될 것이다.

다양한 전공부가 있다 해서 제도권 대학을 굳이 마다할 일은 아니다. 관심사에 따라 전공부를 거쳐 사회에서 일을 하다가 더 깊은 공부의 필요성을 느끼면 그때 대학진학을 할 수도 있고, 바로 대학 진학을 선택할 수도 있다. 대학을 통해서만 진입할 수 있게 된 직업 영역들도 적지 않다. 현행 제도가 바람직하진 않지만, 의사나 변호사가 되고자 한다면 대학에 진학할 수도 있는 일이다. 대안 운운하며 의사나 변호사가 되는 길을 가로막아서는 안 된다. 대안적인 진로가 따로 있는 것이 아니라, 어떤 분야에서나 건강한 삶을 살면 되는 것 아닌가. 대학 진학에 목을 매도 안 되지만, 대학을 도외시해서도 안 될 일이다.

하지만 갈수록 대학 학비가 치솟고, 졸업장은 예전처럼 힘을 쓰지 못하는 상황에서 굳이 대학을 택하지 않고도 사회로 진출할 수 있는 길을 확보하는 것은 대안교육 진영의 당면 과제이다. 예능 쪽도 굳이 제도권 학교를 통하지 않고도 가능한 길을 열어야 한다. 베네수엘라의 청소년 오케스트라처럼 소외 계층도 예술을 통해 삶을 고양시킬 수 있는 길을 우리도 열어가 보자. 문제 해결의 열쇠는 돈이 아니라 상상력과 열정이다. 세상에 널려 있는 자원을 어떻게 끌어내고 연결할지 상상력을 펼치자. 세상에 충만한 선한 의지와 아이들 속의 잠재력이 융합하여 핵융합이 일어날 수 있도록 창의력과 열정을 발휘할 때다.

강사 교원지위와 대학생 학습권은 서로 맞물려

김영곤*

▲ 강사의 교원지위를 회복하고, 학생의 학습권을 쟁취하자. (ⓒ 이광수)

독재자 박정희 우민정책의 '성공'

1970년대 말 독재자 박정희가 피살당하기 직전 신문에서 이렇게

---

* 대학강사교원지위회복과 대학교육정상화 투쟁본부 위원, 고대 강사

회고했다. "모 신문사 회장을 불러 기자들이 말을 듣지 않는데, 말 잘 듣는 사람을 골라 승진시켜 특별히 대우하라고 했다. 그랬더니 언론이 조용해졌다. 이렇게 기막힌 방법을 두고 (필화 사건을 일으켜) 손에 피를 묻혔다니……" 라고. 이런 분할 지배 방식은 언론계에 그치지 않고 대학, 공무원, 군인, 법조계, 기업 등 한국 사회 전반에 적용되었다. 언론은 광주민주항쟁을 거치며 이런 구도를 깼지만 대학에는 여전히 이 구도가 굳게 남아 있다.

유신독재는 대학의 저항이 거세지자 유신에 비판적인 교수는 해직시키고 학생은 군대로 보낸 데 이어 학생에게 영향을 미치는 젊은 강사들에게서 교원지위를 박탈하고, 이들이 좁은 병목을 거쳐 전임교수가 되도록 했다. 그리고 해직교수의 빈자리는 체제 순응적인 사람들로 채웠다. 또 전임교수가 되려는 강사는 스스로가 비판적인 정신이 없다고 속을 뒤집어 보여야 했다. 그로부터 33년 동안 교수가 물러난 자리마다 체제에 순응하는 인사로 메우고 이들이 대학의 총장, 학장이 되면서 대학에는 비판이 사라졌다. 박정희가 의도한 우민정책의 영향은 우리 사회에 깊이 뿌리내렸다.

33년 동안 끌어온 암기위주 주입식 교육

헌법 31조에서 규정한 교원지위 법정주의의 원칙을 무시하고 강사가 교원이 아닌 모순을 존속시키면서 대학에는 여러 문제가 일어났다.

전임교수와 강사를 분리하면서 대학은 강사 가운데 연구, 강의, 교육, 학생의 평판, 도덕성 등을 바탕으로 승진시키는 형식으로 선발할 책임이 없게 되었다. 그저 기존의 강사이든 바로 유학에서 돌아온 사람이든 차별 없이 자신의 입맛에 맞는 사람을 뽑으면 된다. 이런 제도 아래서는 양화가 악화에게 쫓겨나기 마련이다. 전임교수가 되려는 사람은 학력, 학벌, 경제 능력 외에도 대학이나 전임교수에게 무조건적으로 순응할만한 사람이이야 한다. 그러다보니 대학은 학문의 기본 조건인 비판적인 사고를 가진 사람들이 발붙이기 어려운 곳이 되었다.

전임교수는 교수 집단 속에서 강사를 관리하는 역할을 한다. 대체로 전임교수 1녕에 강사 2명 이상인 상태에서 전임교수는 강의와 대학원생 지도의 부담이 크고 관리자로서 강사를 관리하고 각종 회의에 나가야 한다는 부담도 크다. 경제학과의 경우 일본의 유수한 대학은 교수가 100여 명인데 한국은 20여 명에 불과하다. 또 교원 지위와 높은 보수를 보장받아 대체로 교수생활에 만족한다. 그러다보니 강의하고 연구하는데 학생의 요구, 사회현실의 요구, 자신의 학문 의지를 담지 못한다. 자연히 단일한 주제를 장기간 연구하여 책을 펴내는 경우가 드물다. 저서라고 해도 대부분 단편소설집 같은 논문 모음집이다. 전임교수들은 은퇴한 뒤 자신의 연구 분야 저서를 쓰겠다고 하지만 말처럼 하는 경우는 드물다.

대학은 교수의 강의와 연구를 분리한다. 전임교수는 논문수가 승진 평가의 기준이다. 전임교수는 대학 대학원 강의나 학생 교육에 들어가는 시간을 아까워하며 논문 작성에 주력한다. 대학이 미래 세대를 최종적으로 교육한다는 대학의 기본사항을 잃어버린 것이다. 독재 때 만든 틀을 아직까지 유지하고 있는 것이다.

또한 대학은 강사의 교수노동과 생계를 분리한다. 강사는 주 4.2시간에 연강의료가 487.5만 원으로 전임교수 연봉 1억 원에 비하면 거의 '무급' 수준이다. 강의료로는 도저히 생활할 수 없다. 그러다보니 연구프로젝트를 하나라도 더 얻으려고 발버둥친다. 이렇게 되니 강사는 생활비를 교수노동을 하는 강사 직업이 아닌 프로젝트에서 구하는 모순이 발생한다. 이 연구비라는 것도 결국은 세금에서 나오는 것이다. 납세자의 입장에서 보면 강사는 비교원으로 방치하면서 프로젝트를 통해 국고로 강사의 생활비를 지원하는 셈이다. 연구는 연구대로 부실해진다. 강사에게 교원지위를 회복시켜 강의와 연구를 일치시킬 경우 연구비 역시 임금 형태로 강사에게 직접 가고, 강사는 자신의 소신과 필요에 따라 학문할 수 있다.

현재 강사의 시간강의료는 사람 기준으로 보면 전임교수의 1/20이고, 대학의 입장에서 주9시간 강의시수 기준으로 보면 1/10이다. 현재 대학은 강의 원가 가운데 절반은 전임교수에게 지불하고, 그 절반 가운데 10% 정도만 강사에게 지불한다. 강의 원가 가운데 45% 정도를 목적 외로 전용하는 셈이다. 대학이 해마다 몸집을 불리는 이윤폭이 큰 장사인 이유이다.

강의실은 조용하다

강사가 이런 현실에 저항하지 않은 것은 아니다. 1998년 이래 8명의 강사가 자살했다. 백준희 박사는 프로젝트에서 해방돼 자신의 연구를 하고 싶어 했다. 한경선 박사는 교수임용 비리와 강사 제도의 개선을 요구했다. 강사들도 1988년 이후 노조를 결성해 처우 개선과 고등교육법의 개정을 요구했다. 여기에 대학이 대처하는 방법은 두 가지다. 불만을 말하는 사람은 초기단계에는 강의 배정에서 배제한다. 그래도 노조를 결성해 활동하면 간부에게 전임교수 비정년트랙 자리를 주어 회유한다. 이것을 반복하다보니 비정규교수 노조는 무력화되어 고등교육법 개정 투쟁을 포기하게 되었다.

유신독재를 거치면서 대학은 일제 이래 지속된 일방적 주입식 교육 방법을 더욱 상화했다. 비판적인 교수가 쫓겨나는 상태에서 남은 교수는 창의적 수업을 하려야 할 수 없다. 또 개발독재 아래 산업화 시대의 대량 생산구조는 저임노동자를 고용하고 대졸자는 이들을 관리하는 역할을 담당했다. 관리자인 대졸자가 창의적일 필요가 없다. 그러기 때문에 기업은 대졸자 가운데 말 잘 듣는 사람을 뽑는다. 이것은 내학 강의실에서 주입식 교육을 더욱 강화하게 하고, 학생은 학점 스펙에 매달리게 한다.

현재 대학 강의는 대부분 암기위주 일방적 주입식교육이다. 교수가 자신의 지식을 일방적으로 강의하고 학생은 이를 받아 적는다. 학생은 지루해 졸음 참기가 큰일이다. 강사도 학생을 졸지 않게 하는 재주가 있어야 한다. 강사들 사이에는 학생들을 웃기는 방법을 적은 개그집이 돌기도 한다. 시험은 암기력 테스트 수준이다.

강의실에는 대답도 질문도 없이 그저 조용하다. 교수가 질문하면 학생은 교수의 질문 의도(정답)를 헤아려 "~같다"고 대답한다. 학생은 궁금한 것이 있어도 질문하지 못한다. 어느 학생이 질문하면 다른 학생이 "깝치지 말라"고 견제하기 때문에 질문을 거의 절대로 하지 않는다. 너만 교수에게 눈도장 찍느냐는 뜻이다. 모두 학점 경쟁 때문이다.

교수 사이와 학생 사이에 어떤 문제가 나와도 수평적인 관계 속에서 토론하여 대안을 도출하는 것이 아니라 간단히 짚고 넘어가 핵심 쟁점을 회피한다. 학생과 교수 사이에 전공이론의 현실 적용을 두고 토론하면 강의실에는 긴장감이 생기고 학생도 생동감에 넘친다. 이렇게 진행할 경우 강의는 자연히 사물을 비판하고 대안을 세우는 쪽으로 흐르기 때문에 강사는 부담스러울 수밖에 없다.

예를 들어 건축학 강의시간에 학생이 재건축 문제를 제기하여 토론할 경우 용산참사를 일으킨 재벌 건설사가 도마에 오를 수 있다. 이 때 대학은 재벌사의 건물 건축 지원, 교수는 프로젝트, 강사는 강사 자리를 걱정하지 않을 수 없다. 그것은 이미 총장의 여학생 비하 발언을 비판했다가 강사 자리를 잘린 중앙대 진중권 교수(겸임교수＝강사)의 해고에서 보았다. 이런 경향은 연구에도 영향을 미쳐 대학생 학습권의 현실을 다룬 저서나 논문이 하나도 없을 정도다.

학생들은 불만이 있어도 학점을 쥐고 있는 교수 권력에게 주입식 강의를 그만두고 창의적 토론식 수업으로 바꾸어달라고 저항하기도 어렵다. 2010년 3월부터 적용하는 등록금 후불제에서는 등록금 대여 신청 자격을 B학점 이상으로 규정해 앞으로 학점 경쟁 현상은 더 심해질 것이다.

이런 대학 시스템에서 학생은 대학 생활에서 상상력이나 문제를 집단 속에서 해결하는 능력을 키우지 못한다. 대학교육의 생산물인 대학생은 자신의 앞날을 잘 가리지 못한다. 지식사회에서는 이웃 공동체를 살리고 지속가능성을 해치지 않으며 90세까지 일해야 하는데 학생들은 이런 준비나 상상력을 갖추지 못하고 사회에 나온다.

어떤 사람은 무기력한 20대에 희망이 없다면서 10대가 거리로 나오는 것을 기대해보자고 한다. 그러나 오늘의 대학생이 효순이와 미선이가 미군차량에 치어 죽었을 때 중학생의 신분으로 항의의 촛불을 들었던 점을 생각하면 이런 희망도 근거가 약하다.

일반 서민 학부모는 대학교육의 모순을 그 결과를 보고 막연히 짐작하지만 그 본질을 잘 알아채지 못한다. 학부모들은 대부분 대학생은 성인인데 하고 옆으로 젖혀두었다가 자녀가 대학을 졸업한 뒤 상상력이 빈곤하고 사회 진출을 두려워하는 모습을 보고 실망한다. 대학교육의 부실을 아는 일부 계층은 자녀를 유학 보내지만, 진학률 84%인 상내에서 모든 부모가 유학을 선택할 수도 없는 노릇이다. 국내에서 대안학교를 나와도 80%가 대학에 진학한다.

조·중·동이 대학붕괴의 주범

왜 이런 모순된 대학체제가 33년 동안이나 유지, 은폐될 수 있었을까? 그 배후에는 조·중·동 대학, 『조선일보』 회장이 이사장인 연세대학, 삼성·『중앙일보』와 주인이 같은 성균관대학, 『동아일보』와 재단이 같은 고려대학이 자리 잡고 있다. 한경선 박사가 강사제도 개선을 요구하며 미국 가서 자살해 유서를 공개하도록 했지만 조·중·동 대학의 우군인 조·중·동 언론은 이를 보도하지 않았다. 다른 언론도 간간히 보도했지만 힘없고 불쌍한 강사의 처지를 선정적으로 보도할 뿐, 강사의 교원지위 박탈이 대학교육 붕괴의 근본 원인이라며 대학교육 질의 문제를 사회적 의제로 제기하지 못했다.

국회의원들은 시간강사의 문제를 잘 알지만 대학의 로비에 흔들리고 대학의 압력을 두려워한다. 17대 국회에서 여야 3당의 최순영,

이상민, 이주호 의원이 각기 강사의 교원지위를 회복하는 고등교육법 개정안을 대표 발의하고 공청회를 거쳤다. 교육위원 누구도 반대하지 않았지만 아무도 찬성하여 나서지 않았다. 회의를 열면 교과부에 대안을 마련하라며 미루고 바쁘다며 자리를 떠나 의사결정 정족수를 미달하게 하는 식으로 폐기했다. 18대에도 이상민, 김진표 의원이 각기 대표 발의했고 회기도 절반 가까이 지나갔지만 법안은 교과위 법안심사소위원회에 계류 중이다.

임해규 교과위 한나라당 간사 겸 법안심사소위원장은 "학이 돈이 없다고 하는 상태에서 처우 개선이 뒤따르지 않는 강사의 교원지위 회복 입법은 국회의원의 직무유기"라고 한다. 그러면서 4대 보험과 강사료 인상을 주장한다. 그러나 4대 보험은 강사가 2007년 대법원 판례로 근로자이므로 국회가 노동부를 통해 대학을 단속하면 될 일이며 일부대학에서는 고용보험과 산재보험을 실시하고 있다. 강사의 처우는 강사 스스로 노조를 결성하던가 해서 대학과 교섭하여 개선하도록 하면 된다. 국회가 이러 쿵 저러 쿵할 대상이 아니다.

학생과 학부모가 나서 대학을 개혁해야

대학생은 등록금은 "비싸다, 내려라, 무상으로 하라"고 따지면서도 정작 대학교육의 질은 문제 삼지 않는다. 대학교육은 학생의 인생이 걸린 상품인데. 학생은 강의가 듣기 편하고 학점이 후한 교수에게 몰려다니며, A학점을 맞으려고 족보를 모으고 교수에게 눈도장 찍기 바쁘다.

대학은 영어강의를 하고 국제화를 해서 교육의 질이 높다고 선전한다. 대학생이 스스로 무엇을 해야 할지, 공동체와 지속가능성의 요구를 어떻게 충족해야 할지를 모르는 상태에서 '글로벌 리더십'은 대학생과 학부모를 현혹시키는 소리이다.

현재 대학교육을 양에서 질의 향상으로 전환해야 하고, 대학생이 나서야 한다. 대학생은 대학에게 주입식 교육을 거부하고 창의적인 토론수업을 요구해야 한다. 파리 68혁명에서 프랑스 대학생이 그랬듯이……. 아울러 이것이 가능하도록 국회에 강사의 교원지위를 회복시키는 고등교육법 개정안의 의결을 요구해야 한다.

학부모도 대학 강의실을 참관해 대학의 이면이 어떤지를 들여다보고 대학평의회에 참여해 대학교육의 내용을 바꾸어야 한다.

제4부

대학의 정체성 회복과 민주화는 어떻게

대학 졸업장을 꼭 사야 하는데, 대학에 무슨 시장논리

송 경 원*

▲ 시장이 되어 버린 대학에서 학생은 위태롭다. (ⓒ 이광수)

고등교육에 대한 이명박정부의 정책은 잘 보이지 않는다. 일제고사, 교육정보 공시, 자사고 등 우리 사회를 시끄럽게 만들었던 교육

---

* 진보신당, 교육정책 담당

정책들이 대체로 초중등교육이기 때문이다. 물론 3불 폐지 움직임이나 입학사정관제 확대와 같은 것들은 고등교육분야에 해당한다. 하지만 이건 고교졸업생의 대학진입 단계에 관한 정책이다.

묵묵히 일하면서 가끔씩 방송 뉴스를 보는 사람들에게는 잘 보이지 않지만, 그렇다고 대학에 관한 정책이 없었던 것은 아니다. 작년에는 대학자율화 조치가 추진되었고, 올해 들어서는 국립대 법인화, 그 중에서도 서울대 법인화가 진행되고 있다. 그 외에 대학정보 공시, 세계적인 수준의 연구중심대학 육성 등도 이루어진다.

이명박정부의 교육철학, '시장' 중심

이들 정책의 흐름을 단 한 마디로 요약하면, '대학의 시장화'라고 할 수 있다. 정부야 '대학의 자율성 제고'로 부르고 싶겠지만, 이명박정부의 교육철학에 가장 적합한 표현은 '시장'이다.

예컨대 작년 9월에 나온 '대학자율화 2단계 1차 추진계획'은 대학운영자의 자율권 보장이다. 학생, 교수, 직원 등 대학구성원들의 자율권 신장이 아니다. 대학운영자가 마음대로 할 수 있는 방향으로 관련 조치들을 추진한다. 따라서 말은 '대학자율화'이지만, '대학의 경영권 보장'이라고 지칭하는 게 더 정확하다.

그리고 이건 기업 내에서의 결정권과 자율권이 오너에게만 있는 것과 유사하다. 노동자나 원료는 시키면 시키는 대로 해야 할 뿐, 자율권이라고는 '잘리기 전에 먼저 관두는' 자유 정도만 있는 것과도 유사하다. 지난 8월 박용성 중앙대 이사장은 모 언론의 기고문을 통해 "대학의 의사결정권은 학교법인에서 비롯되고, 운영 주체는 학교법인의 이사회로 보는 게 논리적으로 타당하다"라고 말하면서 교직원은 피고용자, 학생은 소비자에 지나지 않는다고 언급하였는데, 어찌 보면 이는 곧 이명박정부의 관점이라고도 할 수 있다.

올해 들어 속도를 내고 있는 국립대 법인화도 같은 흐름이다. 학교 수 기준으로는 12.8%, 재적학생 수 기준으로는 25.4%에 불과한 국공립대를 아예 민영화하려는 움직임이기 때문이다. 물론 '시장의 적은 국가'라는 단순한 이분법, '시장은 무조건 옳다'는 굳은 믿음에 의거한 정책이다.

그리고 전체적인 그림은 오너의 결정에 따라 상품을 시장에 내다 파는 것처럼, 법인 이사장의 결정에 따라 교직원이 일사분란하게 움직이면서 학생을 상품으로 만들어 시장에 공급하는 것이다. 또한 시장에서 상품을 구매하는 것처럼, 이미 만들어진 졸업장이나 학생 상품을 보고 대학을 쇼핑하는 것이다. 여기에 국가나 사회는 개입 불가하다.

비정규직 교수 늘리는 게 시장원리

우리에게 시장은 익숙하다. 동네 구멍가게나 대형마트이건, 백화점이건 간에 오늘도 어디에선가 상품을 산다. 그리고 나름대로 '싼값에 질좋은 상품 구매'라는 최대 만족을 취했다고 자부한다.

하지만 대학도 과연 그럴지 의문이다. '질좋은 상품'의 경우, 그 대학에 있는 교수들과 연관이 있다. 교육의 질은 교수의 질을 뛰어넘을 수 없기 때문이다. 그런데 이미 시장화가 상당히 진척된 미국 영리대학의 경우, 비정규교수의 비율이 약 55%이다. 미국 전역에서 170개 캠퍼스를 운영하는 '매출액 1위' 피닉스 대학은 98%가 비정규교수이다. 당연히 미국 내에서도 영리대학의 질 문제가 제기될 수밖에 없다.

그런데 이건 시장원리에서 보면 괜찮은 상황이다. '저비용 고효율'을 해야 하니, 인건비는 가급적 줄이는 게 맞다. 자기 대학의 상품에 치명적인 불량이 나오지 않는 한도까지 비용 절감을 꾀해야 수익을 창출할 수 있다. 그래서 정규직 교수보다 비정규직 교수가 입맛에 맞는다. 물론 교육의 질은 그 다음의 문제이다.

2008년 우리나라의 비전임교수 비율은 전문대학 72.8%, 대학 61.2%이다. 국립보다는 사립이 더 많다. 하지만 미국 영리대학의 사례에 비추어보면, 좀더 늘릴 수 있다. 같은 비정규직이라도 경력이 오래 되거나 비용이 많이 들어가면, 더 싼 비정규직으로 교체해야 한다. 정규직으로 전환해야 할 조건이라도 있으면, 그 전에 조치를 취해 피해가야 한다. 물론 교육의 질은 그 다음 문제이다.

등록금 많이 받는 게 시장원리

'싼 값'은 이해가 엇갈린다. 시장에서 학생은 등록금이 싸기를 바라고, 대학운영자는 비싸게 받기를 원한다. 하지만 여기서 수요와 공급 곡선은 작동하지 않는다. 우리네 대학에서는 공급자 곡선만 보인다. 그리고 '대학등록금 자율화'로 대학운영자가 마음대로 등록금을 정하게 된 다음부터는 오르기 바쁘다. 결과적으로 학생과 학부모의 허리만 휜다.

그러나 대학운영자 입장에서는 최적이다. 많은 수입이 보장되기 때문이다. 비싼 등록금으로 고수익을 창출하고 많은 비정규직 교수로 비용을 절감한다면, 이만한 '저비용 고효율'이 따로 없다. 최적의 시장인 셈이다.

이상한 시장

그런데 우리네 대학은 이상한 시장이다. 할인판매가 없다. 동네 시장에서 흔히 볼 수 있는 '이월상품 염가 판매'도 없다. 오르기만 하는 비싼 등록금만 보일 뿐이다.

"학생들은 자신의 수학 능력과 장래 선택할 진로를 감안해 스스로 대학을 선택했다. 등록금은 그 선택에 대한 비용으로 볼 수 있다"고 박용성 중앙대 이사장은 말한다. 하지만 '스스로 대학을 선택'하였는지는 의문이다. 대학을 가지 않으면 안되는 세상이기 때문이다. 따라서 대학을 강요당했다고 봐야 한다.

이래서는 시장원리가 작동하지 않는다. 소비자는 불량일 경우 상품을 사지 않아야 한다. 가격이 비싸면 물건을 구매하지 않아야 한다. 그래야 공급자가 소비자의 의사에 맞게 가격과 상품의 질을 제고한다.

하지만 고려대가 고교등급제를 했다고 해서, 일반고 졸업생이 고려대를 불매하는 일은 없다. 어느 대학의 등록금이 비싸도 빚을 내어 마련하기 바쁘다. 중앙대가 말도 안되는 이유를 들어 진중권 교수를 자른다고 해서, 중앙대 진학 희망자가 줄어드는 게 아니다. 주요 대학들이 비박사 시간강사들을 대거 해촉하여도 소비자가 외면하거나 시장에서 퇴출되는 일은 벌어지지 않는다.

그래서 '시장이 절대선'이라는 믿음을 우리 대학에 이식하려는 노력은 곤란하다. 자칫 잘못했다가는 '공급자 왕'과 '소비자 봉'의 관계를 극대화시킬 뿐이다.

이런 이유로 권력의 경중에 따라 약자의 손을 들어주는 게 해법이 될 수 있다. 국가와 사회는 비싼 등록금을 강요받는 학생이나 일상적이면서 불안한 해촉의 위험에 있는 비정규직 교수의 편이 되어 힘의 균형을 잡아야 한다. 그리고 이것이 중장기적으로는 대학교육의 질을 제고하는 길이다.

그러나 이명박정부가 이럴 일은 없다. 따라서 당분간은 동네 시장에서 볼 수 있는 다른 형태, 즉 '부자 명품시장 대 서민 박리다매시장'으로 나아가지 않을까 예상된다. 물론 이 형태는 '만족하는 부자 대 불만있는 서민'의 또 다른 모습이기도 하다. 또한 중장기적으로 우리나라에 도움이 되지 않는다. 지식기반사회라고 다들 이야기하지만, 가능한 한 많은 이들이 잠재력을 실현하고 창의적이면서 자율적인 사고를 할 수 있도록 하는 교육체계에 대해서는 관심이 없기 때문이다.

하지만 대학운영자 입장에서는 상관없는 미래일지 모른다. '저비용 고효율'로 자기 회사의 수익만 창출하면 되기 때문이다. 여러 서민보다 한 부자를 잡는 게 고수익일 터이다.

대학자본 재생산의 비밀과 사회적 책임

강 수 돌*

▲ 스스로 자본이 된 대학,
"그 안에는 큰 공부(大學)도, 인간도 보이지 않는다." (ⓒ 이광수)

대학자본 재생산의 비밀 두 가지

원래 교육은 자본이 아니다. 교육은 사람이 사람답게 살아갈 수

* 고려대학교 교수

있도록 그 태도와 역량을 북돋우는 일이다. 따라서 교육이란 삶의 한 측면이다.

그러나 오늘날 교육은 상품이 되었고 마침내 자본이 되었다. 한 사람이 교육을 얼마나 받았는가 하는 문제는 P. 부르디외가 말했듯 일종의 자본, 즉 문화적 자본이 된다. 또 그 사람이 맺는 다양한 인간관계들도 일종의 자본이 되는데 그것이 곧 사회적 자본이다. 나아가 대학을 졸업한 사람, 특히 일류대학을 졸업한 사람은 그 구체적 내용이나 실력과는 무관하게 상징적 자본을 획득하게 된다. 대학 학위를 통해 다양한 자본을 많이 획득할수록 사람들은 사회적으로 '사다리(피라밋) 질서'의 높은 곳으로 올라가 더 많은 기득권(떡고물)을 누릴 수 있다. 바로 이 점이야말로 대학이 돈벌이의 기본 바탕으로 작용한다.

그런데 예전에는 경제적 자본이 없는 가정의 자녀도 대학까지 공부할 수 있는 기회가 많았지만, 갈수록 경제적 자본이 뒷받침되지 않으면 대학 공부는 어렵게 된다. 이른바 일류대학 진학은 더욱 멀어진다. 요컨대, 경제적 자본 없이는 문화적 자본, 사회적 자본, 상징적 자본을 획득하기가 더욱 어려워진다. P. 부르디외가 계급지배의 재생산과정에 있어 그 중심에 학교가 있다고 생각한 것도 바로 이런 배경 때문이다. 이런 면에서, 오늘날 대학도 엄연히 자본이라 할 수 있다.

이제, 자본이 된 대학, 즉 대학자본은 자신의 확대 재생산을 위해 어떤 메커니즘을 필요로 하는가? 그 비밀의 메커니즘을 크게 두 가지로 나누면 첫째로, 대학이 자본 일반의 재생산에 봉사함으로써 자연스럽게 그 일부('자본의 인프라')가 되는 것, 둘째로, 대학 스스로 자본 증식 기관으로 활동함으로써 그 자체가 '교육자본'이 되는 것이다.

자본의 인프라로서의 대학

대학이 자본 일반의 재생산에 봉사한다는 것은 대학이 자본주의 사회경제 시스템을 옹호, 지탱, 발전하는 데 적극적으로 헌신한다는 말이다. 자본주의 사회경제 시스템이란 한 마디로 상품 생산을 통한 이윤 추구 시스템이다. 이런 시스템에 대학이 봉사하는 형태는 다양하게 나타난다.

가장 우선적으로는 대학이 자본주의 이윤 시스템, 상품 시스템, 시장 시스템을 옹호하는 이론과 이데올로기를 부단히 재생산함을 지적할 필요가 있다. 신자유주의적 교육개혁은 그러한 헌신에 도움이 되지 않는 학과나 분야를 없애도록 촉진시키고 있다. 대부분의 교수나 연구자들도 전형적인 영미식 경쟁주의 논리를 내면화하고 있다. 물론 그러한 입장에 비판적인 교수나 연구자들도 있다. 그러나 이들이 '비주류'로 머물러 별로 큰 목소리를 내지 못하고 조용히 있는 한에서만 암묵적으로 허용될 뿐이다. 따라서 어떤 학생이 사회경제 시스템의 문제점을 근본적으로 고찰하고 제대로 된 변화를 갈구하며 '경제학 원론'을 수백 번 수강해봐야 대개 허탈하게 헛고생만 실컷 하게 되는 것도 바로 이런 배경 때문이다.

다음으로, 대학이 해마다 생산해내는 고급 노동력이다. 한국의 200여 개 대학에서는 해마다 약 50만 명 내외의 노동력이 방출된다. 개별 자본들은 이 엄청난 노동력, 즉 인적 자원의 창고로부터 입맛에 맞는 노동력을 골라잡으면 된다. 이미 이 인적 자원은 각종 시험을 통해 A급에서부터 E급에 이르기까지 체계적으로 분류되어 있다. 갈수록 자본의 입장에서 선택의 폭은 넓어진다.

내학생들은 진리, 정의, 자유, 사랑, 봉사 같은 사회적 가치에 대한 고민보다는 이른바 '스펙' 쌓기에 바쁘다. 무한 이윤을 추구하는 자본이 예비 노동력을 우선적으로 선택하도록 만들기 위해 대학생 스스로 착실히 준비를 해서 갖다 바치려는 것이다. 그렇게 준비해도 자본은 쉽게 선택해 주지도 않는다. 그래서 오늘날 대학(大學)에는 큰 공부(人學)는 별로 없고 오로지 자은 공부(小學)만 있다. 이렇게 해서 대학은 자본이 요구하는 '인재'를 만들어 노동력으로 공급하기 위해 물심양면, 불철주야 노력 중이다.

또한 대학은 개별 자본이 필요로 하는 원료나 부품, 아이디어, 지적 재산 따위를 부단히 공급한다. 예컨대 인문학에서는 인간과 사회에 대한 통찰과 성찰을 하게 하는 것이 옳은 방향임에도 그런 것보다는 세계 시장에서 써먹기 좋은 영어 실력이나 자기 계발, 가족 이데올로기 증진에 신경을 쏟기 쉽다. 또 사회과학에서는 사회 구조가 야기하는 근본 문제를 진단하고 분석하여 올바른 해결책을 제시하기보다는 돈벌이에 눈이 먼 경제경영인, 돈과 권력에 눈먼 정치가나 법률인 등을 기르는 데 이바지하기 쉽다. 자연과학에서는 공장에서 요구되는 원료나 상품을 직접 만들거나 아이디어를 주는 데 온 신경을 곤두세운다. 이 모든 일이 전개되기 위해서는 자본과 대학이 협력하여 연구자에게 물심양면으로 지원을 해야 한다. 대학마다 '산학협력실'이나 유사한 팀이 생기는 이유가 바로 이것이다.

교육자본으로서의 대학

이제 대학은 스스로가 이윤을 추구하는 산업 자본과 다를 바 없이 되어 가고 있다. 일반 회사에 빗대자면 대학도 일종의 '교육회사'가 되어가는 것이다. 교육회사가 자기 자본을 증식하는 방법은 다양하다.

우선, 예전에는 그래도 뜻이 있는 자산가가 대학을 세워 학문을 증진하고 후진을 양성하고자 했지만, 오늘날은 초기 투자조차 별로 하지 않은 채, 저금리의 은행 대출로 헐값에 땅을 사고 외상으로 건물을 지은 다음, 나중에 천문학적 등록금 수입으로 하나씩 갚아 나가기도 한다. 재단이 출연을 하는 경우라도, 민법과 사립학교법에서 출연재산을 사유재산이 아니라 공익재산으로 분류하고 있다. 그러나 많은 재단이 대학을 개인 사유물로 인식해 대학 위에 군림하거나 재단 비리를 초래한다.

이런 차원에서 대학생이 내는 천문학적 등록금은 대학 자본의 재생산에 핵심 역할을 한다. 대학 등록금은 물가 인상률보다 2~3배 빠른 속도로 올라 20년 전보다 4~6배나 올랐다. 한 해에 등록금이 1천만 원 내외가 된 것이 현실이다. 그 사이에 대학생 신용불량자는 1만 여 명에 이르고, 등록금 마련을 위해 학생들은 막노동과 식당 일도 마다하지 않는다.

대학은 이제 학문을 갈고 닦아 진리를 탐구하고 사회에 정의의 빛을 던지는 지성의 산실이 아니다. 오히려 대학은 이제 대학생 고객에게 교육서비스라는 상품을 팔아 천문학적 수익을 남기는 교육자본이 되고 말았다.

이 교육자본은 좀 특이하다. 대학생 고객이 서비스를 잘 받아 일류 노동력이 되어 일류 직장에 취업하면 나중에 '장학금'이라는 형태로 대학에 기부를 하기도 하기 때문이다. 또 그가 일반 회사에 가서 훌륭한 노동력이 되어 그 자본의 몸집을 잘 불려주는 경우 '평판'이 좋아지기 때문에 그 출신 대학의 주가를 높이기도 한다. 등록금을 올릴 근거이기도 한다.

대학은 전술한 바, 문화적 자본, 사회적 자본, 상징적 자본의 산실이자 그 자체가 경제적 자본이 되었기 때문에 '브랜드 가치'가 대단히 중요하다. 이른바 '일류대학'들이 '일류'라는 가치를 유지, 확대하기 위해 온갖 발버둥을 치는 까닭도 바로 이것이다. 진리 탐구의 내용이나 방향보다는 그 이미지, 로고, 건물, 이벤트성 행사, 평판, 여론, 세계 몇 대 대학 등을 중시하는 것도 그 자연스런 귀결이다.

학생들만이 대학 자본의 '봉'이 아니다. 교수나 연구자들도 부단히 연구물(그것도 SCI 논문이나 SSCI 논문 같은 것만 대접받는다)을 생산하거나 대형 연구 프로젝트를 끌어옴으로써 대학 자본의 몸집을 불리는 봉이 되어야 한다. 연구 업적 관리를 더욱 '빡세게' 하거나 연구 프로젝트 수주 시 다양한 인센티브를 주는 것도 바로 이런 이유 때문이다. 연구 업적이 높을수록 교육부에서 나오는 지원금, 즉 국민이 내는 혈세를 더욱 많이 끌어 갈 수 있다. 대형 프로젝트는 요즘은 수십억에서 수백억에 이르기 때문에 그를 통해 재단이 스스로 물어야 할 출자금 부담으로부터 면제됨과 동시에 대학 내 각종 프로그램이나 연구팀을 더욱 키울 수 있다.

여기서 꼭 짚어야 할 것은 대학 자본의 노동자, 그 중에서도 교수 노동자들을 약 절반 정도는 정규직으로 우등 대우를 하지만, 약 절반 정도의 비정규직에 대해서는 열등 대우를 한다는 점이다. 대학 강의의 약 절반 정도를 담당하는 시간강사, 겸임교수, 비정년 전임교수 등이나 각종 프로젝트를 수행하기 위해 시한적으로 고용된 연구교수 등은 대학에서 진행되는 일상적 학술 활동이나 인간적 교류, 행정적 결정에 참여하기 어렵다. 특히 시간강사의 경우 방학 중에는 인건비가 지급되지 않으며, 일주일에 한 과목(3학점)을 담당하는 경우 수입이 연간 500만 원 정도밖에 되지 않는다.

참고로, '비정규직보호법'에서도 보호되지 않는, 주 15시간 미만의 단시간 노동자가 되도록 하려면 시간강사는 한 대학에서 5학점 이상 가르치기 어렵다(고법판결에 따르면, 대학 강의 1시간은 그 연구 준비시간까지 해서 3시간에 해당한다). 이렇게 대학 자본은 정규직 교수들에게는 특혜적 대우를, 비정규교수들에게는 열악한 처우를 함으로써 한편으로는 말없는 협력을 얻어내고 다른 편으로는 막대한 이익을 뽑고 있다.

또한 대학은 부동산 관리를 통해서도 자기 재생산을 한다. 실험 실습지나 연수원, 학교 부지 형태로 좋은 땅을 사두었다가 그 땅의 시장가치가 급등했을 때 폭리를 취하기도 한다. 또 대학 캠퍼스 안에 쇼핑센터를 짓거나 작은 가게, 식당 등을 입점시킴으로써 고액의 지대를 취하고 있다.

비리 사학의 경우, 2009년 8월 11일 KBS1 TV에서 보도된 바 있듯, 등록금을 마치 제 돈처럼 사용해 사리사욕을 채우거나 재단 자산 부풀리기에 열을 올리는 경우를 넘어, 전체 학생 수년 치에 해당하는 교비 적립금을 쌓아 놓거나 그 적립금을 펀드에 투자했다가 엄청난 평가손을 입기도 한다. 또 학교 시설을 위해 교비로 부동산을 매입한 뒤, 그 등기는 설립자의 지인 명의로 함으로써 사실상 사유화하는 경우노 있다. 지난 9년간 교육부 감사를 받은 81개 대학 중 절반이 비리로 적발됐다. 부당 집행한 교비만 약 5천억 원이었다. 놀랍게도 이들 중 교육부가 책임을 물어 재단을 퇴출한 곳은 3곳에 불과하다. 교육관료들이 퇴임 뒤 사학 재단으로 영입되는 것은 이와 무관하지 않은 일이다.

한편, 비리 사학의 이해를 대변하는 자나 사립학교 설립자 단체 등은 (재단이사회에 외부 인사가 참여하는) 개방형 이사, (대학 운영 심의기구인) 대학 평의원회, (문제 재단을 퇴출하는) 임시 이사 제도 등이 독소조항이라며 '사립학교법' 폐지를 요구한다. 한마디로, 비리를 저질러도 아무 일 없었다는 듯 해달라는 것이다. 이런 식으로 대학 자본은 스스로 자본이 되었다.

대학의 사회적 책임성 회복

대학이 글자 그대로 대학(大學)이 되려면 더 이상 돈벌이 시스템의 후원자가 되거나 스스로 돈벌이 시스템이 되기를 거부해야 한다. 대학에서 그야말로 '큰 공부'를 한다는 것이란 과연 무엇인가? 그것은 한마디로 진리 탐구다. 오로지 '브랜드 가치'나 '이미지 관리'에만 쓰이는 진리, 자유, 사랑, 봉사, 정의, 창의 등의 구호를 명실상부하게 만드는 것이 큰 공부라는 말이다.

따라서 대학은 참된 사회 발전을 위해 무엇이 옳고 그른지, 무엇이 바람직한 것인지 부단히 연구하고 판별하며 대안적 비전이나 대안 자체를 제시해야 한다. 우리가 대학에서 배운다고 할 때, 지식과 정보, 기술과 기능도 중요하지만, 지혜와 통찰이 가장 중요한 배움이다. 제아무리 엄청난 양의 지식과 정보, 기술과 기능을 배운다 하더라도 지혜와 통찰이 빠져 있다면, 사람과 사람, 사람과 자연이 더불어 사는 건강하고 행복한 세상을 만드는 데 이바지하기보다는 오히려 세상을 더 망가뜨리기 쉽다. 이런 문제의식을 갖는 것이 바로 대학의 사회적 책임성 회복을 위한 첫걸음이다.

다음으로 학생들이 대학으로 진학을 하건 안 하건 나중에 사회적 차별 없이 살 수 있는 시스템을 만들어야 한다. 대학은 학문 탐구 기관이지 취업 준비 기관이 아니다. 대학 졸업자나 일류 대학 출신이 엄청난 '기득권'을 향유할 수 있는 지금의 '사다리(피라밋) 질서'는 타파되어야 한다. 이런 잘못된 질서의 타파에 공감하고 이를 위해 노력하는 것이 대학의 사회적 책임을 다하는 길이다.

그리하여 반드시 대학 진학이 필요한 사람만 대학을 가게 하되, 대학 등록금은 사회적으로 해결하는 것이 바람직하다. 그리고 학생이 무슨 전공을 선택할지 정할 때는 부모님의 기대나 취업 가망성, 미래 수익 예상 등에 따를 것이 아니라 진정으로 자신이 무엇을 공부하고 싶은지 그 내면의 동기에 충실해야 한다. 그래야 행복한 공부, 행복한 연구, 행복한 탐구가 이뤄지고 사회적으로도 행복 증진이 이루어질 것이다.

이러한 사회적 책임성 회복에 기초하여 대학과 사회 전체의 '사다리 질서'와 습속을 혁파하는 것이 올바른 대학 개혁이지, 단순히 돈벌이 되는 학과를 늘리고 브랜드 관리를 잘해 돈 잘 버는 대학을 만드는 것을 대학 개혁이라 할 순 없다. 대학 개혁과 사회 혁신이 올바로 될 때, 그때 비로소 사람들도 "대학을 나와야 사람대접 받는다"는 강박증을 버리게 될 것이다. 반면, 진리탐구라는 본연의 사명을 저버리고 돈벌이에 성공하는 대학이 많아질수록 학문과 사회는 외화내빈이 될 것이다. 이깃이 진리다.

법인화, 국립대 재정 축소가 부르는 파국

최 규 재*

▲ 국립대 법인화는 끝없는 등록금 인상과
그로 인한 학생들의 고통만 가져올 것이다. (ⓒ 이광수)

현재 한국 대학은 기초 학문 붕괴, 등록금 폭등 등의 문제로 심
각한 위기에 처해 있다. 현 정부들어 이상의 문제들을 더욱 부추기
는 정책안이 상정돼 논란이 커질 전망이다. 이는 한동안 유보되어

---

*『위클리 서울』 기자

온 '국립대 법인화'를 말한다.

'법인화'란 단체나 재산이 법률상의 권리와 의무의 주체가 되는 일을 뜻한다. 국립대 법인화란 따라서 정부의 대학 재정적 지원을 최소화하기 위한 방편이라고 보면 된다. 정부의 의지대로라면 국립대 역시 앞으로 사립대와 마찬가지로 시장경제 체제로 돌입하게 된다.

정부의 재정 지원이 줄어든다면 앞으로 국립대는 어떤 위기에 직면할 것인가. 부늬반 국립이지 사립괴 실질적인 차별화는 기대하기 힘들다. 등록금 폭등은 감수해야할 것이며 형편이 어려운 학생들에게 국립대라는 '희망'도 사라질 것이다. 학문의 양극화 역시 가속화될 전망이다. 이른바 '돈 되는' 학문만이 살아남고 기초학문은 폐기처분 될 공산이 크다.

국립대 법인화 문제는 비단 국립대에 국한된 문제가 아니다. 나아가 국립, 사립 할 것 없이 경쟁 체제에 놓일 것이라는 게 중론이다. 이런 법인화 과정 속에서 한국 대학 전반에 퍼질 수 있는 폐해에 대해 살펴보았다.

법인화, 대학 비만 가속화

국립대 법인화 정책은 대학 자율성의 제고, 대학 경쟁력과 대학 운영의 효율성 강화 등을 명분으로 한다. 정부의 재정적 지원이 줄어드는 한편 대학재정은 '독립채산제'로 전환된다. 국립대들도 시장원리에 입각해 사립대와 마찬가지로 경쟁체제 속으로 빨려들어 가게 되는 것이다.

　재정 지원 축소의 작동원리는 국립대학 '재정·회계법안'에 의한다. 이 법안은 본격적인 '법인화'로 가는 징검다리이다. 법안의 골자는 국립대학 재정운영의 자율성과 효율성, 투명성을 제고하기 위해 일반회계와 기성회계를 교비회계로 통합 관리하자는 것에 있다. 또 재정위원회를 설치해 재정운영의 책임성과 민주성을 담보하고, 대학발전 및 장학금 확충을 위해 발전기금을 법인으로 두는 것을 목적으로 한다.

　그런데 법안의 내용이 너무 추상적이어서 대학의 존립자체를 위태롭게 할 수 있다는 문제가 대두되고 있다. 국립대 구성원들도 막상 이 법안을 들여다 보고는 "결국 정부의 재정지원이 어려우니 각 대학은 수익사업이나 등록금 인상을 통해 알아서 살아 남으라는 소리"라고 성토하고 있는 것이다.

　결과적으로 서울대를 제외한 지방 국립대들은 통폐합의 기로에 설 수도 있다는 예측도 제기된다. 일리가 없지는 않다. 해당 대학이 속된 말로 '돈을 어떻게 잘 굴리느냐'에 혹은 '실질적 권력에 어떻게 잘 보이느냐'에 따라 학교의 운명은 판가름 나게 되는 것이다.

　추상적인 재정·회계법안의 허점을 등록금이라는 괴물이 놓칠 리 없다. 이제 능력 있는 인재들은 형편이 어려우면 국립대 입학이라는 혜택을 누릴 수 없게 된다. 교육기회의 불평등은 더욱 확대되고, 이를 통한 계층 간 차별화의 심화 역시 더욱 확대될 조짐이다.

　한편 법인화가 본격화되면 국립대와 사립대의 경쟁을 통해 한국대학의 평균 등록금은 끊임없이 오를 수 있다는 가능성도 제기된다. 이는 일본에서 실제 벌어지고 있는 일이다. 일본은 법인화 이후 대학 등록금이 무려 5배나 뛰었다고 한다.

이러한 돈벌이 경쟁은 대학재정 확충에 도움이 되는 학문만 살리려는 의지로 빈영되기도 한다. 대학의 기초학문이 붕괴되고 있는 암울한 상황에서 이는 더 가속화될 것이며 이른바 '돈 되는' 실용학문만이 전격적인 지원을 받을 것으로 보인다.

현재 한국 대학의 80% 이상을 차지하는 사립대학들은 자신들의 생존을 위해 개성화, 특성화 정책을 추구하고 있다. 이미 학문의 균형적 발전에 심각한 균열이 생기고 있다는 말이다. 이런 가운데 국립대마저 사립대식의 '학문=자본'이라는 등식을 추구할 경우, 한국 사회에서 대학의 순기능은 마비될 수밖에 없다. 비판적 지성을 양성하는 대학의 역할은 더 이상 바랄 수 없게 되는 것이다.

인문학의 위기가 어제오늘의 일은 아니지만 상당수의 대학들이 이미 많은 학과들을 통폐합하고 있는 실정이다. 국문학, 영문학, 철학 등의 학문들은 대학 재정에 도움이 되지 않는 학문이라는 '비난'까지 감수하며 근근이 버티어 왔지만 최근 들어 사라져 가는 추세다. 한 대학 관계자는 "국문학은 우리말이니 배울 필요 없고, 영문학은 영어학원에서 배우면 된다"는 논리를 펴기도 한다. 이러한 논리는 앞으로 국립대에도 대대적으로 적용될 수 있으며, 일부 국립대에서는 이미 적용된 사례가 있다.

이공계의 경우도 마찬가지다. 법인화는 연구 성과의 특허, 벤처기업의 운용 등을 통해 개별기업이나 대학 차제의 수익 창출에 직접적으로 도움이 되는 응용과학기술 분야의 연구만을 부추길 수 있다. 일례로 일본의 도쿄대는 법인화 이후 술을 만들어 파는 사업에 관심을 두고 있어 이것이 그 폐해로 지적된다. 한국의 사정도 이보다 더하면 더했지 덜하지는 않을 것이라는 전망이다.

대학원 또한 대학재정 운영에 상당히 기여하고 있어 대학원의 부피도 한층 거대해질 것으로 보인다. 재정확충을 위해 대학은 해당 대학원으로 진학하는 인재들을, 심하게 말하자면 '기여입학제'로 여겨질 만큼 무분별하게 받아들일 수밖에 없을 것이다. 지금도 석박사 소지자들을 감당할 수 있는 수요가 기대치에 한참 못 미치고 있는 실정이고, 법인화 이후 이는 더욱 심각한 사회적 문제로 대두될 전망이다.

이러한 학문의 차별화와 대학원 경영의 폐해는 대학 시간강사 문제로까지 연장된다. 기초학문을 등한시하는 풍토와 이 분야 대학원생들을 끊임없이 양산해내는 모순된 구조에서 대학 시간강사 문제도 더욱 가속화될 것이다.

국립 사립 공존 노력 절실

국립대 법인화를 두고 사립대학들은 찬성의 입장에 서 있는 것으로 알려졌다. 대학들간 공정 경쟁을 국립대가 재정지원을 통해 방해하고 있다는 이유에서다. 사립대의 이러한 주장은 본말이 전도된 처사라고밖에 볼 수 없다. 사립대는 우선 국립, 사립 할 것 없이 재정지원의 온당함을 상기할 필요가 있다. 정부의 재정지원으로 인해 '반값 등록금'도 가능하다는 점은 이미 수많은 검토를 통해 확인되었다. 다만 정부가 무슨 이유에서인지 주머니를 열고 있지 않을 뿐이다.

국립대로서의 서울대는 법인화와 관련해 다른 국립대와는 정반대의 입장에 서 있다. 서울대는 '국립대'를 하나의 올가미로 보고 있고 그 자체가 서울대 발전을 저해하고 있는 요소라고 믿고 있다. 맞는 말일 수도 있다. '차등 지원'에서 가장 이득을 볼 대학이 서울대이기 때문이다.

법인화 과정에서 정부는 각 대학에 예산 지원을 매년 조금씩 줄이는 동시에 6년마다 경영을 평가해 예산을 차등 지원키로 했다. 현재 서울대는 그 성격상 타 대학에 비해 모든 면에서 압도적인 우위를 차지하고 있다. 법인화가 본격화 된다면 향후 나머지 국립대는 떡고물이나 바라며 통폐합의 갈림길에 설지도 모를 일이다.

'돈 맛'을 알고 있는 사립대의 경우에서 봐왔듯, 등록금 인하 여부와 국립대 차등지원과는 하등의 관련성이 없다. 서울대는 우리나라 최고의 대학으로, 법인화가 되면 등록금 역시 그에 걸맞게 천정부지로 치솟을 가능성이 높다. 한국 사회의 교육열이 가장 큰 배후세력이라는 점에서는 굳이 긴 설명이 필요 없을 듯하다.

다른 한편으로 '서울대는 왜 유독 최고를 유지해야 하는가'라는 의문점이 생긴다. 이러한 근본적인 물음에 대한 '불응'은 한국 사회 전반의 양극화 현상을 촉진시켜 왔고, 그 현상은 여전히 계속되고 있다.

서울대 법인화와 관련해서는 서울대 외부의 문제 제기도 중요하겠지만 서울대 구성원들의 자각이 가장 절실하게 요구된다. 그러나 서울대 교원 절반 이상이 법인화에 찬성하고 있어 그 행방은 묘연하기만 하다.

이상과 같이 국립대 법인화는 이미 팽배해 있는 한국 대학의 폐해들을 더욱 가속화시킬 전망이다. 따라서 정부는 법인화 추진에 페달을 밟을 것이 아니라 한국 대학의 근본적인 문제를 극복하기 위해 대학을 바라보는 시선을 달리해야 한다.

대학 본연의 자세를 유지하기 위해서라도 국립대는 기초학문 중심으로 재편되어야 할 필요성이 있다. 한국 대학의 대부분을 차지하고 있는 사립대가 이미 자본의 논리에 입각해 응용학문 중심으로 재편되었다면 국립대만큼은 기초학문 중심으로 재편되어야 한다. 이는 우리사회 최소한의 학문적 토양을 유지시키기 위해서다. 물론 여기에는 국가의 재정 지원도 뒤따라야 한다.

이것이 궁극적으로는 학문 발전의 거름이 된다는 점에서 다양한 의견이 오고가야 할 네트워크의 필요성도 대두된다. 국립대학들 간의 학문적 교류를 용이케 하는 네트워크를 형성시킬 필요가 있다는 얘기다. 이 과정에서는 '국립대 권력'이라는 오해가 불거질 수도 있다.

그러나 이 문제는 의외로 쉽게 풀린다. 앞서 지적했듯 사립대는 현재 응용학문 중심으로 재편돼 있다. 학문의 발전을 위해서라도 기초학문과 응용학문의 교류는 필수불가결한 시점이다. 국립과 사립의 공존을 위해서도 사회 전반의 발전을 위해서도 각자 가지고 있는 장점을 최대한 활용할 필요가 있다. 이를 좀 더 효율적으로 운용하려면 80%가 넘는 사립대의 비율을 축소시킬 필요성도 요구된다.

여대생들이 삭발을 감행하면서까지 등록금 문제와 싸우고 있는 현실. 법인화 문제까지 가중되면서 한국 대학 문제의 주름은 나날이 늘어만 가고 있다. 앞으로 우리는 '국립대 법인화' 문제를 의심하고 또 의심해야 할 것이다. 실제 법인화가 추진되면 지금까지 살펴본 문제들보다 너 큰 문제들이 줄줄이 포승줄에 엮여 나올지도 모를 일이기 때문이다.

정규직 대학 교수 사회를 보면서 목 놓아 운다

이 광 수*

▲ 교수의 탈을 쓰고 있다고 모두 다 교수는 아닐 것이다. (ⓒ 이광수)

교수란 무엇을 하는 존재인가? 사람마다 의견이 조금씩 다를 수
는 있겠지만, 연구와 강의를 주로 하고 자신이 가지고 있는 전문
지식으로 사회에 참여하고, 학생들과의 상담을 통해 그들에게 참된
인생의 길을 제시하고자 하는 직업인이라고 하면 크게 틀리지는 않

* 부산외국어대학교 교수

을 것이다.

교수는 대개 매년 학술진흥재단이라는 기관에서 인정하는 학술지에 최소 1편 이상의 논문을 쓴다거니, 아니면 최소 3~5년 정도의 기간 동안에 연구한 성과를 책이나 다른 형태의 결과물로 생산해낸다. 강의는 보통 1주일에 9시간 이상, 일주일에 나흘 정도 수행하는 것이 보통이다. 1년에 4개월의 방학을 갖지만 대개의 교수는 또 다른 연구나 새로운 강의를 준비하기 위해 그 시간을 사용한다.

운 좋은 경우이겠지만, 스물다섯이나 여섯 정도부터 대학원에 가서 연구를 하고 서른 다섯에서 마흔을 전후로 하는 나이에 정규교수로 부임한다. 교수가 된 후 5년 정도가 지나면 4천만 원, 10년 정도가 지나면 6천만 원의 급여를 받다가 60세 정도가 되면 1억 원 정도의 급여를 받으니 대기업이나 공기업보다는 적지만 웬만한 기업 이상의 대우는 받는다. 그래서 교수로서 먹고 살며 자식 교육시키는 데에는 큰 지장을 느끼지 않는 것이 보통이다. 신이 내린 직업이라고까지 말을 할 수는 없지만 그에 버금가는 것임은 아무도 부인하지 않을 것이다.

그런데 그 가운데 정말 신이 내린 직업인으로서의 교수가 있다. 요즘 신임 교수가 되는 경우는 조금 다른 경우이겠지만, 2002년 이전에 교수 임용을 받은 자들 가운데는 정말 부끄럽고 처참한 행태를 일삼는 교수가 많다. 특히 임용 후 5~6년 정도가 지나면 거의 자동으로 오르는 부교수 혹은 정교수 같은 정년 보장 교수 가운데 이런 경우가 많은데, 교수로 부임한 이후 10년이 지나도록 논문 하나 쓰지 않거나 흔한 책 한 권 내지 않고 완전 무위도식으로 일관하는 교수가 각 대학마다 부지기수다. 논문 하나를 내면 제목만 바꾸어

서너개로 뻥튀기를 하는 것은 식은 죽 먹기고, 심한 경우는 그걸로 수천만 원에서 수억의 프로젝트를 따 내는 경우도 많다. 그런 교수 가운데 연구를 하지 않고 강의라도 열심히 하는 경우가 있다면 그나마 다행이겠지만 그런 사람들의 대부분은 강의에도 무성의하다.

그들이 갖는 관심의 대부분은 학교 보직이다. 그래서 그런 사람들은 주로 떼거리로 몰려다닌다. 동료 교수 경조사에는 빠지지 않고, 각종 동문회나 향우회 모임에도 항상 얼굴을 내민다. 대개 집에 돈이 많거나 고등학교나 대학 동문 가운데 돈 꽤나 있는 친구들을 둔 경우도 많다. 그러다 보니 연구나 강의 준비에 시간을 쓰지 않고 그 시간에 사람들을 만나 그들에게 호탕하고 대범하게 돈을 뿌린다. 세계관에는 원칙이라는 것은 없고, 항상 좋은 것이 좋은 것이다. 그런데 그런 자를 보고 사람들은 대개 원만하다고 한다. '그럼에도 불구하고'인지 '그렇기 때문에'인지는 모르겠지만 그들은 연구도 하지 않고, 실력도 없지만 대학에서 차지하는 위치는 대단히 탄탄하다. 그들에게 대학 교수는 신이 내린 직업일 수밖에 없다.

그런 교수들은 주로 처장이나 학장 혹은 원장, 나아가 총장직을 차지하는 경우가 많다. 만약 대학 밖에 있는 시민들이 대학의 총장 선거판을 적나라하게 들여다보면 웬만한 비위 좋은 사람도 구역질 나오는 것을 참기 어려울 것이다. 그렇지만 더욱 가관인 것은 그렇게 해서 대학 총장에 당선되었거나 그 밑에서 무슨 처장이나 원장직을 따낸 교수들을 사회에서는 매우 존경한다는 사실이다.

더욱 슬픈 것은 그런 교수들 가운데 많은 사람들이 더 큰 권력을 탐하여 정계를 기웃거린다는 사실이다. 그들은 정치인이 되기 위해 필요한 대학 교수라는 지위는 이미 갖추었고 거기에 무슨 총장이니 학장이니 하는 직함까지 갖추었으니 정치로 나갈 수 있는 충분한 요건을 갖춘 셈이다. 그런 사람들이 사회에서 존경받고, 정치판을 좌지우지하니 한국 정치가 잘 되리라 기대하는 것은 애초부터 불가능하다.

그렇지만 대학에 그런 교수들만 있는 것은 아니다. 비록 소수지만 50이 넘는 나이에도 여전히 도시락을 둘 싸가지고 다니면서 연구실과 강의실만 왔다 갔다 하는 교수도 있다. 토요일이나 일요일은 물론이고 방학 기간 내내 연구실 불은 꺼지지 않는다. 책상 앞에 너무나 오래 앉아 연구만 하다 보니 몸에 허리 디스크 병을 앓거나 더 큰 병으로 고통을 받는 경우도 있다. 그러한 교수들은 대부분 학생들의 미래를 염려하고 그들을 위해 많은 이야기를 나눈다. 학생들과 상담하기 위해서라면 시간을 아끼지 않고, 학생들의 실력을 쌓기 위해 방학 중에도 특별교육을 시키며 심지어는 졸업 후에도 수시로 불러 모아 공부를 봐주는 경우도 많다.

정치나 사회 문제에 관해서는 보수적인 입장을 취하는 경우도 있고 진보적인 입장을 취하는 경우도 있어 그들의 세계관을 일률적으로 뭐라고 평가할 수는 없지만 적어도 교수로서는 부끄럽지 않게 연구와 강의 그리고 학생 상담과 사회 봉사의 부문에서 원칙적이고 양심적인 자세를 견지한다는 사실은 분명하다.

학문의 물질에 대한 독립을 견지하기 위해 프로젝트로부터 애써 멀리 떨어져 연구하는 경우도 적지 않다. 그들은 평생의 과업으로 삼은 연구를 위해 사재를 털어 가며 후학들과 공동 연구를 하거나 소수 학문을 위해 저널이나 연구소를 만들어 학문적으로 큰 업적을 남기려 애를 쓰는 경우도 있다. 그러다 보니 그들은 변변한 재산조차 남긴 게 없어 은퇴 후 쓸쓸히 여생을 살아나가는 경우도 적지 않다. 그들은 회갑이나 정년을 맞아 그의 업적을 기리기 위해 후학들이 논문 하나씩 모아 논문집을 봉정하는 것조차도 후학들에게 신세를 진다 하여 고사하는 딸깍발이다. 그들은 정년을 앞두고 마지막 몇 년 간 혼신의 힘을 다해 홀로 연구에 몰두해 책을 써 학계에 바치고 떠나는 이 시대의 스승이자 어른이다.

대학은 대개 이와 같은 두 부류의 교수와 그 사이에 긴 다수의 교수로 구성되어 있다. 그런데 문제는 전자, 즉 전혀 교수답지 못하는 자들이 후자, 즉 양심적인 교수와 대다수의 교수를 압도하는 게 한국 대학의 현실이라는 사실이다. 전자는 권력 주변을 어슬렁거리거나 권력을 잡은 후 그 행하는 행태가 동네 양아치들과 다를 바 없다.

무엇보다도 그들은 보다 큰 권력과 결탁하여 교수 임용에도 막강한 힘을 발휘하니 시간이 갈수록 그 주변은 불나방 같은 교수와 교수 지망생이 들끓는다. 그리고 그 패거리의 힘은 갈수록 막강해진다. 물론 그 패거리에 포섭되는 대상으로 학생이라고 빠질 수 없다. 상황이 이렇게 되면 입바른 소리 좀 하는 교수는 대학 당국이나 부패한 일부 학생 집단으로부터 협박이나 폭력을 당하는 경우가 적잖이 생기며 그러면 결국 유약하지만 정상적 사고를 지닌 교수들은 입 닫고 자신의 연구실로 들어가 버리는 경우가 많다.

역사를 업으로 삼은 역사학자는 많고, 철학을 업으로 삼은 철학자는 많지만, 시대의 옳고 그름에 고민하는 역사가나 철학가는 찾아보기가 쉽지 않다. 하지만 난, 그러한 사실을 보고 슬피 목 놓아 울 수는 없다. 죽은 지식이라도 좋고 무의미한 논문이라도 좋다.

유약하고 비겁해도 좋다. 최소한의 연구물이라도 생산해내고, 정해진 수업 일수만이라도 잘 지켜 강의에 충실하고, 최소한의 따뜻한 마음으로 학생들에게 다가가는 교수들이, 최소한의 양식과 양심만이라도 갖춘 보통의 교수들이 내는 목소리가 상식으로 통용될 수 있는 대학이 되었으면 여한이 없겠다.

그렇지만 현실은 전혀 그렇지 않다. 한 줌도 안 되는 패거리들이 모여 권력을 탐하고, 상식을 유린하고 그들이 내는 목소리가 그 번지르르한 직함을 타고 대학의 울타리를 넘어 사회에 큰 영향력을 행사하는 모양이 오늘 한국의 대학이다. 난, 그것에 목 놓아 울 뿐이다.

대한민국의 교수임용 보기

김 동 애*

▲ 강사가 자살하는 사회⋯⋯. (ⓒ 이광수)

교수임용의 칠거지악

대학강사 문제를 가지고 싸움을 시작한지 이제 만 10년이 지났

* 대학강사교원지위회복과 대학교육정상화 투쟁본부 본부장
  전 한성대 대우교수

다. 이 기간 동안 언론과 인터뷰 등을 무수히 했다. 이때마다 기자들이 가장 궁금해 하며 반드시 묻는 것은 교수임용 문제였다. 내가 직접 겪은 일을 듣고 싶어 했다. 그러면 교수임용 문제는 "빠져 나올 수 없는 수렁이니 우리 수렁에 빠지지 맙시다"며 상당히 점잖게 말을 피했다.

그런데 대학의 문제를 짚어 보면서 교수임용 문제를 뺄 수 없었다. "교수임용을 둘러싼 갈등으로 교수들이 권위가 실추되고, 대학생들의 학습권이 박탈되며, 대학사회의 도덕성이 상실되는 현상은 전국 어느 대학에나 있는, 특별한 일이 아니기 때문이다."

또 교수임용 문제는 대학에 몸담고 있는 정규직 교수는 물론이고, 이젠 전임 교수되기를 포기한 노강사들조차 '고양이 목에 방울을 다는 일'만큼 어려운 일이라고 모두 꺼린다. 그래서인지 원고청탁을 수락했던 필자가 아직까지도 원고를 보내지 않았다. 결국 대학에 대해 만용에 가깝도록 자유로운 사람이 쓸 수밖에 없게 되었다.

오래 전 자료지만 교수임용 현실을 분명하게 잘 지적한 내용이 있다.

> 교수 임용에 '칠거지악'이란 게 있어요. 첫째, ○○대 출신이어야 하고, 둘째, 외국유학을 다녀와야 하고, 셋째, 저축한 돈이 있어야 하고, 넷째, 든든한 연줄이 있어야 하고, 다섯째, 인문사회과학은 힘들고, 여섯째, 재야 학술 활동을 했으면 안 되고, 일곱째, 여자가 아니어야 함 등등입니다. 아주 웃기는 이야기죠(「좌담─교수 임용 칠거지악」, 『월간 참여사회』, 참여연대, 1995.7).

그러면 요즘은 어떤가. 대학은 목청껏 교수임용에 '투명성'과 '공정성'을 주장하며 개선의 노력을 한다고 한다. 그러나 2009년에도 갖가지 불공정 사례들이 언론에 끊임없이 터져 나왔다. 인터넷에서 찾아 본 교수임용비리관련 기사의 제목이다.

「금전수수, 학연동원, 낙하산 임용 등 폐해 만연, 불법이라는 인식 없이 관행화, 외부 감시 강화해야」
「교수 임용비리 의혹 수사 착수」
「서강대 교수임용 특혜의혹 '내홍' 연구, 교육업적 없는 전직 차관 2명, 정년보장 교수로 전격 임용 논란」
「성남 A대 '교수임용비리' 1년째 논란」
「학원 비리의 결정판, "강신경 재단" (上)사회복지기관까지 포함 모두 18개, 족벌 경영 사회 문제」
「경북대, 교수재임용 비리 논란'한시고용' 계약조건 무시·심사 평점 조작 의혹」
「교수 임용 관련 억대 받은 前 대학교수 검거」

어설프게 들통난 이런 기사 제목과는 달리 대학에서 교수임용 절차는 몇 단계를 거치는 엄격한 서류 심사, 논문심사, 강의, 면접 등 형식적으로는 아주 투명하고 공정하게 진행된다. 연구실적과 교육 경력을 포함한 강의능력, 사회봉사 등을 정확하게 점수로 매겨 임용하는 것을 원칙으로 한다. 하지만 "교수임용 지원자에 대한 평가는 고도의 전문적 지식과 자유재량이 인정되는 영역이다." 교수임용에 대한 판단 결과를 가지고 다시 시비를 가려 뒤집기는 극히 어렵다. 그래서 교수임용 비리가 불거져도 임용에 관여한 심사위원들은 한결같이 절차에 따라 공정하게 심사했다고 하며, 이를 공개적으로 입증해 보이는 일도 그다지 어렵지 않다. '털어서 먼지 안 날 수 없다'는 말과는 달리 교수임용은 대부분 완벽에 가깝게 절대 '털어도 먼지가 안 난다.' 공식적인 평가위원회가 있어도 그것은 형식에 불과할 수밖에 없다.

내 사람 심기와 줄서기

21세기에도 '교수임용 칠거지악'은 여전히 존재한다. 칠거지악 가운데 몇 가지는 조금 나아지기도 했다. ○○대학 출신은 SKY대 출신으로, 재야 학술활동을 하던 지식인도 지난 10년 정권 동안 진보적인 분위기의 대학에 소수지만 임용됐다. 또 여성지원자들은 여성교수 할당제에 희망을 걸기도 한다. 그러나 '든든한 연줄'과 '저축(?)한 돈' 또는 '나무심기'(1970년대 서울소재 어느 대학에서 교수임용 면접 때 총장이 직접 돈 내놓으라는 말을 우회적으로 "우리 학교에 나무를 심어 줄 수 있느냐"고 했다고 해서 유래된 말) 등으로 표현되는 금권은 오히려 더 '든든한 연줄'과 '저축한 돈'이 결합하여 관행이 되었다는 뒷담화가 무성하다. 더구나 요즘은 각 대학마다 '대학발전기금'이라는 얼마나 떳떳한 말이 있는가. 몇 억대 정도야 그다지 큰 부담이 안 되는 부자부모나 처가, 시가를 둔 신임교수가 자발적(?)으로 발전기금을 내겠다는데 돈이면 다 되는 자본주의 사회에서 어느 누가 탓을 하겠나.

대학생의 기여 입학제 추진을 주장하고 있는 마당인데 학문업적이나 연구경력에 전혀 하자가 없이(?) 임용된 신임교수가 대학 발전을 위해 발전기금을 냈다는데 그걸 문제 삼을 수 있나. 더 많은 발전기금을 모은 재단이사장, 총장, 보직교수가 능력으로 인정받는 게 오늘날 대학사회이다. 발전기금을 받은 재단이사장, 총장과 보직교수 또는 교수들 당사자들의 개인 통장에 넣지 않았으므로 아무도 그를 부도덕하다고 지탄하지 않고 대학발전에 기여한 혁혁한 공로자일 뿐이다. 아! 또 있다. 동창회가 있다. 정·관계를 두루 주무르는 재력이 있는 동창회장이 본인이 낸 기금에 졸업생들로부터 기금을 더 모아 건물을 지어주거나 후배들에게 장학금을 준다. 이런 일은 모교 발전에 '거룩한 일'이고 인재 양성을 위해 '빛나는 업적'으로 치부된다. 이런 동창회장은 당연히 신임교수임용에 막강한 영향력을 발휘할 수 있는 '든든한 연줄'로 교수임용에 깊숙이 관여할 수 있다.

이처럼 '든든한 연줄은' 국립대 사립대를 막론하고 각 대학별로 영향력 있는 특정 교수나 총장, 이사장 동창회장에 접근할 수 있는 학연, 지연, 혈연, 심지어는 정권마다 실세인 정치권력, 관료 등 각종 연줄의 동원력을 말한다. 이 '든든한 연줄'은 곧 대한민국 지식사회의 씨줄 날줄로 단단히 엮인 '줄서기'를 의미한다.

또 '줄서기'는 학연에 의한 교수임용이 세계적으로 유례가 없을 정도로 타대 출신 교수임용에 배타적인 관행을 유지하는 뼈대이다. "서울대의 경우 최근까지도 95% 이상 자대 출신 교수를 임용했으며, 연세대·고려대 등 주요 사립대학들도 자대 출신 비율이 90%에 육박하는 것으로 알려졌다." 이 학연은 학벌이라는 거창한 표현보다 훨씬 정치하게 내면화 되어 이제는 '내 사람심기'라는 표현이 걸 맞는다.

'내 사람 심기'는 대한민국 지식사회의 우민화라는 불행을 낳았다. 비판과 저항이 구조적으로 어려운 대학사회뿐 아니라 우리 사회 각 분야가 이제 창의력과는 거리가 한참 먼 사회가 되었다. 줄서기에 성공한 한 사람의 임용은 한 사람으로만 끝나지 않는다. 줄서기체제를 견고히 하고 우민을 재생산한다. 그것은 말을 잘들을 수 있는 자기 실력 이하의 교수를 뽑겠다고, 수단 방법을 가리지 않는다. 자기 실력 이상의 인재가 들어오는 것을 막기 위해 모든 교활한 방법을 다 동원한다. 그 인재가 잡초인 걸 증명하려 모든 병법(兵法)과 전술을 동원하여 잡초 뽑듯 뽑아내어 가능하다면 지구 밖으로라도 내치려 한다. 인간성의 파괴까지도 서슴지 않는 그들의 얼굴은 사람의 얼굴이 아니다. 바로 지킬박사와 하이드이다.

학계의 패권을 유지하기 위해 학문 역량이나 연구실적으로 보았을 때 양심이 있다면 도저히 학회 근처에 얼씬거려서도 안 되는 사람들이 돌아가며 학회 대표 자리를 맡기도 한다. 이는 학연의 지배질서를 유지하기 위해서이며 가능한 '내 사람심기'의 전국 네트워크를 장악하기 위해서이다. 학회라는 곳은 '새로운 학문성과를 발표하여 공유하고 학문적 논쟁과 비판'을 나누는 곳이 아니게 되었다. 전국네트워크장에 가서, '누가 모나지 않는 돌인가' '누가 내 사람인가' 확인하는 곳이고, 반대로 '나는 당신 사람입니다' '나는 몸과 마음 모두 당신의 노예입니다'라고 직접 보여 주는 곳이다. 조폭들보다 더 패거리지어 '강단권력'을 과시하는 곳이다. 이 질서에 누군가 순응하지 않고 반항의 기미만 있어도 가차 없이 질시와 몰매의 대상으로 삼는다.

전국 교수시장은 패거리 '따거(大哥, 큰 형님)'의 손바닥 안에 있다. 언제 어느 대학 무슨 과에 어떤 자리가 누가 정년퇴직, 아니면 다른 연유로 이동하면 언제 빌 것이고 어느 전공이 필요한지 또 그 다음 순서는 누구인가를 '따거'집단은 몇 년을 두고 다각적으로 검토하며 정보를 수집하고 공을 들인다.

여기에 학문의 발전(?) 아니면 대학 교육(?)이 기준이 되리라고 아무도 생각하지 않는다. 그러나 처음부터 어떻게 이러한 비상식적인 분위기와 납득할 수 없는 질서를 온전한 정신으로 이해할 수 있겠는가. 최근의 구체적인 예를 보자.

고양이 목에 방울달기

2008년 2월 25일 자신이 유학했던 미국 오스틴에 가서 삶을 마감한 고 한경선 비정규교수는 대한민국 강사들이면 누구나 수차례 겪어낸, 모순과 고통을 유서로 고발하며 고양이 목에 방울을 달려고 했다.

……귀국 초에는 일반적으로 생각할 수 있듯, 열심히 강의하고 논문 쓰면 학교에 자리를 잡을 수 있으리란 마음으로 하루를 쪼개어 고시원과 독서실을 전전하며 토요일이든 일요일이든 열심히 논문을 쓰며 보냈습니다. 하지만, 이곳에선 이러한 연구업적과 강의경력과는 다른 무언가가 이에 결정적 영향을 미치고 있음을 깨닫기 위해서 얼마간의 시간이 필요했습니다.

그것은 뜻 맞는(이해가 맞는) 몇몇 학교들끼리 연합해서 압력을 가하기 위해 한 특정인의 학교 임용을 가로막아, 그의 학문적 업적이나 발전을 저해함으로써 경쟁에서 도태되어 결국엔 그의 삶을 파탄에 이르게 하는 것입니다. 이는 부양가족을 지닌 경제적 뒷받침이 없는 상태에서 다년간 시간강사로 버티기는 불가능하고, 강의교수로 지내면서 임용에 필요한 정도의 논문을 쓰기는 사실상 거의 가능하지 않기 때문입니다. 시장의 규모가 비교적 적은 이곳에서 기업체의 불공정 단합처럼 몇몇 학교들의 이해단합이 더욱 용이하게 이루어질 수 있었던 것이며, 이는 공정한 경쟁에 기초한 상생발전의 원리를 거스르는 것으로, 개인과 학교 그리고 나아가 국가와 학문의 발전을 저해할 수 있음이 분명할 것입니다.

한경선 열사는 대한민국 지식사회에 이처럼 죽음으로 호소했다. 그러나 오히려 대한민국 교수임용 질서를 좌지우지하는 따거들의 관행에서 보면 이미 "뜻 맞는(이해가 맞는) 몇몇 학교들끼리 연합" 해서 임용예정자는 물론 임용예정자가 최고의 점수가 나올 수 있도록 치밀하게 들러리까지 이미 오래 전에 내정해 놓았을 텐데(털어서 먼지가 안 나도록) "한 특정인"이 갑자기 불쑥 끼어들어 여기저기 임용원서를 내고 다닌 것이다. 그들의 입장에서는 반대로 한경선 박사가 "이는 공정한 경쟁에 기초한 상생발전의 원리를 거스르는 것"이었을 것이다.

> 구체적인 예로, 본인은 서울교육대학교에서 공시한 2005년 1학기 교원임용에 원서를 냈는데 어떤 이유에서인지 2005년 3월 말에 가서야 1차 심사에 대한 연락을 통보 받고 다시 해당학기 중반까지 임용과정이 지지부진하게 흐르다가, 5월 말경에 이의 결과를 학교 측으로부터 통보 받는 기이한 경험을 했습니다. 또한 이와는 다르게, 2006년 2학기 중앙대학교와 인하대학교에 응시한 교원임용과정에서는 1차 서류전형에서 떨어지는(연구나 강의 경력 면에서 납득되기 어려운) 결과를 경험했습니다. 그 후 이러한 일들이 몇몇 학교들이(즉, 건국대, 한양대, 성균관대) 주도한 협력 하에 이루어졌음을 알 수가 있었습니다. 이런 일련의 경험을 통해 이곳에선 원하던 연구 활동을 하기 힘듦을 감지하여 미국대학에도 원서를 내었으나 일은 잘 되지 않았습니다(저의 미국 비자 사본(첨부1)을 보시면 어떻게 그러한 결정들이 이루어졌는지 충분히 짐작할 수 있으리라 생각됩니다).

위 내용을 가지고 추정해 보자. 2005년 3월에 교수임용이 필요했다면, 보통 그 전 해 2004년 가을(빠르면 9월 하순부터 늦으면 11월 초까지)에 공채공고가 났을 것이다. 일반적으로 12월부터 심사 절차를 거쳐 2월 초순이나 늦으면 2월 말에는 임용이 결정된다. 그런데 2005년 3월에서야 1차 심사 결과가 나왔는데 서류전형에서는 되고, 5월에 나온 최종 임용에서는 안 되었다는 말이다. 서울교육대학은 한경선 교수의 모교이다. 그때만 해도 학문업적이 탁월했을 모교 출신 지원자를 1차 서류 심사에서조차 내칠 수 없었을 것이다. 또 물론 '털어서 먼지 안 나게' 하기 위하여 시간이 필요했을 것이다. 그는 그 다음 서류전형에서조차 떨어진 경험을 "연구나 강의 경력 면에서 납득되기 어려운"이라고 했다. 연구나 강의 경력이 뛰어나면 뛰어날수록, 그 지원자를 순위에서 밀어내기 위해 마녀사냥하듯 인간성을 파괴하는 집단적 음해나 술수도 서슴지 않는 게 교수임용의 비정함이다. 그러고도 내정자를 뽑을 수 없으면 적합한 지원자가 없다는 말로 다음 학기로 결정을 미루고 덮어 버린다. SKY대학 출신이 아닌 경우 모교에서 자리 잡는 조건이 갖추어진 당연한 사람이 모교에서 임용되지 못하면 반드시 인간적인 하자 등 결정적인 결함이 있는 것으로 소문을 낸다. 두 번이든 세 번이든 몇 번이라도 죽이는 것이다.

이러한 일이 벌어지는 1차적 원인은 일제 미군정 이승만독재·군사독재·신자유주의가 차례차례로 체제순응적인 사람만을 임용할 수 있게 만들어 놓은, 우리의 불행한 역사가 낳은 '병목'의 비극에 있다. 또한 직접적인 원인은 박정희 군사정권이 강사의 교원지위를 박탈한 데 이어, 전두환 정권에서 전국 대학의 진보적 교수 200여 명을 해직시키고 대학에 발 붙여서는 안 되는 지나치게 체제순응적인 교수로 다수 대체 임용한 데 큰 원인이 있다. 그러나 현재는 대학에서 진보나 보수의 구별 없이 교수임용 칠거지악의 부도덕과 범죄를 죄의식 없이 관행이라는 이름으로 합리화시켜, 권력화 되었다.

제가 삶을 마감하면서 이 글을 쓰는 것은, 더 이상은 이와 같은 비극이 일어나길 원하지 않기 때문이며, 또한 그럴듯한 구호나 정책만으로는 해결될 수 없는, 진정한 반성과 성찰 없이는 결코 극복할 수 없는 사항이라 생각하기 때문입니다.

1970년 전태일 열사가 사업사회를 향해 노동자도 인간으로서 권리가 있음을 몸을 태워 절규했다. 2008년 한경선 열사는 대한민국 지식사회를 향해 "진정한 반성과 성찰"을 죽음으로 외쳤다(10여 년 동안 알려진 10여 명의 국내에서의 강사들 죽음은 왜곡되어 '우울증 환자'로 낙인찍혔다. 한경선 열사는 미국에 가서 죽으며 교포 사회의 노력으로 국내에 바로 알려질 수 있었다). "제정신을 갖고는 결코 살아갈 수 없을 것 같았던, 어떤 보이지 않는 장애물을 넘으려 발버둥 거리며" 살다간 열사는 우리에게 반성과 성찰을 외치고 있지 않은가. 이제 남겨진 우리는 "어떤 보이지 않는 장애물을" 하나하나 벗겨내어 장애물의 실체를 보여주고 걷어내야 하지 않는가.

교수임용 변화의 첫걸음을 위해 절차의 투명성이나 공정성보다 더 시급한 것이 대학강사의 교원지위 회복이다. 대학 안에서 비판과 저항을 가르치며 대학의 부조리에 부단히 저항하는 희생이 거듭되고 연대해야 무너진 대학 교수임용의 도덕성 회복이라는 혁명적 변화가 올 수 있다. 이것은 결코 누군가 대신해 주지 않는다. 정규직 교수 비정규교수는 물론 우리 사회 모두 반성과 성찰을 통해 구체적 실천에 나서고 힘을 보태는 것만이 희망의 길이다.

교수임용에 낙방을 거듭하다 교수임용에서 해방되어 '행복한 사람'이 오늘도 끝을 모른 채 길 위에 앉아 있다.

※ 덧붙이는 글: 위와 상관없이 임용된 경우도 있다는 전설 같은 이야기도 있습니다. 그런 분들께는 죄송합니다.

사학법, 대학 비리 막도록 개정해야

이 철 세*

▲ 사립학교 설립자들은 학교의 공익성과 투명성을 확보하여야 한다.
(ⓒ 이광수)

투자(投資)와 출연(出捐)의 차이

사립학교에 대하여 말하기 전에 먼저 투자와 출연의 차이를 알

---

* 사단법인 한국사립대학교수회연합회 교권위원장, 전 배재대 교수

아야 할 필요가 있다. 투자든 출연이든 돈을 내어 놓는 행위라는 점은 같다. 그러나 투자는 이익을 얻는 것이 목적이기 때문에 여차하면 원금은 물론 그에 따른 과실을 챙겨갈 수 있지만 출연은 주로 공익을 위한 깃이므로 돈을 내 놓는 순간부터 소유권이 사라져 버린다는 점이 다르다.

대체로 사립학교는 개인이 돈을 내어 설립하게 된다. 그러나 학교는 국민교육을 담당하는 대표적인 공익기관이므로 학교 설립을 위하여 돈을 내는 행위는 투자라고 하지 않고 출연이라고 하는 것이 맞다. 그럼에도 불구하고 우리나라에서는 많은 사립학교 설립자들이 학교를 세우기 위하여 돈을 투자했다고 생각하면서 학교를 마치 이윤추구를 목적으로 하는 개인 기업처럼 다루는 데서 많은 문제들이 발생하고 있다.

학교법인(學校法人) 구성 이유

학교는 단순히 지식을 팔고 사는 학원과 달리 국민교육을 담당하는 매우 중요한 공익기관이기 때문에 설령 개인이 돈을 출연하여 세우는 경우라도 개인이 혼자 임의로 경영할 수 없게 되어 있다. 대신에 덕망 있는 사람들과 교육전문가들로 학교법인(속칭 재단)을 구성하고 이 법인이 학교를 경영하도록 되어 있다. 그러나 우리나라에서는 흔히 설립자가 학교법인의 이사장 직책을 맡고 자신의 가족들과 친인척으로 이사회를 구성하는 경우가 많기 때문에 학교의 공익성이 손상되는 경우도 많이 나타나고 있다.

학교 법인이 해야 할 일

학교 설립자는 공익적 목적에서 돈을 출연하고 필요하면 또 출연하는 것이 그의 역할이다. 돈의 출연이 설립자의 주된 역할이라고 한다면 법인을 구성하고 있는 이사장과 이사들 역시 학교에 재정적으로 기여하는 것이 주된 역할이 될 수밖에 없다. 재정적 기여 다음으로 그들에게 부여된 중요한 역할은 학교 설립자들이 나름대로 내세운 숭고한 건학이념(建學理念)을 실현하고 바람직한 학교교육이 가능하도록 민주적인 의사결정 제도를 확립하고 업무의 투명성과 효율성을 높이는 일이다. 그러나 우리나라에서는 허울만인 법인 이사들에게 이런 역할을 기대하기 어려워 보인다. 이사들이 학교를 위하여 적극적인 기여는 하지 못한다고 해도 최소한 학교에서 부정이나 비리가 없도록 감시만이라도 잘 해준다면 좋겠다는 생각이 들 때가 많다.

이사장이 실제로 하는 일

우리나라에서 순수한 목적으로 학교 설립을 위하여 돈을 출연하고 존경받는 사람은 다섯 손가락으로도 꼽아 보기가 어렵다. 대신에 대부분의 사립학교들은 설립자나 그의 친인척들의 생계 수단이 되고 있으며, 간혹 돈벌이 수단이 되고 있기도 하다. 돈을 벌 목적으로 학교를 세운 사람은 물론이거니와 좋은 뜻으로 많은 돈을 출연하여 학교를 설립한 사람이라 할지라도 다른 수입이 없다면 생계를 학교에 거는 수밖에 없다는 점을 우리는 이해해야 한다. 이런 학교에는 학생들이 내는 등록금 외에는 법인의 수입이 전혀 없다고 보아야 한다. 그런데 법률에 의하면 법인 회계와 학교 회계가 엄격히 분리되어 있고 등록금은 전액 학교 회계로 들어가게 되어 있다. 그러니 법인이 경영을 하고 있는 학교에는 돈(등록금)이 있지만 법인 자체는 수입 한 푼 없는 극히 비정상적인 상황이 일반화되어 있다.

그렇다면 생계를 학교에서 해결해야만 하는 이사장(또는 설립자)이 생계를 위해서 실제로 해야 하고 또 실제로 하는 일은 도대체 무엇인가? 정답은 합법적이든 또는 불법적이든 '말썽 없이 등록금을 빼내는 일'임을 쉽게 짐작할 수 있다.

등록금을 빼내는 일 말고도 이사장에게는 적지 않은 기타 수입이 있다는 것이 공공연한 비밀로 알려져 있다. 교수·직원 채용에 다른 기부금 또는 사례금, 각종 공사나 물품 구입에 따른 리베이트, 거액의 이월 적립금 운용에 따른 금융기관의 격려금 등을 들 수 있다.

학교장 밑의 허수아비 이사장들

원칙적으로는 이사회가 학교장을 선출하게 되어 있으므로 피고용자인 학교장은 업무를 처리하며 이사장의 눈치를 보는 것으로 알기 쉽다. 그러나 실제로는 막강한 권력을 독점한 학교장 밑에서 허수아비 이사장이 더부살이하는 경우도 많다. 대체로 이사장에게는 공식적인 보수(월급)가 지급되지 않는 반면에 학교장에게는 지급이 되며 사회적인 명예나 지위도 일반적으로 이사장보다는 학교장이 앞서게 된다. 따라서 학교를 개인회사처럼 생각하는 학교 설립자는 스스로 학교장에 취임하고 대신에 부모와 처자, 심지어는 장인·장모를 꼭두각시 이사장으로 내세우는 모습을 보게 된다. 절대 권력이 존재하는 이런 학교가 너무나 많고 절대 권력은 절대로 부패한다는 사실은 학교도 예외가 아니라는 점에서 큰 문제가 되고 있다.

개정사립학교법의 핵심 내용

세상에 말썽이 나지 않는 부정이나 불법 행위가 있을 수 없다면 학교를 마치 이윤 추구를 목적으로 하는 개인 기업처럼 경영하거나 생계의 수단으로 생각하는 사람들이 저지르는 부정이나 불법행위가 교육 현장에서 말썽을 일으키는 것은 당연하다. 이를 예방하고 학교경영의 투명성을 높이기 위한 개정 사학법의 핵심 내용은 (1) 이사 정수의 1/4을 학교 구성원들이 추천하여 선출하는 소위 개방 이사제도 도입 (2) 감사 1인 이상을 학교 구성원들이 추천하는 전문가를 선출하는 소위 개방 감사제도 도입 (3) 학교 경영자의 부정 또는 불법행위에 대한 처벌 강화 (4) 이사장 친인척에 대한 학교장 취임 제한 등이다.

사학 경영자들의 개정사립학교법 반대 이유

개정사립학교법의 핵심 내용은 학교의 이사회를 개방하여 학교의 공익성을 보장하려는 것임을 누구나 쉽게 알 수 있다. 그럼에도 불구하고 사학 경영자들과 이에 동조하는 일부 정치인들과 종교인들은 이를 극렬히 비판하며 재개정을 추진하고 있다. 그들이 가장 강력히 주장한 내용은 다음의 세 가지이다.

(1) 비리 학교는 2% 정도에 지나지 않는다. 따라서 소수 학교의 비리를 빌미로 모든 학교를 규제하는 것은 부당하다. ―비리 학교가 2%에 지나는 않는 것이 아니라 비리가 노출된 학교가 2%라면

결코 소수가 아니다. 비리는 많은 사립학교에서 거의 일반화되어 있다고 경험적으로 느끼는 사람들이 많다.

(2) 이사회를 개방하면 전교조가 학교를 장악하여 좌경교육을 하게 된다. —전교조는 소수 집단에 불과하므로 불가능한 일이다. 전교조 내부에서도 불가능한 것으로 판단하고 있었던 것으로 알려졌다. 현재 전교조가 접수한 재단이 단 하나도 없음이 이를 입증한다. 더구나 대학에는 전교조가 존재하지도 않는다.

(3) 종교 단체 소속 학교에서 종교교육이 불가능해진다. —개정 사립학교법 시행 후에 종교교육이 불가능해졌다는 사례가 없다는 사실이 이 가정이 옳지 못함을 입증한다. 종교단체 소속 학교들은 이사회를 독점할 것이 아니라 오히려 이사회를 적극적으로 개방하여 투명성을 높이고 신뢰를 얻는 방법으로 모범을 보일 필요가 있고 오히려 그렇게 하면 종교교육의 효과도 높아질 것이라는 점을 고려하면 좋겠다. 종교교육을 이유로 이사회 개방을 반대할 것이 아니라 '종교단체 소속 학교는 굳이 이사회를 개방하지 않아도 좋겠다'는 여론이 전혀 없었다는 사실에 대하여 이들 학교 경영자들은 반성할 필요가 있을 것이다.

위의 세 가지 주장이 사실과 부합되지 않는다면 그들이 진정으로 꺼리는 것은 무엇이겠는가? 이사회에 단 한명이라도 불청객이 들어오면 학교를 마음대로 주무를 수 없기 때문임을 모르면 바보 아니겠는가?

갈등의 해소 방안

학교의 공익성을 확보한다는 명분에도 불구하고 개정사학법은 현실을 지나치게 무시한 점이 있다. 사립학교를 설립한 것이 무슨 죄가 되는 것이 아님에도 불구하고 그들을 모두 예비 범죄인 취급하여 학교 경영에서 손을 떼게 한 것과 다른 생계 수단이 없는 소위 생계형 학교 경영자(학교장)들을 무조건 일정 기간 후에 사직하도록 강제한 것은 문제가 된다.

여건이 열악한 소도시나 농촌지역에서 개인의 재산을 출연하여 학교를 세우고 교장으로 봉직해온 생계형 학교 경영자들 중에는 지역사회 발전에 많은 기여를 하여 존경을 받는 경우가 많다. 그럼에도 불구하고 학교를 떠나야 하는 이런 분들 대다수가 개정사학법을 적극적으로 반대하는 것은 당연하다. 따라서 사립학교법은 양자택일의 융통성을 가져야 한다. 만약 이사회를 개방하면 설립자나 그의 친인척이 학교장을 할 수 있고 만약 이사회를 개방하지 않으면 못하게 하는 것이 하나의 해결 방안이 될 수 있다. 또 하나, 대형 비리는 대학에서 터지고 있으므로 대학에 대해서는 초·중등학교와는 전혀 다른 법을 제정할 필요가 있다. 대형비리를 저지르는 대학들이 가만히 앉아서 생계형 중등학교 경영자들의 투쟁 덕을 보게 해서는 안 될 것이다.

사립학교 설립자들은 스스로 학교의 공익성과 투명성을 확보하여 명예를 지키고 사회적으로 존경을 받는 풍토가 조성되기를 기대한다.

대학 내에서 가장 낮은 자! 그 이름은 '행정조교'!!!

서 수 경*

조교도 대학교육 생산자의 하나다! (ⓒ 대학노조 명지대지부)

1995년 겨울, 지금보다는 좀 더 많이 추웠던 4학년 겨울방학은

---

* 대학노조 명지대지부 지부장

대학이라는 울타리를 나와 사회에서 내 자리를 찾아야할 시기였다. 먼저 진출한 학과 선배들의 조언은 첫 직장이 중요하다는 것, 그리고 가능한 크고 좋은 기업에 가야한다는 것이었다. 그때는 그런 말들이 귀에 들어오지 않을 정도로 다급한 시절이었다.

그러던 어느날 명지대학교에서 일자리를 구할 수 있었다. 행정조교보다도 더 싼 급여에 더 소수였던 계약직! 그 당시의 나는 어디든 소속만 될 수 있다면 무엇이든 해야겠다는 생각을 했던 것 같다. 그 일이 무엇이든 정규직이든 비정규직이든 관계없이……

지금 기억해보면 그 시절의 취업공고는 단순히 '직원모집'이었다. 내용은 별반 다르지 않은데 요즘의 모집공고를 보면 한숨부터 나온다. 대놓고 「계약직 직원모집」에 읽어 내려가다 보면 열에 아홉은 계약직이란 명시가 나온다. 90년대만 해도 취업을 하면 당연히 정규직이었다. 별도의 단서도 없었고 2년 평가 후 정규직화한다는 말도 없었다. 그저 직원모집이라고 하면 당연히 정규직을 말하는 것이었는데…….

예전엔 당연히 정규직이었는데

어쩌다 이렇게 되었을까?! 누구의 책임인 것일까? 세상 탓도 세월 탓도 해보지만 그래봐야 그저 자기위로 이상의 그 무엇도 없겠지 싶다. 어찌 그리 되었는지 모르겠지만, 여하튼 지금은 비정규직이 발에 채이고, 정규직은 찾아보기 힘든 세상이 되었다.

졸업해서 바로 명지대학교에 계약직으로 4년 반, 그리고 다시 행정조교로 7년. 학교와 인연이 많아서? 애교심이 넘쳐서? 동문이라서? 내가 그토록 오랜 시간을 명지대에서 보내게 된 것은 취업준비 없이 대충 다녀서도 아니고, 생각없이 살아서도 아니다. 지금 생각해 보면 이것저것 취업에 도움된다는 자격증도 몇 개 취득했었고, 컴퓨터학원에 공무원시험 준비까지 소위 말하는 취업 준비 세트는 다 섭렵했었다.

행운이라 여기던 첫 직장에서 비정규직이었지만 그래도 내가 일을 하고 월급을 받는다는 것이 신기했다. 정말 나도 돈을 벌게 되었구나 하는 안도감과 기쁨으로 비정규직인지 정규직인지 신경조차 쓰지 못했다. 그렇게 시키는 대로 열심히 일했고 그 덕분인지 출산 후 다시 행정조교로 일할 수 있었다. 지난 번 계약직보다는 훨씬 좋은? 행정조교?!!!

계약직보다는 훨씬 좋은? 행정조교

면접 당시부터 1~2년 근무하다 나갈 거라면 다시 생각해 봐야한다며 오랫동안 함께 근무하길 원하시던 부서장님의 말씀에 비정규직이라는 생각 없이 일했었다.

2007년 7월 1일 비정규직법이 시행되면서 일단은 매년 부서장 추천으로 재임용되던 행정조교들도 술렁이기 시작했다. '혹시, 잘리는 건가?! 에이 그래도 한두 해도 아니고 십년 넘게 일한 사람이 수두룩인데 설마 그러겠어? 그 많은 일은 다 누가 한다고! 한두 명도 아니고 142명이나 되는데…….'

그런 불안감을 아는 듯 학교 측 담당 부서장은 입을 열 때마다

행정조교는 비정규직법과 관계없으니 걱정말라며 지금까지처럼 열심히 일해 달라고 했다. 그런 평온도 잠시…… 2008년 8월 말 재임용 시기가 돌아오자 행정조교 40명이 해고통보를 받았다. 정말 지금 생각해도 화가 치밀어 오르고 피가 거꾸로 솟는다. 일을 하지 않고 돈을 구걸한 것도 아니고, 일을 제대로 하지 못한 것도 아닌데 해고사유 하나 제대로 알려주지 않고 무조건 학교가 어렵다며 그동안 밥벌이 많이 했으니 취업난에 허덕이는 후배들에게 일자리를 넘기라는 막말까지 했다.

나는 왜 싸우는가

학교 측의 노골적인 무시 때문이었을까? 아니면 후배들에 대한 책임감? 먹고 살기가 막막해서? 대학노조 명지대지부로서 지금까지 투쟁하는 가장 큰 이유는 사람을 사람으로 생각하지 않는 학교 측의 태도에 화가 났기 때문이기도 했지만, 무엇보다도 우리가 느낀 비참함을 후배들에게는 물려주지 않기 위해서였다.

거꾸로 가는 대학의 양심.
(ⓒ 대학노조 명지대지부)

명지대학교에서 11년 반이라는 시간을 녹녹하게 일했었던가? '대학 구성원 중 가장 낮은 위치에서 교수, 학생, 직원들 틈에서 제대로 목소리 한번 낼 수 없는 행정조교!!! 열심히 일해도 그 공은 다른 이의 몫이고, 조금이라도 잘못된 일들은 자신의 책임이 아니어도 욕을 먹는……' 그런 자리였지만 나의 일터였고 그 일터를 꿋꿋이 지켜온 덕분에 이제는 정규직원도 업무관련 문의를 해올 정도가 되었다. 그러나, 그렇게 되기까지 고개 숙인 채 살아야 했던 세월이 지금도 가슴 한 구석에 응어리져 남아있다.

그런 행정조교라는 자리를 그래도 우리들은 고용불안을 느끼지 않고 일해왔는데, 지금보다도 못한 계약직!! 그것도 1년에 한번 평가에 의해서 재임용이라는 그야말로 비정규직법에 근거한 비정규직 자리로 만들어 후배들을 부려먹겠다는 학교 측의 태도는 거대한 사립대학과 싸워서라도 "사람을 사람으로 대하게 하리라"는 마음을 먹게 한 원동력이 되었다.

행정조교, 공부하며 일하는 대학원생(?)…… 아니다

행정조교라고 하면 보통 공부하며 일하는 대학원생으로 오해하는 경우가 많다. 그러나 우리들은 명지대학교를 졸업하고 직업인으로서 생계를 위해 일하는 월급쟁이 노동자이다.

계약직은 1년을 넘길 수 없다는 근로기준법의 명시를 비웃듯 사립학교법의 조교규정을 악용하여 행정업무에서 정규직원과 똑같은 업무를 하는 우리들을 행정조교라는 이름으로 포장하여 비정규직 아닌 비정규직으로 이용해 온 것이다.

상시적이고 일상적으로 계속되는 업무임에도 불구하고 행정조교라는 이름으로 비정규직을 고용하여 싼 임금으로 부리다 비정규직

법이 문제가 되니 폐기처분하듯 처리하려 했던 명지대학교. 총 135명이 해고되었음에도 대부분이 위로금을 받고 그만두거나, 6개월을 쉬고 행정보조원으로 다시 근무하는 등 자신의 권리를 당당히 주장하지 못하는 분들이 많은 게 현실인걸까?!

그런 현실 속에서 대학원을 다니며 일을 하는 연구조교와 교육조교들이 피해를 보고 있다. 연구를 한다는 이유로 장학금 형태의 지원을 받던 연구조교들이 행정일선에서 일을 할 수밖에 없는 상황으로 내몰리고 있는 것이다. 비단, 명지대학교에서만 일어나는 일은 아니리라.

끝을 내자, 비정규직!

여하튼 노조가 무엇인지도 몰랐던 우리들은 어렵게 대학노조 명지대지부라는 이름으로 노동자로서의 권리를 주장하고 있다. 행정조교도 사람이라며 목소리를 내며, 명지법인이라는 거대한 사학재단에 맞서 투쟁해온 지도 243일째!!! 지방노동위원회에서도 중앙노동위원회에서도 부당해고임을 인정받고 복직판결이 났음에도 우리는 아직도 차가운 길거리에 나앉아 있다.

현재 학교 측은 행정소송을 제기하고 우리들의 천막농성장까지 없애버린 상태다. 이런 상황에 힘들지 않다면 거짓말이겠지! 그래도 끝까지 투쟁해서 나의 일터로 돌아가 당당하게 가슴펴고 일하게 될 그날까지 처음의 그 마음 그대로 목소리를 낼 것이다.

"낙심하지 말고 계속 좋은 일을 합시다. 포기하지 않으면 제때에 수확을 거두게 될 것입니다."(갈라 6: 9)라는 성경말씀처럼 때가 이르러 거둘 수 있을 때까지 포기하지 않고 지금의 고난을 과정으로 여기며 끝까지 투쟁할 것이다.

이 글을 보시는 분들께 '세상이 왜이래? 사회가 점점 더 하는군. 그래도 팔자려니……' 이런 생각이 들 때, 그래도 정말 어려운 상황 속에서도 작은 희망의 불씨를 지키기 위해 투쟁하고 있는 재능교육지부, 동우화인캠비정규직노조, 푸른기술비정규직노조, KBS비정규노조 등 셀 수 없는 많은 분들이 지금도 거대한 세상과 싸우고 있음을 기억하고 작은 희망의 미소를 전해드릴 수 있기를 바라면서 이 글을 마친다.

"비정규직 철폐하여 사람답게 살아보자. 우리 대에서 시작된 비정규직 우리들이 끝을 냅시다. 파이팅."

대학 비정규직 용역노동자를 만나다

이 상 선*

▲ 대학의 권위는 소수자의 권익 보호와 동떨어지는 것인가? (ⓒ 이광수)

대학 비정규직의 또 다른 이름 '용역 노동자'

일반적으로 대학교 캠퍼스라고 하면 조용하고 깨끗한 환경 속에

---

* 공공노조 서울경인지역공공서비스지부

자신의 미래를 위해 다양하게 준비하는 대학생들의 젊고 활기찬 모습들을 떠올린다. 그러나 그런 학교의 모습 속에는 일상 속에서 무심코 지나치는 '투명인간'들이 있다. 전국 2백여 개 대학에서 1만여 명에 이르는 그·그녀들은 비정규직 노동자라 불리 운다. 이들은 최저임금보다 낮은 수준의 임금, 매년 반복되는 불안한 고용 형태, 상시적인 부당한 업무지시 등의 부당한 대우를 받음에도 불구하고 묵묵히 그 노동을 감내하고 있다. 자신들이 일하는 현장인 대학교에서조차 구성원으로 인정받지 못하는 용역이라는 이름으로 불리는 간접고용 용역 노동자이기 때문이다.

'무권리 이중 착취' 이제는 바꾸어 보자

전국 2백여 개 대학에서 1만여 명에 이르는 그·그녀들은 비정규직 간접고용 용역노동자라는 굴레를 쓰고 원청인 대학교와 하청인 용역회사 사이에서 늘 저임금과 고용의 불안정, 일상적인 차별에 시달린다. 최소한의 법적 권리마저도 보장받지 못하는 이러한 현실을 극복하기 위해서는 노동자들이 단결한 힘을 바탕으로 하는 조직이 필요하다. 그 조직은 현실에서 노동조합이 될 것이다.

민주노총 공공노조 서울경인지역공공서비스지부(이하 서경지부)는 현재 미화직, 보안직, 시설관리, 학교비정규직, 보육 등의 업종에 종사하는 노동자들이 조직되어 있다. 이들의 공통점은 비정규직이라는 것이다. 미화직과 보안직, 시설관리직은 대학교를 관리 운영하는 데 필수적인 업무이며 대학 건물 곳곳에 빠짐없이 배치되어 있다. 교육기관으로써 자유, 정의, 진리를 가르치는 대학교이지만 비정규직으로 근무하는 노동자들에게는 열악한 근로조건과 불안한 고용형태 등이 여타 업종의 비정규직과 그다지 다르지 않다. 그리하여 1997년 IMF를 즈음하여 대학교의 비정규직들도 노동조합을 결성하기 위한 시도들이 시작되었지만 전국적으로 일반화되지는 않은 실정이다. 이러한 상황 속에서도 서경지부에는 2003년 이후 현재까지 청주대, 고려대, 성신여대, 덕성여대, 연세대, 동덕여대의 6개 대학분회가 있다. 이러한 분회들은 노동조합이 조직되지 못한 다른 대학교의 노동자들에 비해 법정 최저임금 및 최소한의 근로조건을 만들어 가고 있다. 물론 이는 일상적으로 조직하고 끊임없이 투쟁하여 쟁취한 것이다.

우리도 당당한 '대학의 구성원'이다!!!

대학교에서 비정규직 노동자들이 노동조합을 만들게 된 결정적인 계기는 용역 재계약 시기에 고용이 불안정했기 때문이다. 따라서 노동조합 결성은 급속도로 진행되었고, 격렬한 투쟁이 집중되었다. 이들은 재계약으로 고용이 극도로 불안한 상태에서 스스로 고용을 지켜내기 위한 생존권 투쟁을 강하게 제기한다. 그 과정 속에서 일상적으로 노동력을 제공하는 대학교에 대해 자신들도 구성원 중 하나라는 당당한 주장을 하게 된다. 이 같은 주장은 자연스럽게 대학 안에서 대중적인 공감을 형성하여 학내 비정규직노동자들이 노동조합에 미달하는 형태의 조직을 가지고도 일반대중인 학생들과의 끈끈한 연대로 투쟁이 조직되고 승리할 수 있는 중요한 밑바탕이 된다.

대학 비정규직 권리 찾기 '노동조합 조직화'

서경지부는 산별노조인 공공노조에 대학 비정규직 조직화를 주요 전략사업으로 제안하여 그곳에 인력과 재정을 집중하고 있다. 아울러 대학 비정규직 노동자의 권리 찾기를 위한 노동조합 조직화 사업을 서울지역 학교 학생들과 함께 논의하고 진행 중이다. 대학의 간접고용 비정규직 노동지들은 대부분 고령의 노동자이며 법적으로 용역이라는 열악한 조건으로 고용의 불안정한 현실을 바꾸는 데 있어 많은 제약과 어려움이 있는 상황이다. 이에 대학 비정규직 노동자들은 스스로의 조직화보다 고용 불안, 임금, 근로조건의 문제들을 학생들이 먼저 문제제기하는 과정을 통해 학생들과 신뢰를 쌓고 조직화 되고 있기 때문이다.

대학에서의 비정규직 노동자들의 권리 찾기는 곧 노동조합 조직화와 원청사용자인 대학과의 투쟁을 통해 이루어진다. 대학 당국은 비정규직 노동자들을 실질적으로 사용하면서 형식적으로 용역업체를 앞세워 고용 및 근로조건에 대한 책임을 회피하고 있다. 비정규직 노동자들이 노동조합으로 조직되어 자신의 권리를 찾기 위해 투쟁하면 허울뿐인 용역업체는 아무런 역할도 못하기에 고용보장, 임금 등의 여타 요구안에 대해 원청인 대학 당국에 책임질 것을 요구하면서 투쟁이 진행된다. 이것은 여타 다른 용역하청 비정규직 투쟁에서와 마찬가지로, 원청사용자에 대한 제도적 개선을 요구하는 투쟁으로 전개된다.

노동조합 조직화 이후의 과제

그동안 서경지부가 조직한 대학 비정규직 분회들의 조직화 과정을 돌이켜보면 스스로 조합원들을 조직하는 조직화와 주체로서의 의지가 그 성패를 판가름한다. 물론 조직화 초기에는 지역의 사회

운동 단체 및 해당 대학교의 학생운동이 크게 기여할 수 있지만, 비정규 노동자들이 조직된 이후에는 주체 스스로가 하는 일상적인 교육과 소통을 통한 지역 연대를 만들어 가야 할 것이다.

사회적으로 비정규직 고용이 일반화되어 있는 상황에서 이것을 벗어나기 위한 비정규직 노동자들의 권리 찾기는 생존이 걸린 투쟁이라고 할 수 있다. 이는 곧 비정규직이라는 문제가 어느 사업장 하나만의 문제해결로는 풀어질 수 없기에 근본적으로 해결하기 위한 비정규직 자체를 철폐하는 투쟁으로 나아간다. 조직화된 비정규 노동자들이 지역의 비정규직 현장의 투쟁에 일상적으로 결합하면서 지역 현장의 연대를 만들고 지역의 여러 가지 사안들에 함께 정당한 입장을 제시하는 사회운동의 일각으로서 자리잡을 때 대중적인 지지를 받을 수 있을 것이다.

이런 의미에서 대학이라는 공간 또한 하나의 지역이라 생각할 수 있다. 대학 안에서 발생하는 여러 가지 각종 문제들에 대하여 대학교 비정규직 노동자들도 하나의 주체로서 입장을 내고 함께 고민하고 함께 실천하였을 때, 진정으로 대학 사회에서 비정규직이 철폐되고 인간다운 삶을 살아갈 수 있는 세상이 될 것이다.

여강사의 이유 있는 고뇌

이 진 옥*

▲ 여강사는 교육자가 아닌 강사일 뿐인가? (ⓒ 이광수)

글을 청탁 받고 원고를 넘기기까지 거의 반년의 시간을 끌었다.
이에 대한 변명을 구차히 대자면, 우선 4학기의 강의 경력을 지닌
초짜 강사가 비정규교수의 교원지위 회복을 위해 마련된 이 공간에

---

* 정치학 박사, 대학강사

글을 쓸 자격이 있을까 쑥스러움이 앞섰다. 선생의 책무를 다하지도 못하고 공부가 여전히 부족하여, 대학원생이 아닌 강사라는 사회적 정체성을 체화하지 못한 내가 강사가 지닌 삶의 고단함과 대학 교육의 문제를 올곧이 풀어낼 자신도 없었다. 더군다나 사회과학을 공부한 나이지만 사회의 제도와 현실을 비판함에 있어 내가 당면한 문제를 당사자의 입장에서 글을 쓴다는 것이 생소하기도 하려니와 내가 속해 있는 여러 이해관계들을 드러내야 하기에 조심스럽고 혹여 누를 끼칠까 두렵기도 했다.

마지막으로는 시간 탓을 해야겠다. 물론 현대 사회에서 특히 한국 사회에서 시계는 누구에게나 빠듯하게 움직이지만, 대략 6~9시간의 강의로 먹고 사는 시간강사들이 시간이 부족하다고 하면 흔히들 납득을 못하기에 부연하자면, 강사들도 바쁘다. 비록 법은 인정하지 않을 지라도, 강사들도 전임 교원과 마찬가지로 강의 이외의 행정 업무도 처리해야 하고 학생들과의 상담도 하며, 연구 실적도 쌓아야 하며 —특히 누구를 아느냐가 무엇을 했느냐보다 여전히 중요한 한국 대학 사회이기에—네트워킹에도 소홀할 수 없다. 더구나 여러 다른 대학들에서 강의를 맡은 강사들은 길거리에 버리는 시간도 만만치 않다. 여기에 가족의 대소사와 가사 노동을 다 할라치면 본업 이외의 외도를 하기 힘들다. 바빠서 글을 못 썼다는 핑계를 대기에는 이 투쟁을 전면에서 감내하고 계시는 분들께 비록 송구스럽기 짝이 없지만, 할 일이 항상 더미로 쌓여 있는 건 단지 시간 관리에 능숙하지 못한 나만 지닌 실존적 고민은 아닐 게다. 인문사회과학에 발 담그고 있는 나를 비롯한 대부분의 강사들은 수능 마친 지 십수 년이 지났어도 쉬는 날에도 해야 할 공부를 미루고 있는 듯한 중압감, '고3병'에서 헤어 나오지 못하니 말이다.

그러게 대체 뭘 바라고 박사까지 했니?

누가 공부하라고 떠미는 것도 아니고, 되려 돈을 벌든가 시집이나 가라는 부모의 성화를 꺾이가며, 몸끼지 상해가면서 박사 과정을 밟았다(지난 달 돌아가신 아버지는 2000년 여성부 신설 소식을 들으시고 내게 대학원 입학을 허락하셨다). 그렇다고 마냥 공부가 즐겁기만 한 것도 아니고, 특출나게 공부를 잘 하는 것도 아니고, 공부하는 게 내 업인지 회의가 들 때마다, 같이 공부하는 도반(道伴)과 우리가 무슨 부귀영화를 누리겠다고 이렇게 사서 고생을 하는 거냐고 허공에 흩어지는 넋두리를 읊었다. 특히 대학강사들의 자살 소식은 당시 박사과정을 시작한 내게 미래의 불안감을 구체적으로 각인시키는 계기가 되었다. 이런 회의감과 불안감을 애써 마음 한 켠에 박아두고 공부 빼고는 다 잘할 수 있을 거 같은 착각에 도달하기도 하면서 결국 논문을 내고 박사 학위를 받았다.

그 지긋지긋한 학생의 신분을 벗어나, 같이 대학을 졸업한 친구들이 10여 년 전에 시작했을 사회생활, 정확히 표현하면 풀타임 임금 노동자 생활, 더 정확히 말하자면 경제적 독립을, 30대 중반에 이르러서야 본격적으로 시작했다. 더 이상 왜곡된 사교육 시장에 몸담아 물 타지 않고, 내 파릇한 젊음의 눈물과 땀으로 얻은 배움을 전달해 그에 대한 대가로 임금을 받는다는 건 사실 크나큰 기쁨이자 설레임이었다. 비록 배움이 짧지만, 본교 출신이 학위를 받았다는 것에 대한 신뢰로 후배들을 가르칠 수 있는 기회를 선뜻 내주신 교수님들께 감복해 후학들을 최선을 다해 가르치리라 다짐했다.

그러나 박사가 되었다는 자신감과 강의를 하면서 생기는 희열이 삶의 고단함으로 채워지는 데에는 채 한 학기도 걸리지 않았다. 학교에서 강의 준비할 공간이 없어 수업 전에는 식당이나 교내 벤치, 혹은 학생들과 자리싸움을 해가며 도서관을 이용하기도 하고, 주로 카페를 전전했다. 강의 준비에 필요한 책들과 노트북을 이어 메고 다닐라 치면, 여전히 학생으로 비치는 내 용모에 주눅이 들어 행여 교수들과 마주칠까 엘리베이터 대신 계단을 이용하기도 했다. 그동안 하지 못했던 금전적 효도도 하고 싶고, 학생이라는 신분이라는 핑계로 항상 얻어먹기만 했기에 친구, 선후배들에게 밥도 사고 싶었지만, 강사의 월급은 아르바이트 해서 벌던 액수와 그다지 차이가 없었다. 타 대학보다 강사료가 높다는 서울에 위치한 대학에서 운이 좋아 두 과목을 강의를 했어도 130만 원에 못 미치는 월급은 여전히 그런 생색내는 삶을 영위하기에 턱없이 부족했으며, 필요한 책을 사거나 학회 연회비를 내기에도 빡빡했다. 더구나 방학이 할퀴고 지나간 자리는 카드 대금 연체로 남았다.

차라리 궁핍한 생활의 달인으로 거듭나는 수밖에 없지만, 박사과정 시절에 진 빚을 갚으려 처음 1년은 강의를 비롯해 번역, 기업체 영어 특강, 연구원 계약 연구직, 시민단체 연구 용역, 글 기고 등 5~6개의 다른 돈벌이를 하느라 사흘 멀다 새벽 3~4시에 기상해야 했다. 그리고 그 이듬해는 운 좋게 한국연구재단의 지원을 받아 방학에도 180만 원의 월급이 꼬박 나오는 다소 윤택한 삶을 살게 되었고, 동시에 학기 중간에 조교로부터 전화가 오지 않으면 내가 맡았던 강의가 그 다음 학기에 개설되지 않는다는 것을 의미한다는 걸, 굳이 조교실 가서 묻고 따지는 민망한 짓은 하지 말아야 한다는 걸 몸소 경험으로 배웠다. 불확실한 강사직에 내 존재가 흔들리지 않기 위해서는 올해 다시 연구재단의 연구사업 과제 신청에 큰 내기 돈을 걸어야 한다.

이런 시간강사로 사는 삶의 고단함을 지인들에게 토로하면 나오는 반응은 다양하다. 하나는 그러게 박사를 왜 했냐는 나의 선택에 대한 추궁이다. 빈곤층의 연구에서도 임금 수준이 최저임금에 머물거나 그에 약긴 상회하는 낮은 NGO 활동가나 대학강사는 조사 대상에서 제외한다. 이런 이치는 자발적 선택에 의한 빈곤은 개인이 감내해야 하는 결과라고 보는 시각이 팽배한 것이다. 이 시각의 이면에는 대학강사는 집이 부자다라는 후한 선입견이 존재한다. 한 대학의 본부에서 일하는 친구는 "강사는 부자잖아. 외제차 몰고 다니던데"라며 내 딱한 처지를 위로한다. 이런 편견은 일견 맞는 얘기일 수도 있다. 대학에서 강사직을 얻으려면 대체로 박사학위가 필요하고, 석·박사과정을 밟기 위해서는 엄청난 학비를 감당할 수 있어야 하는 것뿐 아니라 한 가족의 구성원으로서 경제활동 기여분에서 유예되는 기간이 최소 5~6년 이상은 보장되어야 하기 때문에 아무리 공부를 하고 싶어도 당장 집안의 생계가 절박하다면 돈으로 보상되지 않는 학문 탐구를 업으로 삼는 선택은 하기 힘들 것이다. 그러기에 공부는 유한계급이 하는 일인 것을.

다른 하나는 다른 비정규직이 다 그렇다, 그런 생계의 어려움은 대학강사만의 문제가 아니라 전체 노동 시장의 상황이 그런 추세이니 어쩔 수 없지 않냐는 반응이다. 그래도 가방 끈이 길어 다른 선택지가 존재하고, 과로하더라도 생계는 유지되니까 강사들의 조건이 상대적으로 낫다는 무마형이다.

그리고 더구나 내가 지금 당장 겪고 있는 문제는 시간이 지나 경력이 쌓이면 더 많은 강의를 할 수 있고 그럼 살림살이는 나아질 테고, 어차피 대학에서 자리 잡기까지 시간 강사는 필수 코스이니 몇 년만 참고 기다리라는 희망적인 전망으로 나를 위로하는 낙천형이 있다. 특히 교수직을 획득한 선배들은 자기도 그런 과정을 겪어이 자리에 오게 되었으니, 인고(忍苦)의 시기에 정신 바짝 차려 학진((구)한국학술진흥재단, (현)한국연구재단)에 등재된 학술지, 아니 그보다 미국의 ISI(Institute for Science Information)에 의해 개발된, 미국 학술지를 위주로 선정된 SSCI(Social Sciences Citation Index: 사회과학논문인용색인)를 겨냥하여 논문을 실어 교수임용에 필요한 점수 따기를 부지런히 할 것을 힘주어 조언해 준다. 그리고 검증되지 않은 나의 실력을 치하하며, 장래가 유망하니 결국 능력 있는 사람은 자리를 잡게 되어 있다면서 학문 후속세대에게 능력주의의 신화를 되새겨 준다. 이런 류의 소수는 최근에 여교수 할당제가 도입되었기 때문에 여자인 내가 대학에서 자리 잡기에 유리할 것이라는 분석을 덧붙이는 것을 잊지 않는다.

여교수 채용목표제, 여강사의 희망?

교육통계연보에 따르면 4년제 일반 1970년 9.5%이던 여교수 비율은 1980년 10.9%, 1990년 11.8%, 2001년 14.1%로 더디게 증가해 왔다. 이런 대학에서 여학생 비율에 비해 여교수 비율이 턱없이 부족한 현실을 개선하기 위해 교육인적자원부가 2010년까지 국·공·사립대의 여성교수 비율을 20% 수준으로 높인다는 계획으로 여교수 채용목표제를 도입했다. 그러나 2009년 사립대의 여교수 비율은 20.3%로 임계점을 간신히 넘었던 반면, 국공립대 전임 여교수 비율은 12.8%로 여전히 목표 수치에서 한참 떨어진다(「국립대, 여전히 여교수 적게 뽑는다」, 『교수신문』, 2009년 12월 29일).

그러나 사립대의 경우도 2001년의 자료를 빗대어 세세히 분석해 보면 포항공대 3.3%, 고려대 7.1%, 서강대 7.1%, 동국대 9.9%, 연세대 10.1%, 성균관대 10.1%, 홍익대 10.3%, 한양대 11.1%, 건국대 12.1%, 중앙대 12.1%, 한국외대 13.0%, 경희대 14.1% 등의 남녀공학 대학들에서는 국·공립대와 비슷한 낮은 수치를 보이는 반면, 덕성여대 60.7%, 이화여대 54.2%, 동덕여대 47.2%, 숙명여대 40.5% 등으로 여자대학이 월등하게 높은 여교수 비율을 보여 여대들이 전체 사립대 여교수 비율 평균치를 높였다는 것을 알 수 있다(민무숙, 「국공립대 여성교수 채용목표제 도입 방안에 관한 연구보고서」, 한국여성개발원, 2002). 2003년 기준으로 대학교의 전임교원 수는 45,106명이고 시간강사 수는 55,095명이고, 시간강사에의 과중한 의존도는 특히 여성에게 더욱 심각하게 드러난다. 남성의 경우에는 전임교원 1명에 시간강사가 약 0.85명(54.0:46.0)인 반면, 여성의 경우에는 전임교원 1명에 시간강사의 수가 약 3.33명(23.1:76.9)인 것으로 보고된다(박현정, 「대학교 시간강사비율」, 한국교육개발원 교육정책포럼, 2004). 이 사실은 일반 비정규직 노동에서 여성이 과대 대표되고 있는 현상이 대학 교육에서도 고스란히 재현되고 있음을 반증한다.

2001년 기준 여교수 비율은 간호계(98.6%), 가정계(87.9%)를 제외하면 약학계열(22.2%), 예술계열(33.7%), 어문계열(24.4%), 사범계열(22.7%) 등에서 비교적 높고, 인문계(14.0%), 사회계(7.2%), 이학계(11.9%), 공학계(1.8%), 의학계(12.2%) 등에서는 여전히 낮다. 특히 시간 강사의 의존도가 높은 교양 과정을 담당하면서 대학 외의 정규직 채용 비율이 낮은 인문·사회계 내의 저조한 여교수 비율은 더욱 주시되어야 한다. 이와 유사하게 『2009성별문화인력 통계』 결과에 의하면, 문화예술 분야의 졸업생 비율에서 여성은 남성의 두 배에 달하며 문화예술분야에 종사하는 여성이 전반적으로 남성보다 훨씬 높은 교육수준을 지니고 있지만, 고위관리직 비율은 남성이 여성의 4배를 차지한다고 나타난다. 더구나 여성이 학력이 높을수록 전업주부 비율은 높아져, 학사학위를 소지한 여성보다 박사학위자가 전업주부가 되는 비율이 4배나 높다(류정아, 「문화여성인력들의 고용환경 열악」, 『경기여성정보웹진 우리』 2009년 6월호).

이런 사실들의 종합은 최근 인문학의 위기가 여학생 취업 위기의 동전의 이면이라는 걸 보여주며, 여자가 공부해 뭣해다 써먹겠냐는 선조들의 항변에 고개를 끄덕이게 된다. 상황이 이러한데 과연 여교수 채용목표제가 여강사들의 희망이 될 수 있을 것인가? 되려 최근에 대학에 임용된 여교수들은 능력 없는 강사가 그 제도 때문에 낙하되었다고 곧잖게 보는 교직원 사회의 역습(backlash)으로 재계약에서 떨어지는 사례들이 생기고 있다는 풍문에, 여자 강사들이 자리 잡았다는 간헐적인 소식을 반가워 하면서도 또 어떤 뒷소문들이 횡행할까 기우(杞憂)를 갖는다. 하지만 내가 정녕 교수가 되는 것을 인생의 목표로 삼아 공부했을까? 박사 과정에 왜 들어갔나 반문해 보면, 교수직함이 그것의 이유가 되지 않는다. 당시 내가 지닌 상식으로는 도통 이해되지 않는 한국 사회와 감당하기 힘든 척박한 인간 본성을 좀 알고 싶었던 거 같다. 그리고 여전히 의문투성이의 인간사이지만 그때나 지금이나 책이 내게 혼돈의 해방구라면, 박사학위는 나 같은 사색형 인간들이 자본주의 시스템과 타협점을 찾는데 현실 제도에서 택할 수 있는 가장 효과적인 수단이다.

"가르침이 기뻐야지 슬퍼서야 되겠니?"

대학이 내게 사고(思考)를 체계적으로 할 수 있는 학습의 공간이 되었고 박사학위의 취득을 통해 지식을 (재)생산하고 교육하는 노동자의 자격을 얻고 불완전하나마 대학의 성원으로 합류했다. 그러나 대학이 내게 의미했던 바로만 존재하지는 않는다고 생각한다.

대학 또한 사회의 톱니바퀴를 굴러가게 하는 하나의 부품이기에, 다른 그 무엇이 진흙탕이 되더라도 대학만은 연꽃을 피워낼 수 있어야 한다는 논리는 어찌 보면 중세 대학의 기풍이었던 엘리트주의의 발로(發露)일 수도 있겠다. 대학이 지식을 잉태하고 완결된 사유의 숭고한 이상(理想)을 좇더라도 그 궁극적 목적이 대학에 입학하는 제 학생에게 한결같이 투영될 필요는 없으며, 요즘 통상 일컬어지는 스펙에 요구되는 여러 실용적인 특화된 전문 지식과 일반 상식의 제공 또한 대학의 중요한 기능이라고 본다. 그런데 문제는 그런 스펙의 구성요소에서 중요한 자질들이 멍청하게 누락된다는 것이다. 읽기, 말하기, 글쓰기는 대학졸업장으로 얻을 수 있는 직업군에서 가장 근본이 되는 것일진대 강의실은 수업 전 읽어와야 할 책을 읽지 않은 학생들이 꿀먹은 벙어리 마냥 앉아 있다 마지못해 쓴 보고서나 시험으로 학점을 얻어 가는 공허한 공간이 된 지 오래다. 그럼에도 학생들의 취업에 나중에 행여 지장을 줄까 학점을 곧이곧대로 주지 못하고 눈치껏 높여주게 되는 건 이미 나는 교육자이기보다는 강사일 뿐이라는 걸 스스로 용인하게 된 것일지도 모른다.

물론 눈빛을 번뜩여 가며 강의로부터 감성과 지성을 충만해 가는 소수 학생들이 존재하지만, 대개의 학생들이 최종 학점 외에는 내 수업에 별 관심을 두지 않는다는 걸 알게 되면서 그 학생들에게 심드렁해지는 게 그다지 미안하지 않게 되었다. 그런 학생들이 조금이라도 본인들 편하게 과제를 하기 위해 날리는, 혹은 받은 평가와 수업에 대한 내용에 이견을 적어 보낸 쪽지들과 이메일에 답변하느라 수 시간을 쓰게 되면 본전 생각난다. 내가 강의하는 데 투자한 시간 대비 받는 수당은? 사실 결국 내 스스로가 너무 초라해질까 겁나 나눗셈은 안 하지만, 자주 갈등한다. 내가 받는 시간당 강사료에 합당한 노동의 양으로 강의를 때울 것인지 아니면 소명감과 나의 학업, 미래, 사회 성원들의 지도를 위해 최선을 다할 것인지. 가끔은 꾀가 나서, 어차피 내가 하는 강의를 관리 감독할 수 있는 시스템도 없는 대학이고, 대학은 널렸고, 그까짓 강사 일 대접 안 해주는 거 그냥 대~강 해도 상관없지 아니한가? 하지만, 내가 이런 마음가짐으로 강의를 하게 되면 그 강의는 예외 없이 더욱 지루해지고 일방형이 된다. 이게 대학 교육이 제대로 돌아가는 꼴인가?

아직은, 딸깍발이의 정신으로 자존심을 지키겠다는 심정이 우세하여 돈을 좇기보다 소신을 택한다. 아직은 말이다. 이런 나는 속물이 되기보다 고귀한 영혼으로 남겠다는, 더욱 솔직히는 이 악물고 논문 많이 써서 기필코 교수가 되서 속물 근성 내비치지 않으며 생활의 안정도 찾을 수 있는 잇속도 챙기고 고결한 자존심도 잃지 않겠다는 결의를 비추는 것이다. 결국 이렇게 되면 교수되려고 박사까지 한 걸로 질문의 답이 귀결되어 씁쓸해진다. 이런 날 혹자가 불평도 감히 내뱉지 않는 숨죽이고 살아가는 수만 명의 대학 시간강사들 마냥 허위의식에 갇힌 죽은 지성의 우스운 모양새라고 조소한다면, 죽은 지성을 깨우기 위해서라도 강사들의 교원지위 확보는 심각하게 필요하다고 응답하겠다. 이미 대학 교육의 1/3을 넘게 책임지고 있는 실질적인 교직원인 강사들이 딴 마음 먹지 않고 가르침에 소신껏 전념할 수 있도록 강사들에 대한 처우개선은 절실하다. 강사들의 안정된 노동권 보장을 위해서, 대학 교육의 정상화를 위해서, 살아있는 집단 지성의 지속·재생산을 위해서, 한국 사회의 건강과 안녕을 위해서, 강사들의 법적 교원지위 회복은 반드시 필요하다. 동혁이형의 샤우팅마냥 "가르침이 기뻐야지 슬퍼서야 되겠니?"

시간강사들이여, 주눅과 자존심에서 벗어나자!

박 주 현*

▲ 시간강사들이여 단결하라! (© 이광수)

이제 시간강사 3년차가 감히 푸념과 넋두리를 끄집어 내놓으려
니 부끄럽다. 박사학위를 받은 지 십여 년이 지났지만 아직도 암울
한 비정규직 그늘을 묵묵히 수행하듯 걷고 있는 선배님들 앞에 우

---

* 언론학 박사, 대학강사

선 죄송하다. 그러나 침묵으로 일관해 온 사이 상아탑 내부의 고학력 비정규직 암운은 더욱 짙어만 졌다.

'모르쇠'로 일관하는 대학 당국은 그렇다 치자. 그동안 부끄러워서, 아니 자존심 상하는 일이라 애써 외면했던 시간강사들에게도 문제가 있었다고 본다. 반목과 갈등을 애써 피해 온 사이 고뇌와 주눅만 깊이 패이지 않았던가. 참여관찰자 입장에서 그들 주변의 애환을 미시적으로 풀어 나가고자 한다. 수많은 침묵자들의 관심과 결속을 위해……

보따리강사 이야기

지난 2월 26일 인터넷신문 『오마이뉴스』에 첫 연재기사를 시작하면서 나름대로 프롤로그를 정리해 올린 내용이다. 서투른 글은 그 후 계속 이어졌다. 사실 고백하건데 재미있어서 쓰기 시작한 글은 아니었다. 연재기사로 이어질 수밖에 없는 상황이 됐다.

「강사 3년차나 10년차나…… 자존심 먹고 살라?」
「교수님 왜 학생식당에서 라면 드세요?」
「시간강사, 교과부 눈엔 유령으로 보이나?」
「교수가 되려면 목사추천서부터 제출하라고?」
「왜 대학광고가 〈조선〉·〈중앙〉에 많이 나오죠?」

'보따리강사 이야기'란 주제로 시작한 글의 제목들이다. 어느덧 10회를 훌쩍 넘겼다. 어쩌다 비정규직 문제가 전 사회적으로 확산되고 있지만 정작 지성의 요람인 대학사회에서 오랫동안 방치돼 왔던 문제를 기성언론들은 취급조차 하려들지 않고 있다는 데서 오기가 발동했던 것이다.

특히 비정규직 강사 문제를 대중매체, 특리 거대 보수언론들은 거의 다루지 않는 분야가 됐다. 그래서 진보매체인 '인터넷신문'을 택해 대학사회에 늘 그대로 방치된 채 수십 년이 흐른 비정규직 강사 문제를 보다 진지하게 알리고 그에 대한 해답을 구하고자 시작한 글이었다.

어리석은 질문과 고발인 줄 알면서도 시작한 글은 의외로 많은 반향을 불러 일으켰다. '모든 시민은 기자다'란 모토로 창간한 인터넷 매체가 지닌 쌍방향 커뮤니케이션의 효과를 실감할 수 있었다. 피드백은 매우 다양하고 빨랐다. 댓글과 이메일 등으로 많은 제보와 고언, 질책 등이 쇄도했다. 이러한 반응 때문에 글을 멈출 수 없었다.

연재가 멈추는가 싶으면 같은 처지에 놓인 강사들과 언론에 종사하는 기자들, 전공과목을 수강하는 학생들, 심지어 인터넷신문사 편집자로부터 독촉전화까지 오는 등 다양한 관심을 보여 큰 위안이 됐다. 그런데 꼬리가 길면 잡힌다고 했던가?

취조나 다름없는 대학당국의 압력

한 지방대학에서만 강의를 하고 있는 필자에게 은근히 압력이 가해져 오기 시작한 것은 거시적인 고등교육법 문제에서 미시적인 대학 내부의 문제를 다루기 시작할 무렵이다. 대학에 출입하는 기자와 대학홍보 관계자의 집요한 취재가 시작됐다. 취조나 다름없었다. "관련 기사의 사진이 왜 우리지역을 배경으로 했느냐?", "비정규직 문제가 우리대학만 해당되는 것은 아닌데 왜 우리 대학에 포커스를 가했느냐?", "잘리면 어쩌려고 비판적인 기사를 계속 쓰시나?" 등 항의성 질문과 압력은 전화와 이메일을 통해 반복됐다.

그런 와중에 한국비정규교수노조 교원특위 김동애 위원장의 기사가 나가면서 주변에선 더욱 이상한 눈으로 바라보기 시작했다. 그의 국회 앞 텐트농성이 수년간 지속되고 있고 일부 대학 분회에선 1인 시위가 별도로 진행되고 있다는 소식이 알려지면 연쇄적인 현상으로 이어질지 모른다는 우려감 때문인지 '좋지 않다'는 반응을 보였다.

그러나 이러한 부정적인 반응만 있었던 건 아니다. 용기를 심어준 반응이 더 많았다. 인터넷 매체에 필자와 비슷한 처지에 놓인 강사들의 글이 잇달았다. 반응이 확산되는 것을 보면서 더욱 조심하고 진지한 자세로 글을 이어나갈 수 있었다.

나 홀로 느끼는 문제가 아니었다

김영곤 한국비정규교수노동조합 고대분회장은 국회 앞에서 부인 김동애 특위장과 함께 600일 넘게 투쟁을 벌이면서도 틈틈이 「대학 강사 교원지위 회복과 대학생 학습권 회복을 위한 고등교육법개정 투쟁 소식지」를 보내왔다. 참으로 고마운 분이란 걸 매번 느낀다. 덕분에 기사를 올릴 때마다 많은 격려의 글도 쇄도했다.

시간강사여 일어나라. 사람이 자살했는데…… 심각한 문제 아닌가?

당장 작은 이익을 버리는 한이 있더라도 연대를 선택해야 된다.

젊은 강사들에게 연구기회를 많이 줄 수 있는 환경이 되어야 하다.

실력 없는 교수들을 내보내야 한다.

학생과의 관계에서 피해의식을 없애라.

이 문제를 방치하면 '실력' 이데올로기도 무용물이 된다.

나 홀로 느끼는 문제가 아니었다. 마음속으로 문제의식을 지니고 있었던 많은 학생과 강사들의 격려는 지금도 이어지고 있다. 부산대 한 시간강사는 쥐꼬리 강사료 문제로 비정규강사들과 학교 측이 벌이고 있는 기막힌 사연을 『오마이뉴스』에 소개해 많은 격려의 댓글이 쇄도하기도 했다. 또 다른 대학의 한 시간강사는 학생들과 교수 사이에서 갈등과 번민을 거듭하며 묵묵히 강단을 지키고 있는 시간강사들의 고된 현실을 고발해 크게 주목을 받기도 했다.

그래서인지 이제 글이 올라가면 조회 수가 가히 폭발적이다. 단숨에 10만 건 이상을 육박하는 글도 있다. 7만여 대한민국 비정규직 교수들과 열악한 환경에서도 국회 앞에서 장기간 텐트를 쳐놓고 희생을 하고 계시는 분들에게 조금이나마 좋은 소식이 전해 졌으면 하는 마음으로 글을 쓰고 있지만 아직 달라진 건 없다.

대학강사 교원지위 회복을 위한 목소리

그동안 어려운 환경에서도 긴 투쟁을 펼쳐온 선배님들에게 새삼 경의를 표한다. 체계적으로 투쟁활동을 벌이고 있는 모습이 지금도 소식지 곳곳에서 묻어난다. 그동안 600일 넘게 지속돼 왔지만 이제야 관심을 갖게 되다니, 솔직히 미안하고 부끄럽다. 늦었지만 그나마 다행이라고 스스로 위안한다.

이제부터라도 더 많은 사람들에게 알리고 참여하도록 할 수 있다면 이 또한 대학강사 교원지위 회복을 위한 밀알이 될 수 있으리란 확신이 들기 때문이다. 지금도 많은 대학강사들은 학과 조교나 교수들의 눈치를 살피며 다음 학기 강의배정에 눈과 귀를 집중하고 있다. 그러나 그것만이 현실을 타파할 수 있는 길이 아님을 아마 본인들이 더 잘 알고 있을 것이다.

작은 목소리를 합치면 큰 메아리를 얻을 수 있다. 대학 측의 저지로 17대 국회 때 자동 폐기됐던 '대학강사 교원지위 회복을 위한 고등교육법 개정안'이 18대 국회에서도 발의됐지만 아직 구체적 논의가 이뤄지지 않고 있다. 누구도 반대하지 않지만 아무도 나서지 않고 있기 때문이다.

강사들에게 교원지위를 되돌려 주는 일도 중요하지만, 그것보다 더 중요한 것은 시간강사의 형태로 교수진을 무한정 고용해, 교육과 연구 양쪽 모두에서 본분을 망각하고 있는 대학들의 아비투스(habitus, 습속)가 문제다.

대학의 교양과목 중 7할 이상을 시간강사들이 담당하고 있다는 지적이 국감 때마다 제기돼 왔다. 시간강사로 전체 교양과목의 절반 가까이를 채우고 있으면서도 '뛰어난 교원확보로 교육과 연구를 위한 충분한 조건을 갖춘 대학'이라며 입학철마다 각 대학 홍보담당자들은 앵무새처럼 되풀이하고 있지 않은가.

이는 시간강사들을 두 번 울리는 꼴이거니와 학생들에겐 명백한 허위 과장광고에 해당된다. 그런데 죄목은 충분하지만 처벌은 없다. 그 어떤 시도조차 없이 우리는 그저 상아탑의 음습한 그늘에 갇혀 있을 뿐이다. 결국 당사자인 우리들 스스로 나서야 할 문제다. 결속해야 한다. 그깟 자존심 때문에 가족들을 모조리 굶길 순 없지 않은가?

대학강사 교원지위 회복과 대학교육 정상화

김 동 애*

▲ 연세대총학생회 주최 '대학생학습권과 실현방안' 강연과 토론.
(ⓒ 김영곤)

요즈음 유행어는 '관행'이다. 아무리 심한 시대착오적인 부조리라

---

* 대학강사교원지위회복과 대학교육정상화 투쟁본부 본부장
  이 원고는 김동애, 「강의실에 몰아친 해고사태, 대학강사의 현실」, 『창비
  주간논평』, 2009.10.7을 재구성한 것이다.

도 이해집단들의 기득권을 유지하기 위해 필요하다면 관행을 내세우며 변화나 개선을 거부한다. 도저히 받아들일 수 없는 상식 밖의 일도 관행으로 통한다. 이때의 관행이란 폭력에 가까운 횡포이다. 대학강사 문제가 바로 그렇다.

지난 7월 초 비정규직 보호법이 시행되자 대학에서 4학기 연속 강의한 비(非)박사 시간강사들의 해고 쓰나미가 시작되었다. 9월에야 교과부에서 정치권에 통계자료를 내놓았는데, 예상한 대로 조사에 응한 112개 대학에서 1,219명을 해고했다. 하지만 비정규교수 노조가 있는 몇몇 대학에서만 해고 철회를 요구하는 움직임이 있었고, 이들 학교에서도 노조 간부 외에는 해고 당사자들이 거의 나서지 않았다. 정규직 교수나 지식인 사회, 교수단체들마저 무관심하거나 침묵했다.

비정규직 보호법으로 '보호'받지 못하는 대학강사

전국 대학에서 강사 7만여 명이 강의의 절반을 담당한다. 이들은 연구·강의에서 전임교수와 차이가 없고 헌법에 교원의 신분을 법으로 보장하는 교원지위법정주의가 엄연히 있지만, 현행 고등교육법상으로 강사에게는 교원지위가 없다. 처우는 2008년 전국 평균 주 4.2시간 강의에 연 강의료는 487.5만 원이다. 그것도 한 학기 단위로 대부분 계약도 없이 강의가 있으면 구두로 연락을 받는 것이 관행이다.

이런 관행에 익숙한 강사들은 연락을 못 받으면 그저 '강의가 없나 보다' 여길 수밖에 없다. 더구나 진중권 교수의 예를 보더라도

여러 대학에서 한꺼번에 해고되어도 별 방법 없이 당할 수밖에 없
다. 그렇다고 강사가 적극적으로 교원지위 회복에 나서거나 처우
개선에 앞장설 수도 없다. 나서는 순간 교수시장에서 매장되고 마
흔이 다 되어 받은 박사학위가 소용없게 될지 모른다는 불안감 때
문이다.

군사독재에 의한 교원지위 박탈, 그 후

1977년까지는 대학강사도 교원이었다. 그러나 박정희 유신독재
는 젊은 강사들의 체제비판적 성향이 대학생들에게 미치는 영향을
차단하려고 당시 교육법에서 이들의 교원지위를 삭제했다. 그 뒤
전두환정권 시절 학생시위를 막으려 졸업정원제가 실시되었다. 이
에 따라 학생을 30% 더 뽑게 했는데, 문교부가 강사 3인을 정교수
1인으로 인정하는 편법을 허용하면서 강사가 늘어나기 시작했다.
문민정부 들어서는 무늬만 교수인(법적으로 교원이 아닌) 비정규교
수가 주 9시간 이상 강의하면 정규직 교수 1인으로 쳐주었다. 2007
년 교과부 자료를 보면 정규직교수가 6만 명인 반면, 시간강사 7만
명에 비정규교수 6만 5,000명을 더한 13만 5,000명인데 이들은 교원
지위가 없다.

대학에서 교원지위 없이 강의하게 하는 나라는 전세계적으로 군
사독재가 가능했던, 그리고 아직도 그 폐해를 청산하지 못한 필리
핀과 인도네시아, 그리고 한국뿐이다. 전체 대학에서 사립대의 비
중이 80%가 넘는 현실에서, 국립대조차 교원이 아닌 시간강사와
비정규교수에게 강의를 맡기는 행태를 정부가 오히려 조장해 왔다.
그리고 이들 가운데 일부만을 선별하여 소수의 전임강사로 채용하

는 병목정책을 폈다. 이런 기형적인 인사정책이 32년 동안 계속되면서 대학에서는 학문과 비판의 자유를 찾기 어렵게 되었다.

대학의 재정 타령과 정치권의 무책임성

강사의 교원지위 회복을 주장하면 대학들은 돈이 없다고 대답한다. 하지만 대학들은 연신 호화로운 건물을 지어 올리고, 50여 개 사립대학의 재단 적립금은 6조 8,000억 원에 이른다. 매년 3조 2,500억 원이나 되는 국고 연구비지원을 받고, 학생의 1년 등록금도 천만 원에 달하지만 강사의 처우 개선에는 여력이 없다는 것이다. 강사에게 산재보험을 보장해줄 수 없다며 2004년부터 55개 대학이 근로복지공단을 상대로 벌인 소송은 2007년 대법원에서 원고인 대학측이 결국 패소했다. 그러나 지금도 강사에게 4대 보험을 보장해주는 대학은 전국에 하나도 없다.

지난 17대 국회에서는 민주노동당, 열린우리당, 한나라당 3당이 모두 대학강사 교원지위 회복을 골자로 하는 고등교육법 개정안을 각각 발의했다. 한나라당 이주호 의원(현 교과부 차관)은 정치생명을 걸고서라도 이 문제를 해결하겠다고 했고, 민주노동당 최순영 의원도 이의원의 법안에 힘을 싣기 위해 발의자로 서명했다. 당시 집권당인 열린우리당의 교육위 간사 유기홍 의원은 3당 법안을 절충하여 늦어도 2007년 정기국회에는 의결을 추진하겠다고 했다. 그러나 그해 10월 교육위 법안심사소위에 상정해놓은 뒤 이듬해 2월 임시국회에서야 당시 교육인적자원부에 대책을 내놓으라고 책임을 떠미는 와중에 이 법안은 슬그머니 폐기됐다. 18대 국회에 들어서 자유선진당 이상민 의원이 재발의했고 민주당 김진표 의원이 발의

했지만 여전히 표류 중이다.

한편 지난 2003년 서울고법은 강사의 퇴직금 소송에서 강의 1시간을 3시간 노동에 준하는 것으로 계산한 바 있다. 이듬해 국가인권위원회에서도 시간강사의 차별을 인정하고 교과부에 물적급부를 포함한 신분보장과 제도개선을 권고했다. 그리고 2007년 대법원은 강사에게 산재보험을 적용하는 과정에서 강사의 근로자성을 인정하기도 했다. 그런데 같은 해 제정된 비정규직 보호법에서는 박사를 전문가집단으로 분류하여 보호대상에서 제외하고 비박사는 남겨두었다. 대학들은 위 조항을 근거로 4학기 이상 연속 강의한 비박사 강사가 정규직 전환을 요구할 수 있다고 확대해석해 부당하게 집단해고한 것이다.

교원지위 회복과 대학교육 정상화는 한 몸

비정규교수의 '벼랑 끝 32년'은 대학강사 문제의 폐해가 강사의 인권, 생존권, 교육권 차원뿐 아니라 강사, 학생, 대학을 통제하는 우민정책이자 사회발전을 가로막는 억압기제로 작동하고 있음을 보여준다. 대학의 고급인력에 대한 착취가 지속되는 한 강사들은 무기력과 모멸감에서 헤어 나올 수 없으며, 나아가 정규직 교수에게 굴종하게 만들고 이를 내면화시키는 구조에서 우리의 대학교육은 정상화될 수 없다.

우리 사회가 지식기반사회로 전환하며 학문의 주체성과 대학교육의 공공성 강화를 요구받고 있지만 강의실에서는 오히려 학문과 현실을 오가는 토론이 사라지고 있다. 학생을 학점 위주로 평가하는 것도 문제지만, 근본 원인은 강사가 고등교육법상 신분을 보장받지 못한 채로 양심과 소신에 따라 연구하고 강의하기가 불가능하기 때문이다. 이런 구조에서 교육을 받은 학생에게 집단적이고 창의적으로 문제를 해결하는 능력을 기대할 수는 없다. 이 같은 대학교육의 붕괴는 학생과 학부모, 나아가 사회 전체의 피해로 돌아간다.

교육의 질 높이는 근본 처방으로 눈 돌려야

교육의 정상화를 위해서는 무엇보다 대학운영의 발상 전환이 필요하다. 캠퍼스 치장이나 시설 투입 같은 하드웨어에서 소프트웨어로 중심을 이동해야 한다. 여기서 핵심은 강사의 교원지위 회복이다. 대학교육의 질적 개선을 말할 때마다 한국대학교육협의회는 재정문제를 들어 국고지원을 늘려야 한다고 한다. 그렇다면 백보 양보하여 고등교육법 개정에서 교원지위를 먼저 회복하고 처우개선은 1~2년 뒤로 미루는 방안을 찾을 수도 있다. 대학, 정부, 국회가 담합해 수많은 고급인력을 벼랑 끝에 내몰아 죽음을 강요하거나 죽음보다 더한 좌절과 회한을 겪게 하는 제도적 횡포는 이제 끝나야 한다.

취업준비학원이 되어버린 대학교육의 비정상이 어디서 비롯되었고, 대학사회가 소수를 제외하고 공동체의식이나 공동선을 백안시하며 침묵하게 된 이유는 무엇인지 성찰해야 한다. 미봉책이 아닌 강사의 온전한 교원지위 회복으로 대학교육 정상화를 향한 첫걸음을 내디딜 때다.

대한민국 대학 연표

대한민국 대학 연표

1895   성균관 경학과(經學科) 신설.

1895.2   갑오경장 이후 홍범14조와 교육입국조서에 따라 관립
           한성사범학교 설립 등을 통하여 대한제국은 근대적 교
           육제도와 교사 양성을 시도했으나 일본의 식민지 지배
           로 좌절.

1905   보성전문학교와 한성법학교 설립.

1906   명진학교 설립.
           명신여학교 설립.

1906.9   평양 숭실학교 내에 대학부 설치. 1910년 4월 이화학당
           에 대학부를 설치. 1915년 3월 경신학교에 대학부를 설
           치. 이들은 모두 조선총독부의 인가를 받지 못해 폐지.

1910   한성사범학교 폐교.

1911   일제 조선교육령 만듦.
           성균관을 경학원(經學院)으로 개편.

1915   전문학교규칙에 의하여 4개의 관립학교와 경신학교(연
           희전문)를 전문학교로 인가.

1917   연희전문학교 설립.

1919   만주에 신흥무관학교 설립.

1921   조선어연구회 설립. 1931년 조선어학회로 바꿈.
           경성사범학교 설립.

1922.11   이상재를 대표로 조선민립대학기성회 결성. 이후 오산
           학교 연희전문학교 보성전문학교 등의 대학 승격 노력
           했으나 일제의 저지로 좌절. 민립대학기성회의 회금
           보관위원이었던 김성수가 보성전문학교를 인수하는 것

으로 민립대학설립운동은 막을 내림.

1924   경성제국대학 설립, 예과 학생 160명을 선발.

1926   경성제국대학에 학부 개설. 1930년에 한국인 학생은 정원 100명 가운데 30명.
경성방직, 동아일보 설립자인 김성수의 중앙학원이 보성전문 인수.

1930.2   성균관에 명륜학원 부설. 1939년 명륜학원이 명륜전문학교 승격.

1934   경성제대 일본인 교수 미야케가 서대문 지하 감옥에서 탈옥한 독립운동가 이재유를 관사에 숨겨준 사건으로 감옥에서 3년을 살고 교수직에서 쫓겨남.

1935   경성여자사범학교 시작.

1938   숙명여자전문학교 설립.

1939   국민징용령. 1944년 8월 여자정신대근무령을 만들어 청년학생을 징용.
숙전.

1942   조선어학회 사건.

1944   태평양전쟁기에 신사참배에 반대하는 기독교 계통 학교를 폐교시키고 보성전문학교를 경성척식경제전문학교, 연희전문학교를 경성공업경영전문학교, 이화전문학교를 경성여자전문학교로 개명.

1945.8   16일부터 경성제국대학은 경성대학이 됨(초대 총장 김태준). 1947년 8월까지 존속.

1945.10   미군정청 경성제국대학에 미국인 해군대위 크로포츠(Alfred Crofts) 총장과 미국인 교수 임명, 대학 이름을 경

성대학으로 바꿈.

1946 김구 조소앙 신익희 등 임정인사들이 세운 국민대학관이 1947년 국민대학으로 승격.

1946.3.7 사범대학 설치 발표.

1946.12 해방 후 일제시대의 전문학교들이 사립종합대학교로 바뀜. 1945년 8·15해방 당시 총 19개교.

1947.6.19 미군정청은 9월 신학기부터 시작하는 「국립서울대학교 설립에 관한 법령」을 공포하여, 경성제국대학에서 이름만 바뀐 경성대학과 일제시대에 설립된 각종 전문학교 즉 경성법학전문학교, 경성의학전문학교, 경성경제전문학교, 경성공업전문학교, 경성광산전문학교, 수원고농, 경성치과전문학교, 경성사범, 경성여자사범학교 등을 통합 개편하여 국립서울대학교를 설치. 현제명이 설립한 서울예대 음대 등이 포함됨. 이상 10개 전문교육시설에 수용되어 있는 학생 수는 대략 9,000~10,000명이고 교수는 900~1,000명으로 추산. 국립서울대학교 초대총장에 '해리.비.앤 스테드'(Harry Anstead) 임명.

1947.7.18 전문학교 대학교수 연합회 국대안 반대 성명 발표, 9월 5일 5개 전문학교 학생회 국대안 반대 결정. 서울대학생 등록거부. 1947년 3월 16일 국대안 수정안 입법의원을 통과. 8월 14일 국대안 반대 학생 무조건 복귀, 각 대학 허가.

1947.9.25 서울대학교 대학원 개원.

1948 동양의과대학(한의대) 설립

1948.7.17 헌법 공포, "모든 국민은 균등하게 교육을 받을 권리가 있다."(제16조)

1948.8.13 연희대학교, 남녀공학제를 결정.

1948.9.22   반민족행위처벌법 제정.

1948.11.28   19개 대학 학장 발기로 대학연합회 결성.

1948.12.1   국가보안법 제정.

1949   조선정치대학관이 건국대학으로 승격.

1949.6.21   정부 농지개혁법 공포, 사립학교들이 농지개혁 대상 농지의 절반을 면탈.

1949.11   김태준 경성대 총장 사형 집행.

1949.12.31   제정된 『교육법』(법률 제89호) 제75조에서 대학 교원으로 총장, 학장, 교수, 부교수, 조교수, 강사, 조교를 둔다고 함. 이때 강사는 전임강사와 시간강사 모두를 아우르는 용어임. 6·3·3·4제도 형성.

1950   대학을 가난한 농가에서 소를 팔아 마련한 등록금으로 키운 대학이므로 우골탑이라 함.

1950.5.20   초급대학 16개교 인가(정식 8, 임시 8).

1951.2.18   부산에서 전시연합대학(10개교 참여, 이화여대는 불참) 설치 운영하고 이후 광주 대구 대전 전주 등지에서 실시. 1952년 3월 30일 문교부 전시 연합대학 폐지.

1951.3.20   교육법 개정으로 고등교육제도는 미국식 모형을 닮음.

1952   서울대에서 처음으로 박사학위 수여.

1952.9.1   징병제 실시.

1952.10   국립 경북·전남·전북대학교 설립.

1953   국립 충남·충북·부산대학교 설립.
서울대학교 평의원회 성립.

1953.4   제정된 「교육공무원법」에도 「교육법」에 규정된 교원을 그대로 교육공무원이라고 정의하고(제2조) 총장, 학장이 임명하는 교육공무원에 해당하는 자에 특별히 한정

하지 않고 강사라고 넣었으며(제13조), 대학교원 중 자격기준은 전임자 강사에 한한다는 단서를 달아(제3조), 법조문의 맥락으로 보아 국·공립대학 강사는 모두 교육공무원으로 인정했다고 볼 수 있음.

1954	국방부가 서울 환도 직후 군인전시연합대학 마련.
1955.3.22	전국대학장회의에서 학생 공납금 한도액 결정.
1955.4.1	대학 졸업 학점을 180학점에서 160학점으로 인하.
1955.7.30	이동화 교수 국가보안법 위반 구속.
1956.5.8	대학생 제복착용 지시.
1958.11.1	교원윤리강령 선포.
1959	특수대학원을 도입, 대학원을 일반대학원과 전문대학원으로 이원화.
1959.10	일신산업주식회사(이도영 사장), 홍익대 인수. 쌍용그룹(김성곤 회장), 국민대 인수.
1960.4.19	학생민주혁명. 어용교수, 무능교수 물러가라 시위.
1960.4.25	교수단 시위.
1960.5.22	한국교원노조연합회 결성.
1960.8.24	연대 이사회 외국인 원일한 총장 서리에 임명. 장덕순 박두진 등 3교수 해임. ~12월 22일 고병간 박사를 총장으로 선출, 학내 분규 종결.
1960.9.13	61년부터 47개 대학에 ROTC 훈련 실시 결정.
1960.10.7	문교부, 학도군사훈련 안을 국방부에 통고.
1961.6.22	문교부, 대학총장에게 재단이사장직의 분리 지시. 8월 13일 문교부, 국·공립대학 총장의 임명제 입법 추진을 발표. 교원노조 해체 지시.
1961.7.22	문교부, 대학정비방안을 발표. 1961년 고등교육기관 수

81개교, 학생 수 144,812명.

1961.9.4   반공법 발표.

1961.12.22   전국 학사자격 국가고시 실시.

1962   제정한「국·공립대학 및 전문대학 강사료 지급 규정」
(문교부 훈령 제399호) 제3조 2항에서 "시간강의료는
시간 강의를 담당한 자에게 실제로 강의한 시간수에
의하여 지급한다"고 강의료의 시간당 지급 근거를 설치.
교육대학 제도 신설.
경제개발 제1차 5개년 계획 시작.

1963   전문을 개정한「교육공무원법」에서 교육공무원에 드
는 강사의 범위는 예전대로 두었지만 총장, 학장이 임
면하는 강사를 전임강사로 고침(제27조).
사립학교법 제정.
실업고등전문학교 제도 신설.

1963.1.16   대학교수 실적검사, 72명 실격.

1963.4.2   학사고시제 및 대학입학자격 고시제 폐지.

1963.7.10   국립대 명예교수제 실시.

1964   고등교육기관 수 157개교, 학생 수 142,629명.

1964.6.3   한일협정 반대 시위에 계엄령 선포.

1965.4.27   동양의대 경의대 합병. 경의대 한의대 설립

1965.12.14   각의, 대학정원령, 학사 및 석사 등록제 발표.

1966.1.18   문교부, 4년제 대학생 군사교련을 필수 과목 계획.

1966.12.14   국무회의, 대학정원령, 학사 석사 등록제 의결.

1967.7.25   서울대 민족주의비교연구회 황성모 교수 등 구속.

1968   국민교육헌장 공포.
박정희정권, 대구대와 청구대를 '헌납'받아 통합해 영
남대로 개명.

1968.9.14   한진그룹, 인하대 인수.
1968.10.14   문교부, 대학입시 예비고사제 실시 발표.

1970.2.18   삼양학원(이사장 박종규), 마산대학교를 인수해 경남
             대학으로 교명 변경.
1970.3.12   서울대 교수협의회, 처우개선 요구 결의문 채택.
1970.3.16   현대그룹, 울산공과대학(현 울산대) 설립.
1970.11.13   전태일 분신 자살.
1971   대학생교련 실시 반대 시위. 8월 서울 문리대 교수들,
             대학자유화 선언. 12월 국가비상사태 선언.
1972   한국방송통신대학을 서울대학교 부설로 발족해 1982
             년 독립.
1972.12.16   개정된 『교육공무원법』은 교육공무원의 정의에 전임
             강사라는 단서를 담.
1972.12.27   유신헌법 공포.
1973.10.25   최종길 서울대 교수 중앙정보부에서 사망.
1974.2   문교부 능력별졸업제도에 관한 방안 발표.
1975   서울대를 관악산 캠퍼스로 이전.
1975.7.9   베트남전쟁 종전 뒤 전시 4대 입법의 하나로 교육관계
             법령을 개정 '교수재임용제' 신설하고 국립대 교수 신
             규 채용이 계약제로 바뀜.
1976.2.28   문교부는 교수재임용제를 시행하여 전국 98개 대학에
             서 교수 416명 해임.
1977   이영희 교수를 『8억인과의 대화』의 일부 내용을 문제
             삼아 반공법 위반으로 구속.
1977.3   대우실업(김우중 사장), 아주대 인수.
1977.10.24   '정부안'으로 교육법 개정안 발의, 그해 12월 31일 지식

인을 길들이고 저항 지식인을 제도권 밖에 두고자 한 박정희 정권의 요구대로 대학 교원 범주에서 시간강사를 제외.

1978.6.27   성내운 송기숙 등 대학교수 67명이 「우리의 교육지표」 발표. 성내운 송기숙 교수 구속. 전남대 교수 10명 강제 해직.

1978.6.30   한국정신문화연구원 개원.

1978.12.19   대한한공, 한국항공대학 인수.

1979.4.18   전국사립전문대학장연합회 설립.

1979.12   초급대학·전문학교·실업고등전문학교 등을 전문대학으로 개편.

1980.7.30   대학 졸업정원제 실시, 1987년 폐지.

1980.7.31   신군부에 대한 지식인 134인 시국선언으로 김진균, 송기숙, 강만길, 유인호, 이효재 등 해직.

1980.9.5   문교부, 대학교육개혁시안 발표(학과별 최소 졸업정원제 채택).

1980.10.27   개정 헌법에서 '교원지위 법정주의'를 도입.

1981.4.6   한국학술진흥재단 설립, 2009년 한국연구재단으로 통합.

1982.4.2   전국 97개 대학총장이 참석하여 한국대학교육협의회 창립.

1983.12   해직교수협의회 결성.

1984.4.10   한국대학교육협의회법 제정.

1984.8.31   1980년에 해직된 교수들 복직.

1986.5.10   교사 500여 명이 교육민주화선언.

1986.12   전국전문대학장협의회로 이름 바꿈.

1986.12.3   포항제철(포스코), 포항공과대학교 설립.

1987.1   한신대, 학내 민주화를 요구하던 정운영, 김수행 교수
             해직.
1987.4.22   전국전문대학교육협의회로 이름 바꿈.
1987.6.26   민주사회를 위한 전국교수협의회 설립.
1987.6.29   6·29선언에 대학의 자율화와 교육자치의 실현 포함.
1987.9.27   민주교육추진 전국교사협의회(전교협) 발족(초대 회장
             윤영규).
1987.10.1   전국사립대학 교수협의회연합회(사교련) 발족.
1988   총장직선제 전남대학교에서 처음으로 도입.
1988.5.10   한국전문대학교육협의회로 이름을 바꿈.
1988.8.3   '대학강사의 처우 개선 및 사회와 교육 민주화'를 목표
             로 고대강당에서 전국대학강사협의회 발족.
1988.10   서울대, 김수행 교수 전공교수로 채용.
1988.11.6   학술단체협의회 창립.
1989.5   전국교직원노동조합 결성. 전교조 대학위원회를 결성
             하고 550여 명의 교수가 조합원으로 가입.

1990.4.28   전국대학강사노동조합 창립(서울대에서 26개교 105명
             참석), 노동부「전국 대학강사 노동조합 설립 신고서」
             반려.
1991.8.21   정부, 과학기술처산하 19개 과학기술계 정부출연연구
             기관을 통폐합.
1991.10.1   이화여대 무용과 입시부정사건 관련 홍정희 교수 소환
             조사.
1992.10.17   '대학강사의 교원지위 쟁취를 위한 전국 비상 강사 대
             회 및 교육관계법의 민주적 개정을 위한 서명자 결의
             대회' 개최.

1992.10.27 '교육관계법 개정과 대학강사특별법 제정 청원' 국회에 제출.

1993   대통령 직속 기구 교육개혁위원회 설치, 신자유주의 교육정책 도입.

1993.8.20 대학입시제도의 변형에 따라 첫 대학수학능력시험 실시.

1994   『한국사회의 이해』를 이적성 교재로 몰아 장상환, 정진상 교수를 국가보안법 위반 혐의로 불구속 입건.

1994.7.19 전국대학강사노동조합 합법성 쟁취.

1995   '교수 공정임용을 위한 모임' 결성, 교수임용 비리 사건 발표,『한국의 대학교수시장』(장정현, 내일을 여는 책) 발간.

1996   삼성이 1965~1991년 성균관대를 경영하다 손을 떼고 봉명그룹에 넘겼다가 1996년 재인수. 성균관대가 중앙일보와 일가를 이룸.

1996.4.26 전강노 편,『대학이여, 우리는 희망없이 네 이름을 부를 수 없다』(삼신각) 출판기념회 및 '대학강사 제도 개선 범국민 서명운동 출범식' 가짐.

1997.12.13 교육법 폐지되고 같은 날 고등교육법 제정.

1998   가천 길재단(길병원), 경원대학 인수.
           서울대 김민수 교수 서울미대 교수들의 친일행적 논문으로 재임용 탈락.
           국민대학교에서 성명 미상 강사 자살.
           성균관대분회 강사료 동결한 강사임용규정 철회 요구하며 29일간 천막농성 철회 못시킴. 성대(노사합의서 체결)와 영남대만 노조 유지.

1998.4   이상철 청강문화산업대학 사무처장 겸 법인 사무국장이 참여연대에 청강문화산업대학의 비리를 제보하여 검찰

에 수사의뢰 했으나 무혐의 처리. 2003년 3월 14일 사
립학교법개정과 부패사학척결을 위한 국민운동본부(사
학법국본), 청강학원(청강문화산업대학교) 정희경 이사
장을 횡령혐의로 고발했으나 무혐의 처리. 2005년 2월
청강문화산업대학이 기본재산 없이 대학을 설립한 것
을 막기 위해 사립학교법 개정 시 출연재산에 관한 법
을 개정.

1998.11.6   전국대학노동조합 결성.

1999   BK21 1단계 사업 시작, 사립학교법 개악 등 대학교육
의 폐해 심각해짐.
교육공무원법 개정, 대학은 객원교수 연구교수 강의전
담교수 등 비정규교수 양산.
성공회대 한 학기 6개월 중 4개월은 강사료를 지급하
고 방학기간 2개월은 연구비(24만 원) 지급.
경북대 시간강사 서보임 박사 자살.
외국 대학의 국내 진출 전면 허용.
김동훈, 『대학이 망해야 나라가 산다』(바다출판사) 발행.

1999.1, 1999.8   각각 교육공무원법과 사립학교법을 개정해 교수연
봉제 및 계약제 도입.

1999.1학기   4년제 대학의 신규 임용 교수의 52%가 외국박사이고
그 중 70.5%가 미국 박사.

1999.11   김동애 한성대 대우교수 직위 해제 및 감봉 무효 소송
제기.

2000.10   김동애 '한성대' 상대 '직위 해제 및 감봉 무효 소송 1심
기각.

2001   녹색대학 설립.

2001.4.14	전국교수노동조합 설립, 신고필증 받지 못함.
2001.7.2	성균관대의 강사임용규정안을 영남대가 도입하자, 영남대분회가 30일 넘게 투쟁해 승리. 영남대분회가 처음으로 단체협약 체결.
2001.12	전국강사노동조합 김동애, 교육부 앞 1인 시위 시작, 강사 법적지위 보장과 해고 예고제 도입 주장.
2002	교수 계약임용제 시행(2002년 3월 임용자부터). 김동우(세종대 회화), 도지호(안산공과대학 산업디자인), 오은희(서울예대 무용), S대 섬유공예전공 K 교수 등 재임용 탈락. 도지호 교수는 2003년 같은 재단인 김천대학으로 복직했으나 수년 뒤에서야 강의를 배정.
2002.4.27	'전국대학강사노동조합'을 '한국비정규직교수노동조합'으로 변경. "교원도 노동자도 아닌 강사에게 법적 지위를 보장해 달라"고 교과부 앞 단식 농성. 한성대학교 앞 천막농성(2002.10.1~2003.2.28).
2002.12	근로복지공단 "강사도 '단시간 근로자'에 해당해 '산재보험'에 가입시켜야 한다"며 각 대학에 보험료 납부 안내문을 보냄.
2003	노무현 대통령 '강사 처우 개선' 대선 공약. 참여정부 12대 국정 과제 중 하나로 '학문 후속 세대 양성 대책 및 비정규직 대학교수 대책 강구' 제시.
2003.5	서울대 러시아어학과 백준희 강사 관악산에서 자살. 시간강사 처우개선 문제 사회 문제화.
2003.6	한국비정규교수노조, 국가인권위원회에 "시간강사의 교원지위 인정하고 교원법정주의를 실현해야 한다"고 진정. 김진균 박영신 성대경 등 교수 33명 강사 처우개선책 (시간강사의 법적 지위 보장, 전임교수 확충, 정당한 노

	동대가 지불) 요구 기자회견.
2003.6.9	학술단체협의회(상임대표 조희연) 「시간강사 처우개선을 위한 릴레이 1인 시위를 시작하며」라는 성명서를 내고 조희연 신정완 교수 등 교육부, 기획예산처 앞 1인시위.
2003.7.31	교육혁신위원회 출범, 2008년 3월 폐지.
2003.10.14	국가인권위원회, 시간강사제도 개선방안 마련을 위한 토론회.
2003.10.30	김동애, 시간강사 퇴직금 고법 승소.
2003.11	박창달 한나라당 의원 등 고등교육법 개정안 발의, 시간강사의 처우개선에 예산으로 지원 보조·규정. 열린우리당 이재정 의원, "열악한 시간강사의 처우와 관련한 그간의 개선방안은 전임교원 확보율 제고, 법적지위 부여, 강사료 현실화 등으로 요약되지만 단기간에 목표를 달성할 수 없거나 지위 불안을 해소하지 못하는 등 한계가 많다"며 '계약교수제' 도입 제시.
2004	김이섭 연대 강사 전임교수의 연구비 횡령 고발. 강사 해고.
2004.2	고대 한양대 등 55개 대학, 근로복지공단이 시간강사 산재보험료 부과하자 행정소송 냄.
2004.4.27	손종국 경기대 총장 교수임용비리 구속.
2004.6.22	국가인권위원회, 「대학 시간강사 제도개선 검토 결정문」을 발표, 교육인적자원부에게 "대학 시간강사는 전임교원과 비교해 근무조건과 신분보장, 보수 및 그 밖의 급부 등에 있어서 차별적 대우를 받고 있고, 그 차별적 대우는 합리성을 잃은 것이어서 헌법상 기본권인 평등권 침해의 소지가 있으며, 결과적으로 국민의 교

	육을 받을 권리도 훼손될 우려가 있어 조속히 개선돼야 한다"라고 권고.
2004	고려대 미화원노조 결성.
	2008년 성신여대 미화원 전원해고 파업 복직.
2004.9	민주노동당 최순영 의원, '학교자치법'(대학강사 교원지위 회복 포함) 발의.
2005	김민수 서울대 교수 복직.
	의학전문대학원 도입.
	대한상의의 "취업 불이익" 발언에 동국대 강정구 교수 해임. 2001년 8월 17일 국가보안법상 찬양 고무죄로 구속기소.
2005경	대학 조교의 교원지위 박탈.
2005.1.27	대법원(2002다48412), 한려산업대학교에게 학생 학습권 침해 불법행위 판결.
2005.12.29	사립학교법 개정, 개방형 이사제 도입으로 이사진의 1/4 이상을 학교운영위원회(대학평의원회)가 추천하는 외부 인사로 채워지게 됨.
2006	김병준·이필상 교수 표절 파문.
	부산대 김(혹은 남?) 모 강사 노모를 남기고 자살.
2006.3.21	민주노동당 최순영 의원, 학교 비정규직의 권익향상을 담은 '학교자치법'(대학강사 교원지위 회복 고등교육법 일부 개정 포함) 재발의.
2006.6	이상민 의원(열린우리당), 전임강사와 시간강사 묶어 '연구교수' 명칭으로 교원에 포함하는 내용의 고등교육법 개정안 발의.
2006.8.25	한국비정규교수노동조합 교원법적지위쟁취특별위원회 설립.

2006.9.5   한국비정규교수노동조합 교원법적지위쟁취특별위원회
              는 고등교육법 개정을 통한 비정규교수의 교원지위 회
              복을 위한 국회 앞 1인시위 시작. 서명운동.
2006.10.14   국회 의원회관에서 '비정규교수의 교원법적지위 확보
              를 위한 정책 토론회―비정규교수제도의 실태와 현행
              법제의 문제점과 대안―'.
2006.11.18   국회에서 한나라당 이주호 의원실 주최, 한국비정규교
              수노조 교원특위 주관, '비정규교수의 처우와 제도개선
              을 위한 정책토론' 개최.
2006.12경   서울대 독문과 강사 권기록 박사, 대학강사의 현실을
              비관하며 자살.
2007   김명호 전 성균관대 교수가 교수지위 확인소송에서 패
              소하자 담당 부장판사를 석궁으로 쏘아 구속됨.
              정부, 인문한국(HK)사업을 한국학술진흥재단 등을 통
              해 매년 300억 원을 관련 연구소에 지원.
2007.2   한국비정규교수 노조 교원특위, 국회에서 정책토론회.
2007.2.28   안태성 청강문화산업대학 교수 해임. 2008년 10월 13
              일 국가인권위 '청각장애인 교수에 대한 불리한 계약
              강요' 차별시정 권고 결정. 2010년 1월 18일 교원소청
              위원회 재심의(대법원 판결에 대한 재심의)해 재임용
              거부처분을 취소 결정.
2007.4   대법원, "강의를 담당한 시간강사들은 학교 측에서 시
              간강사들의 위촉·재위촉과 해촉 또는 해임, 강의시간
              및 강사료, 시간강사의 권리와 의무 등에 정한 규정에
              따라 위촉 된다. 시간강사들은 임금을 목적으로 종속
              적인 관계에서 원고들에게 근로를 제공한 근로자에 해
              당한다고 봄이 상당하다."고 판결.

2007.5   이주호 의원(한나라당), 최순영 의원과 함께 '강사' 명칭
             으로 교원에 포함하는 내용의 고등교육법 개정안 발의.

2007.7   노동부, '비정규직법' 시행령에서 "박사학위를 소지한
             시간강사는 한 학교에서 2년 이상 강의를 담당해도 전
             임교원으로 임용될 수 없다"고 규정.

2007.8.23   한국비정규교수노조와 이주호 의원실 공동주최, 국회에
             서 '대학 시간강사 교원법적지위 확보를 위한 정책토
             론회' 개최.

2007.9.7   대선과 총선을 앞둔 시점에서 17대 국회 마지막 본회
             의를 앞두고 한국비정규교수노조가 고등교육법 개정
             안 국회 의결 촉구 국회 앞 천막농성 시작.

2007.10   서울지방노동위원회 전임강사와 강사의 차별 시정 기각.
             유기홍, 임해규, 권철현 의원 지구당사에서 강사 학부
             모 학생이 강사 교원지위 회복 의결 촉구 1인시위 시작.

2007.11.1   『한겨레』 강사 교원지위 회복 쪽광고 릴레이 시작(~2008.
             4.28).

2008   대학입시의 주관을 교육부에서 한국대학교육협의회로
             이관.
             두산그룹이 중앙대 인수.

2008.2   서울대 불문과 모 강사가 서울대 화장실에서 목을 매
             목숨을 끊음.

2008.2.15   국회 교육위 법안심사소위 약식 공청회(김용섭, 박승
             철 진술).

2008.2.27   건국대학교 충주캠퍼스 강의전담교수 한경선(여 44)
             박사가 국내 대학의 부당 대우에 좌절 비정규교수 제
             도 개선 요구하며 모교인 미국 텍사스 대학교 오스틴
             에 가서 음독자살.

2008.3   이성형 이대 비정규교수 재임용 탈락.
             한경선 박사를 추모해 국회 앞 비정규교수 천막 농성
             장, 영남대분회, 고대분회, 건국대 충주캠퍼스, 서울대,
             미국 어스틴 한인회에 분향소 설치. 한경선 3월 17일
             용미리 하늘문 추모공원 납골당에 안치.
2008.4   방우영 조선일보 명예회장이 연세대 이사장 취임.
2008.4.16   KBS2 추적 60분「왜 엘리트 여강사는 죽음을 선택했는
             가」방송.
2008.5.15   평등교육실현을 위한 전국학부모회 결성.
2008.8.11   이상민 의원 시간강사를 교원(연구교수)으로 하는 고
             등교육법개정안 대표 발의.
2008.9.16   교과부 '대학자율화 2단계 1차 추진과제' 발표. 교원 범
             위에서 전임강사 삭제.
2008.10.21   프레시안에 '벼랑끝 31년, 희망 없는 강의실' 31회 연재
             (~2009.2.6). 2009년 4월 24일 김동애 외,『비정규교수,
             벼랑끝 32년』(이후) 발행.
2008.12   명지대 조교 해고에 대학노조 명지대지부 결성.
2008.12.12   국회 교과위, '대학강사의 처우개선에 관한 교과위 공
             청회' 개최.
2009.3   법학전문대학원 도입.
2009.4   전체 시간강사는 총 8만 4,797명. 국공립대가 1만 4,290
             명, 사립대가 7만 507명. 4년제 대학 시간강사 수는 전체
             의 74.7%인 6만 3,384명이고, 전문대학은 24.8%인 2만
             1,076명(임해규 의원이 펴낸「전국 대학 시간강사 현황
             연구」).
2009.6.13   대학강사교원지위회복과 대학교육정상화 투쟁본부 결성.
2009.6.14   가톨릭뉴스 지금여기에 '오늘 대학을 말한다' 42회 연

재(~2010.2).

2009.6.24 서울불교대학원대학교 대학생 학교법인 보문학원을 상
대로 학습권 피해 소송제기.

2009.7   비박사 시간강사 5천~1만여 명 해고 추정(국회 김진표,
조승수 의원의 정보공개 요청에 교과부 112개 대학 1,219
명 해고 발표). 8월 중앙대, 진중권 비정규교수 해고.

2009.11.17 김진표(대표발의), 권영길, 조승수 의원 등 강사(시간강
사 연구강사)의 교원지위 회복 고등교육법 개정안 발의.

2010.2.5   돈 받고 교수 채용한 서해대 총장 구속.

2010.2.27 단행본 『지식사회 대학을 말한다』(선인, 2010) 발간.
현재 대학강사 국회 앞 텐트농성 906일째.

지은이 소개 (가나다 순)

■ 강명관

부산대학교 교수

■ 강수돌

고려대학교 교수

■ 강승규

우석대학교 교수
(사)미래교육희망 교육정책연구
소장

■ 곽차섭

부산대학교 교수
르네상스기 이탈리아 지성사, 문
화사, 미술사가 주 관심 분야이다.
저작으로 『마키아벨리즘과 근대
국가의 이념』, 『조선 청년 안토니
오 코레아, 루벤스를 만나다』(저
서), 『미시사란 무엇인가』, 『역사
속의 소수자들』(편저), 『코앞에서
본 중세』, 『마키아벨리 평전』, 『탐
史』, 『책략가의 여행』(역서) 등 다
수가 있다.

■ 김동애

대학강사교원지위 회복과 대학교
육정상화 투쟁본부 본부장, 전 한
성대 대우교수
중국 근현대사 전공, 숙명여대 사
학과 석사, 국립대만사범대학 박사
옮긴 책 『중국사학사』

■ 김봉억

『교수신문』 기자

■ 김봉준

예술인, 전 녹색대학 교수

■ 김성환

고려대학교 학생, 세종배움터 민
중민주 정치경제학연구회

■ 김영곤

대학강사교원지위회복과 대학교육
정상화 투쟁본부 위원, 고대 강사
대우중공업노조 사무장, 전국노동
운동단체협의회 의장, APWSL 한
국지부 코디네이터를 지냈다. 『한

국노동사와 미래』, 『노동의 역사 노동의 미래』, 『한국의 공동체 자기고용』을 지었다.

■김재의
서울대학교 학생, 서울대 대학생 사람연대 대표

■김지원
고려대학교 학생

■김지혜
대전지역, 대학생

■김한울
경희대학교 생활협동조합 학생위원회 위원장

■류승완
철학박사(한중사회주의사상사 전공) 2010년 성균관대 대학원 동양철학과 중국철학전공 졸업.
대학입학 23년만에 겨우 졸업하고 박사학위를 받자마자 실업자가 되었습니다. 자신의 학문적 양심을 버리지 않으면 시간강사자리도 주지 않는 것이 우리 대학의 현실입니다. 대학 내의 봉건세력과 교육관료, 사학재벌들을 탓하기에 앞서 조그만 개량의 떡고물에 안주하는 젊은 학문세대의 침묵과 비겁을 자성합니다. 오늘 우리가 얻어먹으려는 개량의 떡고물이 고 한경선 박사님 같은 분의 희생을 통해서 얻어진 것임을 적어도 책상에 앉아 있는 순간만큼은 잊지 않으려 합니다.

■박강성주
영국 랑카스터대 박사과정
'나'와 나를 둘러싼 '관계'의 성장을 위해 공부하고 있(다고 믿는)다. 글쓰기는, 그 '성장'을 위한 때론 '생존'을 위한 격렬하고 매력적인 과정이라 생각한다. 함께한 책으로『비정규 교수, 벼랑 끝 32년』, 지은 책으로『KAL858, 진실에 대한 예의: 김현희 사건과 '분단권력'』이 있다.

■박광주
부산대학교 교수

■박만엽
서울시립대학교 교양교직부 '발표와 토론' 담당교수

■박성찰
영남대학교 졸업생, 회사원

■박정훈
부산대학교 학생, 대학생사람연대 대표
'20대, 대안학교 Vita Activa(행동하는 삶)' 간사로 활동하며, 대학 안에서의 다양한 학문과 배움의 길을 모색하고 있다. 1주일에 1회 '성찰의 문을 열다'라는 이름으로 세미나를 진행하고 '인연의 숲으로 들어가다'라는 이름으로 비정규교수강연회, 용산참사현장을 가는 등, 사람과의 만남을 통한 배움을 추구한다. 2008년 부산에서의 촛불집회, 2009년 서울에서의 용산참사촛불문화제 참여로 여러 건의 재판이 진행 중이다.

■박종주
『프로메테우스』 기자

■박주현
언론학박사, 대학강사
주로 신문방송학과 교양과목(매스컴과 대중문화), 전공과목(미디어운동과 시민미디어론, 정치커뮤니케이션 등)을 강의하고 있다.

저서로 『기사를 엿으로 바꿔 먹다뇨』(인물과 사상)가 있으며, 현재 『오마이뉴스』에 「지역언론별곡」, 「보따리강사 이야기」, 「이것이 정치다」를 꾸준히 연재하고 있다.

■박한용
고려대학교 한국사 박사과정 수료. (현) 민족문제연구소 연구실장, (현) 친일인명사전편찬위원회 편찬위원, (현) 한성대학교 강사

■서수경
대학노조 명지대지부 지부장

■손낙구
『부동산 계급사회』 저자

■송경원
진보신당, 교육정책 담당

■신정완
성공회대학교 교수(경제학 담당)

■오창렬
시인
상산고등학교 교사
시집 『서로 따뜻하다』 등

■이광수

부산외국어대학교 교수(인도사 전공)
인도 델리대학교에서 역사학을 전
공하여 박사학위를 취득하였다. 부
산에 있는 아시아평화인권연대의
공동대표로 아프가니스탄, 베트남,
캄보디아, 스리랑카 등 아시아의
분쟁 지역에서 반전 평화의 지역
사업을 하고 있다.

■이득재

대구가톨릭대학교 교수, 문화과학
편집위원
저서 『대한민국에 교육은 없다』
외 다수

■이상선

공공노조 서울경인지역공공서비스
지부

■이진옥

대학에서 정치학과 여성학을 강
의한지 고작 2년 된 강사 초년생
이다. 최근 아버지의 운명으로 죽
음이 삶에 존재하는 방식을 무겁
게 사유하고, 가부장의 상실을 경
험하며 남성들이 향유하고 있는
권력을 다른 각도에서 관찰하고
있다. 「세계화와 젠더 정치학: 여

성독자노조 형성을 중심으로」의
제목으로 박사논문을 썼고, 역서
인 『젠더의 정치경제학』이 곧 출
간될 예정이다.

■이철세

사단법인 한국사립대학교수회연합
회 교권위원장, 전 배재대 교수

■이해삼

민주노동당 전 최고위원
한국제화아카데미(구 제화기능훈련
원) 원장

■정우현

이화여자대학교 학생
대학생사람연대

■정유미

연세대학교 학생
문학과 언어를 좋아하고, 사람들
만나서 커피 한 잔 술 한 잔 하는
것을 좋아합니다.

■조한일

고려대학교 학생

■ 최규재

『위클리서울』 사회부 기자
기자생활 3년차로 현재 노동, 인권 문제를 담당하고 있다. 2010년에는 남북정상회담 개최 가능성이 언급되는만큼, 향후 남북관계 문제에도 관심을 가질 예정이다.

■ 최무영

서울대학교 교수
서울대학교 과학사 및 과학철학 협동과정 겸무교수
서울대학교 민주화교수협의회 의장

■ 현병호

격월간『민들레』발행인

■ 홍기빈

'글로벌정치경제연구소' 소장
서울대학교 경제학과와 외교학과 대학원을 졸업하고 캐나다 요크 대학교에서 지구정치경제 연구로 박사학위를 받는다. 저서로는『투자자−국가 직접 소송제: 한미 FTA의 지구정치경제학』이 있고 역서로는 칼 폴라니『거대한 전환』등이 있다.

■ 홍상현

영남대학교 학생